桑田 学
Kuwata Manabu

経済的思考の転回

世紀転換期の統治と科学をめぐる知の系譜

Epistemology of Economics

以文社

経済的思考の転回　目次

装幀：難波園子

凡例

一　引用文中の〔　〕は筆者による補足を、［…］は中略を示す。

一　欧語文献に関しては、翻訳書のあるものは可能なかぎりこれを参照・活用したが、引用の際には本文の文脈に即して訳文を変更している場合がある。

一　注内では、文献一覧における著者名、初出年、頁数（翻訳があるときはその頁数）を略記している。

経済的思考の転回——世紀転換期の統治と科学をめぐる知の系譜

序

〈経済〉の原像

〈人間の経済〉の安定性と持続性は、他の多様な生物種を含む自然界の健全な循環と再生産を前提としており、効率や競争、あるいは成長を志向する〈市場〉とは異質なロジックによって成立しえている。再生可能エネルギーから化石燃料、原子力に至るまでエネルギーの利用形態ひとつをとってみても、自然界と取り結ぶ物質的諸関係は、〈経済〉の存立機制を根底から左右するほどの意味をもちうる。経済現象は市場価格を形成する人間相互の社会・文化的現象であると同時に、エネルギーと物質の移動と不可逆的な変換を伴う物理的現象でもある。

本書は、〈経済〉なるものの存立条件を自然の物質的な相互依存関係にまで掘り下げてトータルに把握することを試みた経済思想の系譜を探究するものである。扱われるテクストは、一九世紀中葉の熱学思想の生成の時期から両大戦間期までの期間を対象とするが、主たる検討の舞台は、両大戦間期のおよそ二〇年間に及んだ「社会主義経済計算論争」、およびその周辺である。経済思想史上、人間の経済とその物質的な存立条件（資源・エネルギー、環境、生態学的な相互依存）への関心は、いかなる歴史的・思想史的な背景のもとで登場し、またそれは同時代の経済思想との関係においてどのような位置を占めたのか。あるいはそれはどのような経済領域の統治構想へと具体化されていたのか。市場の自由を主たる教義とする二〇世紀前半の経済的自由主義との緊張関係に照準しながら、これらの問いを探究することが本書の狙いである。

もとより自然界との物質的関係を含んだものとして〈経済〉を把握する視座は、環境汚染や自然資源の枯渇化が深刻化した一九六〇年代から七〇年代にかけて初めて浮上したのではない。それは、現在、〈経済〉なる言葉が帯びる意味からは大きく隔たるとしても、古代ギリシアのクセノフォンやアリストテレスのテクストを源流とする「オイコノミア oikonomia」の概念史的な展開に基づけば必ずしも特異なものではない。〈経済〉、すなわちエコノミーの概念は、古典古代から中世、啓蒙の時代に至るまで永らく〈神〉によって与えられた自然界の事物の秩序や摂理、連鎖、調和といったことがらを指し示していた。*1 一八世紀のスウェーデンの博物学者カール・リンネ（Carl von Linné, 1707-1778）の「自然のエコノミー Oeconomy of Nature」という視点はこのことを顕著に物語っている。リンネにおいてエコノミーとは、水の循環を背景として成り立つ植物や動物、そして鉱物などおよそ地上に存在するあらゆる事物の連鎖であり、そしてこれらの事物がもつ固有の性質に即して、これらをある目的に役立てるよう合理的に統御するための実践的な知であり技術であった。[*2] 富・人口・資源・土地を支配する法と秩序としてのエコノミーは、社会科学的な知の対象であると同時に、自然科学的な知の対象でもあったのである。

興味深いことに、科学史家マーガレット・シェイバスの『経済学の自然的起源』によれば、このようなエコノミーの理解は、一八世紀後半以降の「ポリティカル・エコノミー」の展開において、ただちに潰えるものではなく、フランソワ・ケネーを中心とするフィジオクラート、ディヴィット・ヒュームやアダム・スミスなど啓蒙の時代の思想家、そしてマルサスやリカードなど古典派の経済学者のテクストにおいては、濃淡の差はあれ持続するものであった。大地の生産力と結びついたフィジオクラートの富の概念、スミスの資本投下の自然的順序、古典派の自然価格の概念等々。ここでは富は主として農業と結びついた物質的な性質から定義され、〈経済〉もまた動植物界のプロセスや現象――収穫のサイクルや気候、自然資源や人口など――から切り離された自律的な領野ではありえず、むしろそれらに内在するものとして把握された。

しかし、一九世紀に入るとこのようなエコノミーの認識に次第に変化が生じてくる。「経済秩序の脱自然化 denaturalization」と呼ばれるような転換である。シェイバスはJ・S・ミルの『経済学原理』(一八四八年)に決定的な転換点を見ている。[*3] この書物こそ、「物理科学 physical science」から峻別された「道徳科学 moral science」や「社会科学 social science」のなかに、「経済学」の明確な位置づけを与えたからである。以後、一九世紀後半から二〇世紀をとおして、エコノミーは一貫して自然の物理的な諸過程との連関を失っていき、もっぱら人間の意志や行為、社会関係の所産として把握されるようになる。一八七〇年代、W・S・ジェヴォンズ、L・ワルラス、そしてC・メンガーによって独立に、だが同時的に展開された「限界効用理論」はやがて富からそのマテリアルな性質や実体を剥ぎ取り、〈経済〉を主観的効用なる心理的・精神的な作用から捉えられるべき対象へと変えていった。フィリップ・ミロウスキーが丹念に考察してみせたように、一九世紀以降の経済学は、古典物理学——いわゆるニュートン力学——との接触を深め、そこから概念や数学的な方法論、認識論を旺盛に摂取していった。その結果、経済学は社会科学においてもっとも客観的で実証主義的な科学と評された。しかし物理学の方法を引き継いだといっても、そこに経済現象が自然の物理的秩序の一環として成立するというような存在論的なパースペクティブを認めることはできない。経済学と物理学とのあいだにはあくまでメタファーや方法の水準での形式的な類似性があるにすぎない。[*4]「物質はもはやフィジオクラートや古典派経済学者にとってそうであったように、経済秩序のあり方を制約したり決定づけたりするものではない」。[*5]〈経済〉なるものは「脱自然化」のプロセスにおいて、その自律性を獲得したのである。

さて、自然哲学や科学思想と経済思想の接点に注目する点で、本書はシェイバスと問題視角を部分的に共有するものであるが、しかしシェイバスの議論そのものの当否をここで論じるつもりはない。むしろ本書が照準するのは、ジェイバスの「経済秩序の脱自然化」にかんする思想史的な考察からは抜け落ちている熱学・熱力学に端を発するもうひとつの経済思想の系譜である。自然の不可逆的なダイナミズムを捉える熱学思想をベースとした「社会エネルギー論 Social

Energetics」がそれである。一九世紀後半以降の熱力学の進展は、一八世紀以来のニュートン力学を基礎とした〈自然〉の科学的認識に大きな変革をもたらすものであったが、同時にそれは、力学とのアナロジーで固められた〈経済〉の科学的認識にも根本的な見直しを迫っていた。そこには、「経済秩序の脱自然化」の趨勢とは反対に、まさに経済＝エコノミーを再び自然の物理的秩序との連関において捉える視座が存在したのである。経済思想史や社会思想史研究において自然資源やエネルギーにかかわる問題群を正面から論じた研究が今なお手薄な状況にある以上、この点は強調しておくに値する。

熱力学と経済思想

ここで熱力学と経済思想の関係を理解するための補助線として、ルーマニア出身の経済学者ニコラス・ジョージェスク＝レーゲン（Nicholas Georgesuc-Roegen, 1906-1994）に言及しておきたい。古代から同時代に至る自然哲学を渉猟して書かれた後年の著書『エントロピー法則と経済過程』（一九七一年）は、熱力学を大胆に導入して、市場の商品交換に分析を純化していく主流派経済学の〈内閉性〉を明らかにしつつ、太陽に起源をもつエネルギーの不可逆的な流れのなかで〈生物種としてのヒトhumans as a biological species〉が生命を享受するプロセスの全体性へと、経済学の射程を拡張しようという挑発的な問題提起を含んでいた。このときジョージェスク＝レーゲンが批判の俎上に載せたのは、限界革命以後の新古典派経済学の体系を根底で支えている力学的な認識論であった。なるほど社会科学において経済学ほどニュートン力学を忠実に継承しているディシプリンはない。ワルラスからパレート、バローネへと引き継がれた一般均衡体系に象徴されるように、市場に関する標準的分析はすべて、一つの均衡から他の均衡への完全な可逆性に基礎をおいている。そこには、「時間の矢」というものが本質的に欠けており、過去と未来は全く同一の役割を演じる。経済過程は「孤立して自足的で非歴史的な過程」であり、「流入も流出もない、生産と消費との間の循環の流れ」として把握される。ジョージェスク＝レーゲンの見るところ、「経済過程における自然資源の役割の無視」という主流派経済学の致命的な欠落と誤認もここに端を発していた。*6 そこで力学から経済学に引き継がれた認識論的枠組みを根本から書き換えるために持ち出されたのが一九世紀末葉の古典熱力学であった。

熱力学の視点から経済過程を捉え返すならば、それは力学が想定するような孤立した可逆的な過程ではありえず、むしろ外部環境を累積的に変化させ劣化させていくような不可逆的な過程が前景化してくる。そしてこの不可逆性を本質とする外部環境との物質とエネルギーの絶えざる交流において初めて、人間は――他のあらゆる有機体と同様に――その豊饒な生を享受することができている。ジョージェスク＝レーゲンは、経済学が真に普遍性を獲得しうるとすれば、それは市場交換に登場する現実から抽象された「ホモ・エコノミクス」ではなく、生身の身体をもつ〈生物種としての人間〉に立脚した経済学――「生物経済学 Bioeconomics」――でなければならないと主張するのである。経済学の語源たる「オイコノミア」が人間の生存を支える「家」＝

「オイコス oikos」の秩序だった管理・統治を意味してきたことを踏まえるなら、〈生物種としてのヒト〉の生存を支える場＝オイコス全体の再生産が生物経済学の基本的な考察対象である。

しかし、スペインの経済学者ホワン・マルチネス＝アリエの『エコロジー経済学』（一九八七年）が解明してみせたように、じつはこのような熱力学をベースとした経済学批判の試みはジョージェスク＝レーゲンによって初めて切り開かれたものではなかった。[*7] 同様の問題意識は一九世紀から二〇世紀にかけての世紀転換期に、かなり明確な形をとって存在していた。それが第一章の主たる考察対象となる社会エネルギー論である。あたかも外部環境から自律的であるかのように膨張を続ける近代物質文明、そしてこの文明のあり方を思想的に支えてきた自由主義経済学に対して、この時期すでに、主に物理学や化学、生物学を専門とする自然科学者の側から根底的な疑義が提出されていたのである。

決定的な契機は、一九世紀中葉に、「限界革命」期の経済学が模範としていたニュートン力学体系から排除されていた諸現象への関心が飛躍的に高まったことであった。一方ではフランスの技師ニコラ・サディ・カルノーに始まる熱力学・エネルギー論が大きな進展を見せ、他方ではチャールズ・ダーウィンやエルンスト・ヘッケルを中心に生物進化論が登場し、生態学的思考の萌芽が形成されつつあった。両者は互いに対立する面をもちながらも、デカルトに端を発する力学的・機械論的自然観に大きな亀裂を生じさせ、社会エネルギー論の形成を準備することになった。

社会エネルギー論を担った自然科学者たちは、エネルギー分析を社会・経済現象にまで拡張し、経済活動の本質を自然界とのエネルギーと物質の絶えざる交換・交流の過程として捉え直した——これは同様に経済活動の根源に太陽エネルギーの過剰性を発見したジョルジュ・バタイユにも先立つ知見であった。かれらは、経済を駆動させる本源的な力としての「太陽エネルギー」の贈与という主題を発見し、そうした自然の諸力をいかに社会内部に取り込み、人間の生存と繁栄に資するよう合理的に統御できるのかという点を、科学的な経済の統治の根本問題と見做したのである。ジョージェスク＝レーゲンは「過去一〇〇年のほとんどすべての経済学者が力学のドグマに全面的に惹かれていた」ことは、「一つの歴史上の謎」[*8]だと書いたが、新古典派に体現された力学的な経済学とは別の、熱学思想に由来するもう一つの経済学の系譜は、確かに存在したのである。

とはいえ、社会エネルギー論が、同時代に興隆した新古典派、マルクス派の両主流派経済学に対して実質的な影響力をもったとはおよそ言い難い。むしろジョージェスク＝レーゲンやケネス・ボールディングを初めとする六〇年代から七〇年代にかけて登場した資源・エネルギー問題の経済学的省察によって、社会エネルギー論者が企てていたことの思想的意味が初めて浮かび上がってきたと言ったほうが正確であろう。熱力学がやがて統計力学へ統合・解消されたという科学史上の問題も無視できないが、産業社会の勢いある成長の趨勢のなかで熱力学的な経済学の系譜は、経済思想のメインストリームの埒外に置かれ続けてきたのである。

だが興味深いことに、そうしたなかにあって、社会エネルギー論に対し同時代にきわめて例外的な反応を見せていた経済学者が存在した。二〇世紀を代表する自由主義思想家フリードリヒ・フォン・ハイエク（Fridrich August von Hayek, 1899-1992）である。もっともかれは、社会エネルギー論を積極的に評価したという意味で例外なのではない。まったく逆である。ハイエクは、経済学の方法論に切り込んだ著書『科学による反革命 *The Counter-Revolution of Science*』（一九五二年）に収められた論考において、後述するパトリック・ゲデス（Patrick Geddes, 1854-1932）やヴィルヘルム・オストヴァルト（Wilhelm Ostwald 1853-1932）、フレデリック・ソディ（Fredrick Soddy, 1877-1956）、ランスロット・ホグベン（Lancelot Hogben, 1895-1975）などに代表される社会エネルギー論者や、ルイス・マンフォード（Lewis Mumford, 1895-1990）、H・G・ウェルズ（Herbert George Wells, 1866- 1946）などその周辺にいた科学者・思想家をサン＝シモンおよびコントに由来する「科学主義 Scientism」の精神的系譜に位置づけ、社会主義やファシズムと同根の合目的的な社会設計の思想（＝設計主義）と結びつかざるをえない、その意味で開かれた自由な社会への脅威、として徹底して批判したのである。

ただし予め断わっておけば、社会エネルギー論は、人間の経済をエネルギー現象と同一視するような単純素朴な「物理学還元主義」として一括りに語れるものではない。後にジョージェスク＝レーゲンはハイエクの科学主義批判に触れて、社会エネルギー論者が主張したことは「価値とエネルギー」の一致ではなく、「経済的価値がどのように立てられるかにかかわりなく、経済過程は熱力学の諸法則を含むどのような自然法則も破ることはできない」ということにすぎなかった、と指摘している。[*9] たしかにハイエクが敵対したもう一方の新古典派の一般均衡理論は、ニュートン力学の方法論を積極的に取り込み、近代経済学の純粋科学としての自立を目指したが、社会エネルギー論は物質とエネルギーが不可逆的に崩壊・劣化していく反‐力学的な世界像を基底に据えた点で、新古典派とはおよそ異質な問題を同時代の経済学に提起していたことは押さえておく必要がある。エネルゲティークとアトミスティーク（原子論）が世紀転換期の自然哲学を二分したように、むしろ両者は物事や世界の認識において根本的に矛盾・対立する関係にさえあったのである。

〈経済〉の統治をめぐって

それでもなおハイエクの科学主義批判が一定の説得力をもちうるのは、社会エネルギー論がかれの嫌悪した科学主義や設計主義的なものとまったく無縁であったかといえば、必ずしもそうとは言えない面をもつからである。このあたりの事情はかなり複雑であり捻じれている。たとえばハイエクが注目した一九三〇年代のアメリカのテクノクラート運動に典型的に現れたように、社会エネルギー論はおよそ資本主義的な市場経済に否定的な立場から、物質的な富の法則から遊離した市場システムや貨幣制度を批判したが、それに留まらず、科学者や技術者による経済生活の合理的な組織化という発想を、理論的に根拠づける役割をも果たしていた。なかでも注目されるのは、社会エネルギー論の興隆が、二〇世紀の両大戦間期に及んだ経済学史上の一大論争、社会主義計算論争のひとつの隠れた水脈をなしていたことである。ハイエク自身深く関わったこの論争は、大枠としては「自由 対 計画」、あるいは「資本主義 対 社会主義」という体制選択をめぐる論争といえるが、それには必ずしも解消されない複数の対立軸が存在していたのであり、その一つとして、〈経済の物理的埋め込み〉という視点からの自由主義批判と計画化の契機が潜在していた。

特にこの視点を社会エネルギー論から引き継いで経済計算論争に持ち込んだのが、ウィーン学団の「統一科学運動」を率いたオーストリアの社会科学者・科学哲学者オットー・ノイラート（Otto Neurath, 1882-1945）である。しかもノイラートはこの論争の周辺に位置するのではなく、まさにその始源に位置していたという意味でも興味深い人物である。経済計算論争について語られるとき、多くの場合、ハイエクに一世代先行するオーストリア学派の経済学者ルートヴィヒ・フォン・ミーゼス（Ludwig von Mises, 1881-1973）の一九二〇年の論考からストーリーが展開されるが、このテクストが中心的な批判の対象としていたものこそ、その前年に出版されたノイラートの社会化に関する論稿集『戦時経済を通して自然経済へ *Durch die Kriegswirtschaft zur Naturalwirtschaft*』（一九一九年）であった。この書物のなかでかれは、自由市場による経済の支配の終焉を宣言し、実物タームでの経済計算、すなわち「自然計算 Naturalrechnung」に基づく非市場型の経済秩序の構想を明確に打ち出していた。それは一方では経済過程を物質とエネルギーの不可逆的な変換のプロセスとして把握する社会エネルギー論的な試みの、いわば集約点をなし、他方でそれを大規模な社会化を通じた経済の意識的制御という社会工学的思考と露骨な形で結合させている点で、ミーゼス、ウェーバー、ハイエクなど自由主義陣営にとって格好の標的とされたのであった。

けれどもノイラートは、ミーゼスたち（そして正統派マルクス主義者）からの批判に晒された後も、晩年に至るまで自らの立場を一貫して擁護し続けた。ノイラートは人間が生存を組み立てる場としての〈経済〉が市場の論理によって造形し尽くされ、〈経済〉にかかわるあらゆる意思決定が利潤の多寡にのみ基づいて正当化される世界を徹底して拒否した。そして経済的自由主義が、政治や社会からの経済（＝市場）の自律を純化させる方向を求めたのとは対照的に、経済の再生産に科学共同体と政治（＝民主主義）を縦横に媒介させる統治のあり方を模索したのだった。こんにちオットー・ノイラートの名は、科学から形而上学と価値を徹底して排除したウィーンの「論理実証主義運動」とともに知られるが、かれにとって形而上学批判とはまずなによりも、人間の具体的な生存を支えている共約不可能な自然的・社会的な諸要素を、貨幣というヴェールに包み、単一の価値へと一元化し呑み込んでゆく市場の諸力に向けられたものであったことは、ほとんど知られていない。ノイラートに見いだされる自然計算や社会工学、統一科学についての叙述はどれも単なる奇想に見えるかもしれないが、その理路を注意深くたどるならば、富と幸福の関係、未来の世代の福祉、社会化と自由、統治と科学の関係等々、社会哲学的なことがらへのまじめな関心と結びついていたことがわかる。

ノイラートとミーゼス、そしてハイエクの関係をとおして、社会主義計算論争を資源やエコロジーの問題と経済的統治の問題が交わる歴史的な交点として読むこともおそらく可能なはずであった。だが実際には、社会エネルギー論と同様、ノイラートもまた経済思想史のメインストリームからは、まったく視界の外に葬られるか、さもなくば「科学」と「合理主義」の時代の不幸な犠牲者としてごく簡単に言及されるかの、いずれかであった。その結果、計算論争の対立軸はやがて、人為的に設計・計画された市場を社会主義に移植しようと目論んだ「市場社会主義」と、市場における自生的な秩序形成を擁護する「オーストリア学派経済学」とのあいだに設定され、論争の重心も市場をめぐる認識論的な問題へと収斂していった（少なくとも研究史上はたいていそのように整理された）。これにより〈市場〉についての科学的認識がいっそう洗練されていった面があることは否定できないとしても、その代償として、論争の初期段階に参加したノイラート、あるいは同時代人のカール・ポランニーが背負っていた、〈経済〉と〈市場〉の合理性の分裂と両者の相克という二〇世紀的課題は、ほぼ完全に見失われることとなった。

現在の地点から振り返るならば、この忘却は、少なくとも二つの意味で、その後重大な瑕疵となって表出したとみることができる。第一に、自由主義と社会主義の双方で、一九六〇年代以降、周辺諸国を巻き込んだ大規模な汚染と環境破壊、急激な資源枯渇や生物多様性の消失などの形で、経済領域とその外部領域との境界面で文字どおりの破局的状況を現出させ、第二に、それにもかかわらず、経済学のメインストリームは、これらの危機をも「外部性による効率的な資源配分の失敗」（＝市場の失敗）という価格メカニズムの例外的現象としてみるという認識論的障害に陥り、経済学的な知の体系を武器に、知識・サブシステンス・身体・遺伝子などとともに自然生態系全体の例外なき商品化、私有化を一貫して推進するに至っている。けれども、「価値」や「価格」の形態では現象しない〈経済〉のマテリアルな次元へと視点を移すとき、「自由 対 権力」という二項対立の端的な誤りとともに、経済的自由主義が市場形成と開発に対応した介入と統治の枠組みとして機能してきた（いる）事実を確認することができるだろう。このような視点を踏まえて経済計算論争を振り返ることは、思想史・理論史上の視程を越えて、現在の自由主義的な経済秩序と資源・環境問題の連関を理解する上で少なからぬ意味をもつのである。

本書は、ハイエクの自由主義的な経済思想を主要な対抗的言説として睨みつつ、社会エネルギー論やノイラートの「自然経済 Naturalwirtschaft」をめぐるテクストを読み直し、そこでさまざまに論じられた〈経済〉なるものの諸関係や合理性、またありうべき統治の論理を照射することを試みる。経済思想史のメインストリームにはけっして登場することのなく忘却された、さまざまな思考の可能性を拾い集めることをとおして、「未来の歴史」（ノイラート）への想像力に向けて自由主義やマルクス主義のヴィジョンとは異なる、〈経済〉の一貫したパースペクティブを再構成すること。本書はそのための一つの試みである。

第一章　生物経済学《バイオエコノミクス》の源流

人間の生命を支配するエネルギーの諸法則は、社会学と経済学に知的基盤を与え、われわれの文明のみならず、あらゆる先行する大文明が衰退した主要因をはっきりさせてくれる。それらは、完全なる真理を与えてくれるものではないが、……ごくわずかな拡充と修正によって、共通の科学的出発点を与えるはずであり、そこから個人的利益よりも公共的利益に関心をもつすべての人びとが、現代を特徴づける偉大な知的業績によりいっそう適合した世界を再建することに着手することになろう。かかる科学的ユートピア scientific utopia へ向かう第一歩は、共同体の債権者の権限に対し、それ相応の制限を課すことになろう。すなわち、無知な人びとの間では、富であると偽られている負債というデーモンを抑制することである。*1

一　力学的世界観の崩壊

熱学ないし熱力学の思想が飛躍的な進展を見せたのは、イギリスで始まった産業革命の波が大陸にも到達した一九世紀中葉である。それは、とりわけ熱力学第二法則の発見によって、限界革命の只中にあった経済学に広く浸透していくこととなった、いっさいの摩擦も抵抗もない静的で可逆的な力学的世界観の崩壊を意味していた。かわって立ち現れたのが、巨大な熱機関として、ダイナミックに変化する自然の現象総体を統一的に捉える「熱的地球像」・「熱的自然観」であった。*2 ニュートン力学が世界を一元化するために捨象した摩擦や空気抵抗、熱伝導や物質の混合というエネルギーと物質の拡散・散逸が物理的自然の原理であることが改めて認められたわけである。とりわけ熱力学の第二法則すなわちエントロピー法則は、不可逆性や一方向性を導入する点で、古典力学の決定論的な可逆的世界像とは根本的に対立する内容を含んでいた。*3 重要なのは、こうした自然界に対する科学的認識の変容によって、自然における生命の位置が新たに問い直されるとともに、経済社会もまた、自然界の不可逆的な変化から自律的に運動する「永久機関 perpetual motion」、すなわち商品の生産と消費の無限反復的な連鎖（閉鎖系）と見做すことが不可能となっていったことである。ジェヴォンズやワルラス、あるいはエッジワースのような人たちが、古典力学の理論にまねて近代経済学の基本枠組を構築していた頃にはすでに、物理学も含む自然科学や哲学の領域において、力学の絶対的な支配、覇権的地位は大きく失われつつあったのである。

カルノーからクラウジウスへ

熱力学はその出自からして経済活動と深いかかわりを持っていた。歴史現象としての熱力学の形成は、産業革命において新しい動力を発見した近代社会の成立と切り離しては理解できない。その生誕を促したのは、石炭の燃焼熱と水の冷却によって作動する蒸気機関の発明であった。一七世紀末、イギリスの技術者トーマス・セーヴァリやトーマス・ニューコメンが、炭鉱の地下水排水用の動力源として、人力や畜力を越えて、石炭それ自身を活用する熱機関を製作し、さらにそれが実用化されはじめたとき、〈熱〉と〈動力〉という質のまったく異なる現象間に貫く未知の原理が、物理学者の関心を刺激することとなった。ジョージェスク＝レーゲンが、「熱力学という新しい科学は経済価値の物理学として始まった」[*4]というのは、けっして誇張ではない。

熱力学の歴史はフランスの物理学者サディ・カルノー（Sadi Carnot, 1796-1832）にまでさかのぼる。科学と産業技術との統合を目指して設立された教育機関エコール・ポリテクニク（国立理工科学校）の出身者である。ハイエクが「エネルギー科学の創始者」と呼んだように、カルノーは熱を大気の擾乱、雲上昇、降雨、水の流れなど巨視的な自然現象の原動力と見做す汎熱的自然観をもち、さらに熱の動力の人工的制御の研究を通して、社会現象の領域にまで考察の視野を広げていった。

ナポレオン政権下の軍人で技術者でもあった父ラザレ・カルノーの影響で、陸軍技師として対仏同盟との戦争に参加したカルノーは、敗戦と戦後の混乱のなかで、フランスの敗因を産業の遅れに求めた。戦勝国、とりわけイギリスとフランスとの軍事力の差は、火力機関をいかに有効に使いこなしているかという点に集約される、というのがかれの見立てであった。産業と軍事力の両面で主導権を握るには、より効率の高い火力機関の実現こそが必須であり、ここからカルノーは熱機関一般の働きと効率についての理論研究に没頭するに至る。

カルノーは若干二八歳でそれまでの考察をまとめ、『火の動力についての省察』（一八二四年）を発表した。このなかでかれは、与えられた熱エネルギーの投入から、最大の力学的仕事の産出をとり出しうる条件を決定するという、経済的な意味合いのきわめて強い問題を立てているが、つまるところそれは、熱の動力の原理的な限界の探究であった。カルノーによれば、熱機関の本質は高温槽から熱量を取って、その一部分を仕事に変え、残りの熱量を低温槽に捨てるというサイクルの反復にある。ここでかれは、熱から動力が発生するとき、必ず高温から低温への熱の移動（＝熱の駆動力）が伴うという点に着眼した。このとき熱効率は、機関に投入される熱の温度とそこを去る熱の温度の差（熱移動）によってのみ決定される。仕事を得るためには高温だけでなく低温も必要というのは、後の熱力学第二法則の定式化につながる決定的な発見であった。カルノーは、熱機関の本質的な特徴を備えた理想的なモデル（＝カルノーサイクル）を描き出し、そこから変換効率の最大値は、熱機関が「可逆過程」（つまり、熱機関も周囲の環境もすべてが一サイクルごとに元の状態に戻る）である場合にのみ得られることを示した。もっとも、現実には熱への散逸が不可避的に生じるため、熱機関は可逆過程ではあり得ないのであって、むしろこれによって、自然界における不可逆性や一方的な変化の存在が物理学上の論点としてあぶり出されたのである。

ところがこのカルノーの命題は、かれの死後まもなく、イギリスの実験物理学者ジュール（James Prescott Joule）やドイツの船医マイヤー（Julius Robert von Mayer）、そして二人の成果を引き継いだドイツの物理学・生理学者ヘルムホルツ（Hermann von Helmholtz）によって発見、定式化された「エネルギー保存の法則」と矛盾することが明らかとなる。かれらはさまざまな自然現象間の相互変換における根源的かつ不滅な「力」（＝エネルギー）に注目し、熱を含めて一般化したエネルギー保存則を確立したが、そこには力学エネルギーと熱エネルギーも同じエネルギーの二つの現象形態として相互に変換可能であると想定されるからである。だがこの「等価での変換」は、「熱から仕事」の変換において「熱をすべて仕事に変えることができない」という先のカルノーの命題と明らかに食い違うのである。

この矛盾の解決にいち早く取り組んだのはケルヴィン卿の名で知られるイギリスの物理学者ウィリアム・トムソン（William Thomson）と、エネルギー保存則とは別の原理を導入することで、この矛盾に整合的な説明を与えたドイツのルドルフ・クラウジウス（Rudolf Julius Emanuel Clausius, 1822-1888）である。とりわけクラウジウスは、一八五〇年の論文「熱の動力および熱の理論にたいして導き出される諸法則について」のなかで、ジュールの熱と仕事の等価性の理論と、カルノーの命題の基礎にある経験法則的部分にそれぞれ解析的表現を与えることに成功した。すなわち熱と仕事は変換可能であり、それらのエネルギー的総和は一定であるという「熱力学第一法則（熱の普遍性原理）」と、熱は高温物体から低温物体に移動するのみで逆方向はありえないという「熱力学第二法則（熱の特殊性原理）」という二つの法則を定式化したのである。第一法則が、熱が他のエネルギー形態と共有する普遍性を表しているのに対し、第二法則は、他のエネルギー形態から区別される熱の特殊性を表している。あるいは第一法則がエネルギーの創造や消滅を決して許さず、ただ変換のみを許すことによって、自然過程の経過を制限するものであるのに対し、第二法則は変換のすべての種類をではなく、ある種のものをある種の条件のもとにのみ許すという点で、この制限をさらに強めているといってよい。

さらにクラウジウスは、一八六五年にチューリッヒ哲学会で発表した論文において、エネルギー変換の不可逆性を表わす物理量を、エネルギーという言葉との類似性を意識しつつ、「変化」・「変形」の意味をもつギリシア語から「エントロピー Entropie」と名づけた。エントロピーはいわば事物の無秩序さの尺度であり、熱ならびに物質の拡散・劣化度（degradation）の指標である。エントロピーを用いて第二法則を言い換えるならば、外部との熱交換のない孤立系においては、エントロピーが減少することはありえず、そこに何らかの変化があるとすれば、それは必ずエントロピーが増大する方向での変化だといえる。この論文の末尾にクラウジウスが次のように記したのは有名である。

もしも、単一物体に関して、わたしがエントロピーと名づけたのと同じ量が、すべての事情をしかるべく考慮にいれたうえで全宇宙にたいしても矛盾なく決定されると考え、同時に他のより単純な概念であるエネルギーをそれと組み合わせるならば、熱の力学的理論の二つの基本法則に照応する宇宙の基本原理は次のように述べることができるであろう。

(1)　宇宙のエネルギーは一定である。

(2)　宇宙のエントロピーはある最大値に向かって増大する。[*5]

永久機関の不可能性

さて熱力学第二法則の定式化によって新たに問われるのは、この原理が経済社会の認識にどのような接点を持ちうるのか、という点である。第二法則は直接には熱の動力への転化過程の物理学的な探究から生まれたが、クラウジウス自身すでに、そこに社会問題に直結する熱汚染と物質汚染の問題が潜在していることに自覚的であった。ボン大学総長として行った講演をもとに書かれた最晩年のテクスト『自然界におけるエネルギーの諸蓄積と生産的な仕事にとってのそれらの利用』（一八八五年）は、熱力学法則を定式化したクラウジウスが、この法則が経済の理解にとってもつ意味を考察した唯一のものとして重要である。そこでかれはW・S・ジェヴォンズやF・ソディとほぼ同様の問題を提示した。すなわち、無尽蔵な富という幻想の源泉である永久運動する機械（＝永久機関）の不可能性と、一九世紀的な物質文明の物理的・資源的な限界との類比である。

エネルギーの消耗なしに働き続け、それによって他の運動を生じさせて力学的仕事を行うことのできる機械——この種の機械は永久機関と呼ばれた——を造るために実に多くの考案がなされ、数多くの実験が行われてきた。もしこのような機械があったら、その有益な作用力により無限の富の源泉になるはずである。したがって、いつの世にも勤勉ではあるが夢想的な人びとが居て、なにか新しい発明によってこの目的を達成できるという願望に身を投じ、そのためにも自らの精神力と自由にできる物質的手段のすべてを使って研究し続け、ついには経済的な破綻や精神的な破綻に至る、ということも不思議ではない。[*6]

熱力学第二法則は、外部からのエネルギー供給なしに無限の富を生み出すような、永久運動する機械の不可能性を示す根拠を提出するものにほかならない。そして人間の経済もまたこの法則を免れえない。つまり無限に富を生み出す永久機関ではありえないのである。一九世紀の工業文明は太陽が地球にもたらす放射熱によって蓄積された潜在的なエネルギーを、地表を裂き、石炭層から取り出すことによって、森林の生長という環境制約を、一時的にではあるが、免れることができているにすぎない。しかしこの蓄えが蕩尽されてしまえば、太陽からの放射によって永続的に供給されるエネルギーで間に合わせなければならなくなる。こう指摘してクラウジウスは次のように言う。したがって次世紀の課題は、「自然から得られたエネルギー源の消費に関してある種の経済学（eine weise Oekonomie）を導入すること」、そして「特に、古い時代からの遺産として大地にあり何物によっても代替できない諸資源の浪費を防ぐこと」[*7]であると。

もともと熱の生む動力の原理的限界の問題をめぐってカルノーによって着手された熱力学の研究は、クラウジウスによるエントロピー論の形成で一応の完成を見た。それは「可逆過程は現実の自然界にただのひとつも存在していない」[*8]という事実を突きつけるものであり、クラウジウスはそこに資本主義的な工業化の拡張の本質的な制約があると指摘した。熱力学が明るみに出してしまった社会の存立に課されている免れ難い自然の物理学的な制約は、以後、社会現象の科学的認識を大きく変えていくことになる。そしてこの変化を正面から受け止めたのが、世紀転換期に登場したさまざまな社会エネルギー論であった。物理化学者フレデリック・ソディは、『貨幣の役割』（一九三四年）において、社会エネルギー論の核心をなす問題意識について次のように書いている。

> 今日の混乱した時代に、多くの独立する、一見すると全く関連のないルーツから一群の教説が成長してきた。それらは広義には、物理学や化学といった物理的世界の諸科学の諸原理を経済学や社会学に適用するものとして記述することができる。そこには次のような共通の特徴がある。すなわち、科学的人間――主に工学者や物理学者――の本来的思考ゆえに、富の生産と分配によって影響を受ける共同体全体の福祉に関して、社会的ないし法的なコンベンションの観点よりも、物理的な実在の観点で思考することにつねに大きな関心を払い、そして個人の経済学（individual economics）とか階級の経済学（class economics）の諸問題や論争にはほとん

ど関心をもたず、広義の一般的かつ全く逃れがたい諸原理、特にエネルギー論（energetics）の諸原理の重要性に関心をもっていることである。*9

社会全体の福祉の条件を熱学の原理から捉え返すという、「科学的な人間の本来的思考ゆえ」に獲得された共通の視点は、同時代の経済思想の文脈のなかでいかなる意味を持ちえたのか。それは以下に見るように論者ごとにやや異なる意図のもとで登場している。

二　エネルゲティーク

オストヴァルトの自然哲学

世紀転換期の熱力学がもちえた思想的な意味合いをもっとも印象的に物語るのは、ドイツ化学界の大物ヴィルヘルム・オストヴァルト（Wilhelm Ostwald）による「エネルギー一元論の哲学」、すなわち「エネルゲティーク Energetik」の提唱であろう。自然現象間で相互転化する「力」を計量しうる概念として「エネルギー」と名づけたのは、イギリスの物理学者ランキン（William John Macquorn Rankine）と言われる。ランキンは自然現象を貫く包括的概念としてエネルギーに基づいた自然諸科学の基礎づけを訴えたが、オストヴァルトは、物理学者G・ヘルム（Georg Ferdinand Helm）とともに、ランキンの問題意識を引き継ぎ、さらにより科学的な社会理論の構築に向けその拡張を試みていた。かれらの提唱するエネルゲティークは、熱力学的な世界像が社会現象の分析へと越境した、世紀転換期を象徴する事例といってよい。

オストヴァルトは、一八八七年以来、ライプツィヒ大学の物理化学研究所の教授として、化学の中に熱力学的方法を導入することによって物理化学の境界領域の開拓に貢献し、一九〇九年には熱力学を基礎とする触媒反応論によってノーベル化学賞を受賞している。オストヴァルトが、ヘルムや力学に潜む形而上学的観念の批判を目論むエルンスト・マッハ（Ernst Mach, 1838-1916）とともに、熱現象を含む自然現象を原子の力学運動から説明すべきとする「アトミスティーク Atomistik」を擁するL・ボルツマン（Ludwig Eduard Boltzman, 1844-1906）と苛烈な論争を繰り広げたことは有名である――その論争の激しさは遂にはボルツマンを自殺に追いやるほどであった。オストヴァルトは可逆的な力学法則から不可逆性を特徴とする熱力学第二法則を導出することは不可能であることを根拠にアトミスティークを批判し、マッハもまた『熱学の諸原理』（一八九六年）を出版し、オストヴァルトの立場を援護したのである。

オストヴァルトのエネルギー一元論の背景には、マッハの「感性的要素一元論」の影響とともに、何よりエルンスト・ヘッケル（Ernest Haeckel, 1834-1919）の「一元論 Monismus」の哲学の継承があった。ヘッケルはダーウィンの進化論をいち早く受容し、これに独自の思想を加え一元論の哲学へと発展させて、ドイツ語圏に紹介した生物学者・動物学者であるが、こんにちかれの名は、「エコロギー Oekologie, ecology」という語を提唱したことでも知られる。かれのいうエコロギーは、自然の秩序ある営みを念頭におきつつ、ギリシア語で家を意味する「オイコスoikos」と、学問を表す「ロゴス logos」とを合成し、生物（有機体）とそれを取り囲む外界との関係を扱う総合的な学問として構想された。[*10] エコロギーは生物の生存条件を、無機的条件（気候、光、温度、湿度、水、土壌等）と有機的条件（あらゆる他の生物に対する全体的連関性）から捉えようとするもので、科学研究としての生態学のみならず、現代のエコロジー思想につながる視点をもっていた。[*11] ヘッケルの一元論もまた、世界＝自然を、精神／物質、無生物／生物といった二つの要素の対立ではなく、物理的化学的な法則に支配されたものとして統一的に理解しようとする考え方（世界観の統一）である。[*12] そこでは、有機界と無機界とのあいだにも、動物界も植物界とのあいだにも、動物界と人間界とのあいだにも、絶対的な境界や差異は存在せず、その差は進化の段階の差にすぎないとされた。ヘッケルは、人間と社会に自然の法則に即したあり方を求め、一九〇九年には「一元論同盟 Monistenbund」を立ち上げ、科学的な世界観の発展と真の人間の倫理観を抑圧するものとして、進化論に反対するキリスト教教会と鋭く対立したのである。[*13]

このヘッケルから一元論同盟の会長を引き継ぎ、かれのもっとも重要な後継者となったのがオストヴァルトであった。オストヴァルトは一元論の哲学を熱力学によって基礎づけるべく、一方で機械論的・力学的自然像を痛烈に批判しつつ、生命現象や精神現象さらに社会現象をも貫いて全自然を統一する力を、時空内で流動する「エネルギー Energie」に求めていった。たとえば、人間が感覚器官によって外的な対象を知覚するといっても、その際にわれわれが知覚するものは、決して物質そのものではなく、ただ感覚器官と対象との間のエネルギーの差に対する感覚器官の反動が、感覚として直接経験されるにすぎない。あらゆる現象の一切は、エネルギーの「量的不滅と質的変換」（＝熱力学第一原理と第二原理）から解明することが可能だとされる。まさにエネルギーは、自然の物理的世界のみならず、社会や人間の内面世界の諸現象を貫く唯一の実在であり、価値の源泉である。*14 オストヴァルトのエネルギー一元論の自然哲学は、後にアリストテレスの〈デュナミスーエネルゲイア〉の思考を近代化したものと評されるが、ここにカルノーの汎熱的自然観の一つの完成をみることが出来るだろう。

ところでオストヴァルトにとって、エネルゲティークは社会科学研究にどのような視点をもたらすものであったのか。たとえば一九〇八年の著書『エネルギー *Die Energien*』の第十二章「社会的エネルゲティーク」では、人類史におけるエネルギーの利用様式の変化が論じられ、エネルギー概念と社会的・文化的現象との関係が原理的に考察されている。

オストヴァルトによれば、人間を含むあらゆる生物体は、その生命の継続のために、「継続的にエネルギーを外部より摂取し、継続的にそれを外部へ放出」しなければならない。しかし、人間とそれ以外の生物との決定的な差異は、自己の目的のために、自然が備えている多様な種類のエネルギー源を、意識的に、しかもきわめて複雑な仕方で利用するところにある。オストヴァルトの弟子であった人口学者アルフレッド・ロトカ（Alfred Lotka, 1880-1949）の用語を援用すれば、動物がエネルギーを「身体内的 endosomatic」諸器官によってのみ利用するのに対し、人類は、身体とは切り離された道具や機械、あるいは社会組織といった「身体外的 exosomatic」諸器官をとおして、集団的・組織的にエネルギーを利用する。この利用形態の様式、家畜や奴隷のような有機的エネルギーから石炭や電気といった無機的エネルギーの利用への重点変化、あるいは利用効率の度合いを規定するものこそが、オストヴァルトが理解する「文化」であった[*15]。有機体としての人間が生きること、それ自身が利用可能なエネルギーの絶えざる変換と散逸を意味する以上、いかにエネルギーの変換効率を高め、不必要な散逸を防ぐことができるかが、全文化の一般的問題であり、労働者階級の物質的貧困からの解放を含むあらゆる文化的成熟を全面的に規定する、とオストヴァルトは見ていた。

全文化の一般的問題として、エネルギーの変換係数をできる限り有利なものにすることをまじめに考えるべきであろう。なぜなら生起するあらゆる事象は、究極には、何かしらある自由エネルギーの変換に帰着されるべきものだからである。自由エネルギーは自発的に増大することはなく、むしろ何がしかの事象が生じると必ず減少するものである。しかし、変換係数が有利になれば有利になるほど、支出した粗エネルギーから望んだエネルギー形態を多量に取得することができる。今日の社会において考えうる職業を見るかぎり、それらはすべて各々の望むエネルギー変換を目的としているが、これをでき得る限り完全に遂行するという問題は、その仕事の高下を問わず同一なのである。すなわち、それが国家機関を最小の摩擦をもって軌道に保とうとする王侯であろうと、われわれの日々の通勤に便宜を供する自転車であろうと、それらの善さは無用のエネルギー消費を避けるということによって計測されるのである。エネルギー変換の利用係数はかくして、人間的事象の普遍的尺度なのである。[*16]

オストヴァルトにとってエネルゲティークは、エネルギー効率のような「経済的目的」のみならず、「倫理的目的」をも導き、実践的に将来を練り上げていくうえで、決定的な指針を提供するものであった。

エネルギーと文化理論

エネルゲティークはマッハの肩入れも手伝って、世紀転換期の物理学界においては、ボルツマンの力学的な原子論に対して大きな存在感を示したが、社会科学での評価はかなり異なっていた。熱力学に基づく社会ダーウィニズムともいえる、エネルゲティーク的な文化理論に対しては、マックス・ウェーバーが即座に批判を展開したのである。

ウェーバーは、『社会科学・社会政策アルヒーフ』に寄せた論考で、オストヴァルトの『文化科学のエネルゲティーク的基礎』（一九〇九年）を取り上げ、全体にわたる要約と批判を行っている。エネルゲティークについて、オストヴァルトが石炭や鉄・銅などの鉱物資源――それが太陽エネルギーを変換・蓄積した資源であるとしても――を過小評価し、分析を十分に行わなかった点などを批判しつつも、ウェーバーは熱力学法則を社会現象に応用することから経済学にもたらされる知見（たとえばエネルギーと物質の貸借対照表）の重要性を認めている。「多くの諸学科、たとえば経済学の生産理論の用語法に、物理学や化学で形成された概念を取り入れることで明晰性を得る可能性も決して否定できない[*17]」。

　しかしながら、そうしたエネルゲティークの魅力は、それが文化科学の「基礎づけ」の段階に至って完全に失われてしまう。たとえば熱力学によって永久運動する機械の存在が否定されても、抽象的経済理論の仮説的命題の実践的な妥当性はゼロとはならないように、「国民経済学にとって、たとえ天文学者が地動説と天動説のどちらを受け入れていても、まったくどうでもよい問題である。物理エネルギーに関する理論が、その理論の土台を完全にひっくりかえすほど変化しても、それは経済理論の妥当性（「理念型」のある仮説的な諸定理）にとっては全く重要でない[*18]」。むしろ諸科学が扱う対象は、確かな直接的な日常的経験に由来するものであり、この経験の内実は、完全に独立した諸見地のもとで純化され、精緻化される必要がある。ウェーバーにとって、エネルゲティークは自然科学的な抽象形式を学問的思考の一般的尺度へと絶対化し、さらにそこから「存在すべきもの」の領域、すなわち「価値判断」の一般的基準を引き出すという典型的な自然主義の誤謬を犯すものであった。この書評論文は、一九〇四年のいわゆる「客観性」論文と基本的に同一の視点で書かれており、その主眼は明らかに、「エネルゲティーク的基礎づけ」に見られるコント流の社会学的方法を暴露し批判することに向けられていた。こうしたウェーバーのオストヴァルト批判の視点を継承し、自然科学と社会科学の「方法論的二元論」という形でより徹底させていったのが、後に見るハイエクである。経済合理性をエネルギーの変換効率の問題に解消するエネルゲティークは、ハイエクの科学主義批判が典型的に妥当したからである。[*19]

ただし、オストヴァルトによる熱力学の社会科学への越境を批判したのはなにもウェーバーやハイエクに限られない。それは、知識の反基礎づけ主義の立場を一貫して擁護したオットー・ノイラートの「統一科学運動」においても明確に否定され、後に、エネルギーに還元できない「巨視量の物質」がもつ異質性の重要性を説いたジョージェスク＝レーゲンによって、「エネルギー論のドグマ」として批判されることになる。[*20] エネルゲティークのあからさまな還元主義がもつ危うさは、ウェーバーやハイエクにとってのみ問題であったのではない。実際、同時代に限定しても、熱力学と経済思想や社会思想との関係は、オストヴァルトのそれに尽くされるものではなく、両者の間にはもっと多様で複雑な議論が存在していた。なかでもハイエクが、オストヴァルトとともに社会エネルギー論者として批判したパトリック・ゲデスとフレデリック・ソディは、より経済学に内在した議論を展開しており、かつかれらの思想は単純に科学主義と見做すことのできない、〈経済〉の存立条件についての想像力ゆたかな分析が含まれている。

三　生命と富

ゲデスとソディはともに、熱力学や進化論といった同時代の自然科学の成果を共有しながらも、オストヴァルトとはかなり異なる問題意識のもとで社会分析への適用を試み、自由主義の政治経済学のより内在的な分析を展開していた。この二人の試みに、ジョージェスク＝レーゲンの「生物経済学」の思想的起源をはっきりと見ることができる。

ゲデスは、トマス・ヘンリー・ハクスリー（Thomas Henry Huxley, 1825-1895）のもとで生物学や植物学の研究を開始し、後に社会学、都市計画などの領域で先駆的な成果を上げた典型的なゼネラリストといってよい。およそ三〇年間にわたってスコットランドのダンディー大学で植物学を教えた後、晩年にはインドのボンベイで社会学の教授となった。「イギリス社会学会British Sociological Society」の立ち上げ（一九〇四年）にも深くかかわった人物である。スラム化したエディンバラ旧市街の社会改良に取り組んだことで著名であり、*21 また都市計画――ゲデス自身の語法でいえば土地工学（geo-technique）――の基礎に「リージョン region」の概念を導入し、ルイス・マンフォード（Lewis Mumford, 1895-1990）やアーサー・グリクソン（Arthur Glikson）などに代表される生態学的な都市・地域計画論者に多大な影響を与えた。一九四〇年代にはマンフォードを通じてC・C・アダムスを中心にアメリカの人類生態学（human ecology）の分野でも再評価が進み、[*22]近年では、ゲデスの田園都市運動や都市計画論の基底にある生命系や自然生態系への関心の高さを再評価する研究も国内外に見られる。[*23]建築史家のフォルカー・ヴェルターは、「恒久的な自然の経済学から、未来の社会と都市の経済学を取り出そうとする試み」[*24]とゲデスの研究を特徴づけている。

これに対し、ゲデスやオストヴァルトとも親交をもったフレデリック・ソディは、もともと放射性元素を専門とする物理学者で、「原子物理学の父」と称されるラザフォード（Ernest Rutherford, 1871-1937）とともに、放射性崩壊に関する共同研究を行い、一九二一年にノーベル化学賞を受賞したイギリスの科学者である。放射性同位元素（isotope）の存在を予測して、これを命名したのもソディである。後に詳しく見るように、原子物理学ですぐれた業績を挙げ王立協会のフェローにも選出されていたソディが、第一次世界大戦を契機に経済学研究へと転向を果たし、熱力学をベースに独自の経済学批判と貨幣改革論を展開するに至った理由はそれ自体かなり興味深いものがある。[*25]そして社会エネルギー論者のなかでソディは経済学批判にもっとも内在的に取り組んだ人物ともいえる。

自然科学の研究から出発したゲデスとソディが、社会科学へと越境していく共通の背景には、産業を急激に膨張させ、貨幣的富を蓄積する一方、生存ぎりぎりの状態に置かれている大量の貧民の存在と莫大なエネルギーの消費に支えられた一九世紀のイギリス資本主義の現実があった。この時代をゲデスは「機械論的世界観の物質的表現」と呼び、ソディは短命に終わる「燃えるような華々しい時代 flamboyant period」と呼んだ。[*26] かれらが当時の資本主義や自由主義の経済学を分析する上で重要な視点を与えていたものとしてとくに注目されるのは、限界革命の一翼を担ったジェヴォンズ（William Stanley Jevons, 1835-1882）の『石炭問題 *The Coal Question*』（一八六五年）と、ロマン主義の流れを汲む思想家ジョン・ラスキン（John Ruskin, 1818-1990）の資本主義・経済学批判である。以下、ジェヴォンズとラスキンが及ぼした影響について手短に確認しておきたい。

ジェヴォンズの『石炭問題』という書物自体、熱力学の進展と無関係ではない。この書物が世に送り出された一八六五年は、奇しくもクラウジウスがドイツでエントロピー増大則を定立した年でもある。石炭枯渇に経済学的観点から接近しようというかれのアプローチは、石炭に関する地質学的・鉱物学的知識を前提とするものであったが、ジェヴォンズは当初自然科学を専攻しており、地質学は若き日の得意科目であったと言われている。しかも、「熱死 heat death」を予言した物理学者トムソン（ケルビン卿）やジュールなどの著作をとおして、熱力学にも精通していたため、かれはこの問題の考察について有利な立場に立ち得たのである。[*27]『石炭問題』は、一八六〇年代というイギリス産業の黄金時代に、石炭を動力とする近代産業文明の諸限界をエネルギー論的次元から明らかにした、いわば資源理論の嚆矢であり、経済学を「効用と利己心の力学」として精緻化した『経済学の理論』（一八七一年）とは相当に異質な思考を見せている。

一八世紀後半以降、西ヨーロッパ世界は、それまでの労働集約的で資源節約的な経済発展の路線から、資源集約的な路線へと転轍されていくこととなった。アメリカの経済史家ケネス・ポメランツのいう「大いなる分岐 the great divergence」である。ポメランツによれば、一八世紀中葉までに東アジアの先進地域と同様、西ヨーロッパの先進地域もまた、地力の消耗や森林面積の減少といった生態学的要因が足枷となり、経済発展が制約されていたが、やがて後者だけがこの環境制約から脱するに至った。この分岐を可能にした主因は、なかでもイギリスにおける技術革新（蒸気機関）による化石燃料への動力の転換と、新世界の広大な土地へのアクセスであった。これによって、新世界の膨大な土地を利用して生産された食糧、繊維、建築資材、燃料の大量輸入の道が開かれ、一九世紀を通して西ヨーロッパの多くの地域で、生産、消費、分業のすべてが飛躍的に発達していったのである。*28

『石炭問題』のなかでジェヴォンズがまず注目しているのも、産業革命という急激な社会的・経済的変革を可能にし、また当時のイギリスの繁栄ならびに産業的主導力を支えている根本的な要因（「近代物質文明の主因」）が、イングランドやウェールズの鉱山から採掘されてくる、良質で安価な石炭が生む凄まじい動力にある、という事実である。化学者リービヒが述べたように、「文明とは動力の経済」であり、石炭消費が年々幾何級数的に増大していた当時のイギリスは、まさしく「石炭の時代 the Age of Coal」*29の只中にあった。しかし、ジェヴォンズの見るところ、当時のイギリスの世界経済における覇権的な地位は、石炭の質や埋蔵量、あるいは炭鉱の地質学的な条件といった、あくまで偶然的な要因によって支えられていた。そのため、一八六〇年の英仏通商条約締結に伴う石炭輸出の自由化や産業抑制的な法律の廃止などによって石炭消費量の激増を伴い続けるとすれば、その埋蔵量がいかに大きいものにせよ、いずれは再生産不可能な石炭の枯渇状態に接近し、イギリスの富と進歩は、足元から揺らいでしまいかねなかった。こうしてジェヴォンズは、イギリスの国民経済の継続的な成長に克服しがたい物理的限界を課している、石炭という枯渇性資源の実態――埋蔵量および消費速度――にメスを入れざるを得なくなったのである。

『石炭問題』には現代の資源論にも直結する先駆的な考察が二つある。一つは、技術改良による財一単位当たりの資源・エネルギー効率性の改善が、必ずしも資源・エネルギー消費量総体の削減につながらない（むしろ増大させる）という「ジェヴォンズのパラドックス」であり、この事態は石炭のみならず他の自然資源にも妥当する現代でも継続中の問題であるといってよい。[*30] いま一つは、石炭の代替的動力源についての緻密な分析である。ジェヴォンズは、実際に代替動力源として期待されていた、水力、風力、潮汐力、水素ガス、地熱、石油、太陽熱などを例に、その代替可能性を慎重に検討し、イギリスの競争力の維持という面から、いずれの代替的な動力源も、安定性や代替動力源それ自体の石炭消費への依存ゆえに、石炭枯渇の問題を解消するには至らないと結論づけている。[*31]

後にJ・M・ケインズは『石炭問題』を「ジェヴォンズの世間騒がせ」の産物であり、「冷静な批判に耐え得るものはあまりない」[*32] と酷評したが、しかしゲデスにとっては、経済発展を規定している物理的な富の根源性への着眼は、『石炭問題』が告発する市場社会の存立条件を解明するうえできわめて決定的なものであった。ゲデスは、『石炭問題』を、各工業過程についての基本的な物理学の知識に基づいた成果であり、「石炭が単なるわれわれの主観的価値の、それゆえ交換の対象」ではなく、「近代の産業活動が厳密かつ計算可能な限界を見いだす一定の蓄積エネルギーの具象化である」という「本質的事実」を掴んでおり、その意味で「かれの同時代人よりもはるかに優れた才覚をもつジェヴォンズ氏の名誉ある記憶のなかでも傑出している」[*33]ときわめて高く評価している。ゲデスは、「あくまで個人的利益と、交換価値が事実上すべてを支配する「市場」に関心を集中し続けている」[*34]経済学とは、まったく異質な問題意識で書かれた書物として『石炭問題』を読んだのである。

さてジェヴォンズがゲデスやソディにとってもつ意味はもっぱら『石炭問題』に集約されるが、一方のラスキンの場合には、かれの思想全体にわたるより内在的な影響関係が存在していたといえる。ラスキンは、一八六二年に発表された経済学の主著『この最後の者にも *Unto this Last*』や、その一〇年後の著作『ムネラ・プルヴェリス *Munera Pulveris*』を通して、当時もっとも影響力をもった経済学者D・リカードとJ・S・ミルを主要な標的とし、古典派経済学の基礎的原理に対する内在的な批判を試みていた。とくにその批判は、古典派経済学が富や価値をもっぱら貨幣という量的な一次元的視点から捉え、市場での商業的な交換の対象となる財に分析を狭めた結果、社会構成員全体の「健全にして、幸福なる生命の持続」という政治経済学《ポリティカルエコノミー》の本来の目的から大きく逸脱しているという点に向けられていた（商業経済学批判《マーカンタイル・エコノミー》）。「生なくして富は存在しない“THERE IS NO WEALTH BUT LIFE”」*35という『この最後の者にも』の有名な一説に込められたように、ラスキンの目はイギリス資本主義経済における、「生命」と「富」の乖離、より正確には資本の急激な蓄積と表裏一体となって進行する生命の衰退という事態に向けられていた。ソディは好んでラスキンの次の文章を引用している。

資本は根であるが、根とはちがうもの、すなわち実を生ずるまでは、生きた機能を発揮しないものである。［…］資本以外になにものも生産しないような資本は、ただ根が根を生ずるようなもので、球根が球根を生んでも、決してチューリップの花は咲かず、種が種を生んでも、けっしてパンにはならないのである。ヨーロッパの経済学はこれまで、まったく球根の増殖、あるいは集積に没頭してきた。それはチューリップの花のようなものを見たこともなく、また考えたこともなかったのである。*36

ラスキンが政治経済学のもっとも重要な課題と見做したのは、「生命の伸張」というその本来の目的に沿って「富」について正確かつ論理的な定義を与えることであった。かれは、希少性と市場での交換可能性に引き付けられた価値の概念を批判し、対象物に内在している「生」に貢献する物理的‐生物的な力（客観的条件）、これを自らの生に役立たせる人間の側でのある種の能力（主体的条件）を、「富」の本質として重視している。[*37] すなわち「富」とは、①対象そのものに備わっている属性・力である「固有の価値 intrinsic value」と、②この固有の価値を有効化し発揮させる人間の側での「受容能力 acceptant capacity」との二重の水準から分析されるのである。

ここでいう固有の価値とは、「生命維持にたいする物の絶対的な力」である。たとえば、「ある一定の品質と重量を有する小麦の一束」には、「人体を維持するひとつの計量可能な力」が存在し、「一立方フィートの清浄な空気」には、「人体の体温を保つ一定の力」がある。あるいは自然の花々には、「人の感情と心を引き立たせ、あるいは活気づける一定の力」をもつ。これらの固有の価値は、人間による使用や需要とは独立に対象物に備わる客観的な力である。だがこれら対象物にそなわる価値が有効となるためには、それを受け入れる側（すなわち人間）に、ある一定の状態が必要になる。「食物や空気や花が、その価値を十分に発揮することができるためには、その前に、人間の消化器、呼吸器、視力などの諸機能が完全でなくてはならない」。[*38] 富はこのように固有の価値と受容能力とが結びつけられるときに初めて存在することができ、またその場合にこそ富は、「病的な欲望の偶発的な対象」ではなく、「正当な欲望の恒常的対象」となりうるのである。[*39]

こうしたラスキンの富の分析をめぐっては、「名誉ある富」と言われるように、富を所有する主体の道徳的な側面がしばしば強調されてきた。しかし同時に富の研究が、事物の本質的属性・力を取り扱う「自然科学」に属するものとされている点もまた見過ごされてはならない。地質学や植物学に精通していたラスキンは、富の分析において、空気や水や有機物を包含する「土地」の役割を重視し、これを実質的に取り扱う「農業」や「実践的な地質学や応用化学が経済科学の第一の根幹である」[*40]とさえ指摘している。「生」に貢献する力を内在する財・サービスの生産・分配・消費という視点を主軸に、市場の諸力による経済の制御を終わらせ、人間的欲求に根差した別の社会システムへの転換を求めたのである。

ゲデスとソディにとって、ラスキンは自然法則の科学的洞察に基づく経済分析を展開した「フィジオクラートの正当な継承者」であり、かれの存在は一九世紀の経済学にとって代わるより科学的な経済学を構想していく際の一つの模範となるべきものであった。ラスキンが政治経済学の目的とした「生命の伸長」という課題を引き受け、これを現実化するための生物-物理学的な諸条件に、より厳密な科学的解明を施すこと、これがかれらが共有した課題であったといえるだろう。

四　生命《バイオ》-都市《ポリス》の経済学

一九一五年に行われたダンディー大学での最終講義「生物学とその社会的な意味——植物学者はいかに世界を見るのか」のなかで、ゲデスは生命の拡充に資する「真の富」の根源的な条件は、何よりも樹木や草の葉の緑（=植物）であると印象的に語っている。

草木の葉によってわれわれは生きている。貨幣によって生きるなどという奇妙な観念に取りつかれている者もいるが、かれらはエネルギーが硬貨の循環によって生み出されると考えているのだ。しかし、世界のほとんどは植物の葉の群集であり、葉で覆われた土壌の上で生成するものであって、単なる鉱物の塊ではない。硬貨を鳴らすことによってではなく、植物がもたらす十分な収穫によって人間は生きるのである。*41

これらの言葉にはゲデスの経済学批判の核心が表現されている。ゲデスの社会思想は、「生命中心主義 biocentrism」や「相互作用論 interactionism」などと特徴づけられるように、社会を「生命の網の目における相互関係の複雑性」*42において把握する視点によって貫かれている。かれはダーウィンに始まる進化論や植物学者シャルル・フラオー（Charles Flahoult）の植物群落の研究を通じて、ヒトという種の社会や都市もまた、周囲の自然環境や他の有機体との複雑な相互依存関係の内に存立し進化していく「生命現象」として捉える視点を早い時期からもっていた。ゲデスの思想形成には、ハクスリーやダーウィン、そしてヘッケルを通じた進化論の影響が濃厚であるが、その他かなり多様な知的水脈が流れ込んでいる。当初から都市の社会問題に強い関心をもっていたゲデスは、一八七〇年代のフランスへの短い留学をきっかけに、フランスのアカデミズムに強く惹かれ、オーギュスト・コントの実証主義やフレデリック・ル・プレーの系譜に属する社会学思想、地域主義を受容した。[43] また、とくに「生命」概念とのかかわりで、ベルクソン（Henri-Louis Bergson）に加え、クロポトキン（Pjotr Kropotkin）や『地人論 *L'Homme et La Terre*』を書いた地理学者ルクリュ（Elisée Reclus）などアナーキズムからの影響も小さくない。[44] ゲデスの社会理論は、社会進化論の一種と見て間違いないが、かれは友人であったクロポトキンと同様、進化の原動力として「自然選択」よりも「協同 co-operation」や「愛」の原理を重視した。

ゲデスの主著はエベネザー・ハワードの『明日の田園都市』（一九〇二年）とともに都市問題の古典と称される『進化する都市 *Cities in Evolution*』（一九一五年）である。この書物でゲデスは、技術論の視点から「二重の工業時代」という転換期にある時代状況を見据えつつ、複数の都市や農村を巻き込んだ食糧、水、資源・エネルギー供給の緊密なネットワークである地域統合体たる「コナベーション conurbation」の概念を打ち出している。ここでいう「二重の工業時代」とは、「旧技術の秩序 Paleotechnic Order」と「新技術の秩序 Neotechnic Order」を指す。前者が「石炭、蒸気、安直な機械製品、それと対応する「富と人口の進歩」という量的な理念に特徴づけられる、いくぶん粗野で浪費の多い技術の時代」であるのに対し、後者は「効率の良い自然エネルギーの広範な運用や電力利用の増加によって特徴づけられる、あるいは衛生や教育や社会政策などの技能と芸術によって表現されている「質の進歩」という理念の勝利に特徴づけられる」時代とされる。ゲデスは一九世紀の「旧技術の秩序」における「国家的エネルギーの浪費と破壊」や「富の法則の下での生活の抑圧」を技術と文化の両面から批判的に考察したうえで、「新技術の秩序」

への転換におけるコナベーションの円滑な統治に必要な、さまざまな都市計画や社会計画、制度、そして市民参加や教育を、豊穣な想像力を発揮して論じている。*45

『進化する都市』に通底する石炭に依存する技術文明への批判的な視点はこの書物よりかなり以前から準備されていたものである。たとえばイギリスにおける社会主義復権のムードのなかで書かれた『経済学者ジョン・ラスキン』(一八八四年)では、ラスキンやモリスの経済学を引き継いで、統計上は膨大な富を生む一方で、大衆的貧困と大気や水の汚染に埋もれている一九世紀の劣悪な都市生活の現実を見据えながら、自由主義全盛の時代に古典派の経済学説批判に挑んだラスキンの経済思想の意義を再考している。*46 さらに、これに先立って師のハクスリーが会長を務めていた王立協会での講演で発表された二つの論考「統計学の分類とその帰結」(一八八一年)、および「経済学原理の分析」(一八八四年)は、ゲデスの経済像を理解する上でもっとも重要なテクストである。かれはこの時期、ワルラスに宛てた書簡*47のなかで、経済学への数学の応用について批判的なコメントを寄せ、物質とエネルギーといった資源のフローを扱う生物‐物理学的な経済学の研究の可能性に言及しているが、まさにこの課題を遂行するものがこれらの論考であった。このなかでゲデスは、「価値」や「交換」、「商業現象」に研究を限定し、〈自然〉を貫く基底的な生命維持プロセスに対して盲目になっている経済学の「対象範囲や本質そのもの」を批判し、物理学や生物学の原理から経済学の根源的な再構成を企てている。後にマンフォードが評したように、これらは一九世紀の熱力学と生物学の成果を社会科学に適用するものとして、オストヴァルトの

『文化科学のエネルゲティーク的基礎』（一九〇九年）にほぼ一世代先行し、またフレデリック・ソディの『デカルト派経済学』（一九二二年）の内容の多くを先取りするものであった。[*48] その内容を手短にまとめておこう。

経済学原理の分析

まず「統計学の分類とその帰結」のなかでゲデスは、「社会 society」の概念を以下のように外部環境との相互関係において把握する。[*49] ここでは「社会を構成する有機体＝生物」は人間という種に限定されていない点に留意が必要である。

i　社会は時空間の一定の限界内に存在する
ii　社会は多くの有機体から構成される
iii　これら多様な有機体は、物質とエネルギーの一部を採取することによって周囲の自然を変形させる
iv　これらの有機体は、自然のなかの物質とエネルギーをその生命の維持、つまりその生理学的機能の維持に充用する

これらは「社会学的公理」であり、このような社会—経済認識に基づくならば、社会活動総体を把握する統計は必然的に次のような経験的事象を集積する必要がある。

A　所与の社会が占有している①時間および、②空間の限界と結びつく諸事実

B　周囲の自然から社会が利用する物質とエネルギーにかかわる諸事実
C　社会を構成する有機体にかかわる諸事実
D　所与の有機体によって利用される物質とエネルギーの応用についての諸事実

これらの統計では、土地、水、自然資源、植物、鉱物、エネルギー源といった物理的な環境の諸条件のストックが把握され、またそれらのフロー（採掘・移動・使用・保全）がさまざまな職業や産業と関連づけられ体系的に追跡されるなかで、人びとの具体的な生活実態が客観的に記述されることが企図されていた。さらに、三年後に発表された「経済学原理の分析」では、この統計の理論的な意味が立ち入って分析されている。そこでは統計の類型化を踏まえ、予備的科学（preliminary sciences）、すなわち(a)物理学、(b)生物学、(c)心理学との有機的に調和しうるよう、経済学の諸概念（生産と消費、富、利己主義など）が順次練り直され、経済学が「未熟な科学crude science」の段階を脱していくための、非常に断片的であるが、興味深い指針が打ち出されている。こうした試み自体にかれが影響を受けていたコントの階層的な科学観が反映しているのは明らかであるが、同時にこの研究によってゲデスは、「巨視的レベルでの社会的物質代謝の経験的記述に接近した最初の科学者」と評されることになる。[*50]

ゲデスがもっとも基底的な次元に位置づける「物理経済学 physical economics」は、有機体とその環境との相互作用を含め経済現象を専ら物理学的なプロセス――物質とエネルギーの採取、転換、移動、消失と保存――として研究するもので、一八世紀のフィジオクラートと一九世紀のジェヴォンズがその嚆矢とされている。それは「物理生理学physical physiology」が、個々の有機体のメカニズムを化学や物理学の観点から説明したり、「物理地質学physical geology」が地表の形状や変化を観察したりするのと、同様である。「社会現象は、消費または遊離されたliberated物質とエネルギーに関わるものと見做されるべきものであり、物理経済学は絶えず変化する物質形態の研究である*51」。

物理学的原理に基づけば、人間も社会も他の有機体も等しく、環境からエネルギーと物質を取得しながら、自らを更新してゆく「自動機械《オートマトン》」あるいは一つの巨大な「熱機関」として理解することができる。すべての有機体は外部環境からエネルギーと資源を取り入れ、後に再び環境へ廃棄する「消費者」である。そしてあらゆる社会・経済現象もまた、有用なエネルギーの転換ないし散逸を伴う物質の結合と解体として解釈することが可能である。そのため物理経済学の課題は、「抽象的な統計や交換の理論」ではなく、エネルギーの投入から最終消費財の消費に至る有用な物質とエネルギーのフローの観点から経済現象を解明することとされる。「物理学的な視点は、生産の諸段階を詳細に探究することを可能にし、またこれを強いるものであることは明らかである。物理経済学の体系的な論考であれば、農業、漁業、炭鉱等々の種々のエネルギー源と採取過程の厳密な統計調査に手を付けなければならない*52」。

ゲデスは、フィジオクラートのケネーの「経済表」に示唆を得て、物理タームによる経済過程の分析の叩き台的な素案として、一種の投入産出表を作成している。自然界の物質とエネルギー源が、採取、製造、輸送と交換をとおして、一方では最終消費財へと転換されるプロセス全体が記述されるとともに、最終消費財の完成に至る各段階における物質とエネルギーの散逸も記録される。[53] これによってかれは、商品の生産が物理学的に見れば、環境破壊的なエネルギーと物質の散逸のプロセスであり、しかも採取から輸送に至る各過程を通して生じたその消散・散逸した部分（＝生産のネガ）が厖大であることを示そうした。要するに、伝統的な経済学では見過ごされている生産の非効率性を明らかにすることがかれの狙いであった。

このような視点から構成され直される「実践的な」物理経済学は、その目標に富（最終生産財）の生産の極大化を掲げるが、これは二つの意味で主流派経済学における利潤極大化の意味とは異なる。第一に、それは採取された物質とエネルギーから生産のネガを差し引いた後に残る、「生産過程で充用された物質とエネルギーに対して〈自然〉が支払った利子 interest paid by Nature」たる「純生産物」の極大化を意味する。[54] 第二に、最終消費財の生産は、人間の低級な欲求を満たすための「必要財 necessaries」ないし「一過性の transient」財ではなく、「美的なもの the aesthetic」あるいは「芸術 art」を志向する「必要を越える財 super-necessaries」・「耐久的な」財の生産へと編成し直されるべきである。この「必要を越える財」には、ラスキンからの影響が明らかに関係しているが、その意図については注釈が必要であろう。

「必要を越える財」は、人間の生の充実にとって本質的ではない、不必要な財を指すのではない。むしろ逆である。ゲデスによれば、恒久的で美的に優れた、人間にとって真に富となる永久的な財の生産を犠牲にしながら、一過性の粗悪な財を厖大に生産することを通して、物質とエネルギーを極端に浪費してゆくのが資本主義的生産の特徴である。これは、ハンナ・アレントが公共的世界を造りだす「仕事 work」に対する「労働 labour」の圧倒的優位によって捉えようとした事態と一致するものと言ってよい。この関係を反転させ、生産と消費を、単純な量で測られる「必要財」から、人間的な感覚をより豊かにするような「耐久的な財」へと再編することが、物理的経済学の視点からも合理的でありうる。そしてこうした善き家政こそ、生命の全諸条件から構成される「真の富 real wealth」の社会的なストックを増大させることができる、とゲデスは主張するのである。

もっとも有機体としての人間は、単なるエネルギーと物質の巨大な自動機械《オートマトン》に解消されることはありえない。次にゲデスは「生物学原理」が経済学にとってもつ意味の検討に移る。ここでは「経済人 economic man」に代わって「生命有機体の一種」としての人間概念が措定され、そのうえで外部環境や他の有機体との複雑な相互作用という視点から「分業」と「生産」について独特な分析がなされる。「分業」についてゲデスは、他の生物の進化が見せる「機能特化 specialisation of function」とのアナロジーから、生産の進化による分業と職能の「多形性 polymorphism」の深まりが、個体間の競争的な関係を取り除くとしている。同時代人のデュルケームの「有機的連帯」との重なりを想像してみても興味深い論点と言えるが、[*55] ここでは人間の生をかたちづくる「環境 environment」の影響に関する考察に注目してみたい。

生物種としての人間は、労働の編成や分業を介して自らの機能に適合するによう外部環境を変異させ、またそのような環境によって自らも変異していく存在である。同様に、人間共同体の「進化 evolution」あるいは「退化 degeneration」もまた、生産を介した両者の相互作用のあり方に強く規定される。ゲデスによれば、共同体が退化するのは、人が空気や水、大気や光といった生物学的諸条件を剥奪される、つまり生物学的な欠乏状態に陥る場合、もしくは食糧の過剰摂取や身体の不活発に陥る場合である。そのため、種としての人間の生命維持や進化の促進を企図する「実践的な」生物経済学では、経済学者が関心を向ける食糧や住居のような個別の生活必要物ではなく、人間存在の全側面に関わる「ますます複雑な環境の諸条件」、「より繊細な環境の諸要因」が広く対象化されなければならない。同年に書き下ろされた『経済学者ジョン・ラスキン』の内容も踏まえれば、「環境の諸条件」には、充分かつ良質な食糧、大気、水、光などの自然的条件だけでなく、美的感覚や知性といった人間的な感覚・能力を豊かにする文化的・社会的な要因や環境——すなわち都市——も含まれていると考えてよい。ゲデスは、生産の真の役割や意味は、このような多様な環境の注意深い変形・創造を通じた人間の生の質的な拡充であるにもかかわらず、生産の目的が商業的な「富」の極大化と誤解されてきたために、生命にとって破壊的な影響をもつ「産業の無秩序 industrial anarchy」が成長してきたのだと分析している。

　最後にゲデスは、「心理学的原理」の問題として、人間の欲求と欲望の構造を取り上げている。ここでは、経済行為の決定要因として利己心や利己主義のみに集中し、経済を「競争の鉄則 iron law of competition」によって基礎づける経済学の前提や人間像が批判され、「生殖系の欲求」に「協同」や「共感」といった利他的な欲求の萌芽の存在が指摘される。そのうえでゲデスは、生物学的原理と心理学的原理とへの並行性に注目して、社会的分化の高度化と協同的な社会関係の拡大とともに、利他的な欲求が増大し発展する必要性と必然性を説いている。

以上およそ単純と言えないかなり込み入った議論が展開されているが、ゲデスの意図そのものは比較的はっきりしている。すなわち、伝統的な経済学が「富の蓄積」と見ているものが、物理学的には「エネルギーの浪費的な散逸」であり、人口増大と無秩序な都市化もまた、生物学的にはむしろ種の「退化」を促しているという、いわばその倒錯的な性格である。興味深いのはこうした倒錯性を解明することが、カーライルやラスキンによって予告された「政治経済学が生まれ出発した当初の構想への回帰、つまり家の秩序だった管理と法（oikos-nomos）の研究へ復帰する」ための前提的な作業と位置づけられている点である。*56 実際、二〇世紀にはいると、ゲデスはスラム化したエディンバラの旧市街の改良事業に着手しつつ、さまざまな社会組織や団体を立ち上げており、かれの関心もそのような社会組織を通して市民が具体的に都市空間をコントロールしていくための統治技術上の問題へと向けられていくことになる。

ゲデスの地域主義

外部環境や他の有機体との相互交流のなかで人間の欲求と社会進化を捉えるゲデスの——ラ

マルク主義的な――視点は、まずは「環境environment・機能function・有機体organism」の諸関係の分析として現れ、またこれを社会領域へと適用することで「場所place・仕事work・民衆folk」のトリアーデへとまとめ上げられていくことになる。この後者のトリアーデは、ゲデスが「応用社会学」の一つとして打ち立てた「都市学Civics」の基礎を成すものとしてル・プレー学派の地域調査の枠組み「地域Lieu・仕事Travail・家族Famille」を引き継ぐものであったが、[*57]ゲデスはそれに、「流域the valley section」を具体的な人間生活が成立する基礎的単位（リージョン）として付け加えている（図1）。源流から海へ注ぐ「流域」を単位とすることによって、多様な地勢・地質、気候を有する「場所」、道具のマークで示される、場所の「潜在性を開花させる」「仕事」、そしてそこに住まう「人びとの生活」ないし社会組織との相互関係を捉えようとしたのである。[*58]このようにゲデスの都市学では、「地域調査regional survey」など、その「科学」として側面だけではなく、それを実践へと関係づけるある種の「技術art」（＝地域事業）との相互関係がつねに意識されている（両者の関係は、たとえば生化学と農業、生物学と医学、人口統計と公衆衛生など他の領域でも問われる）。

ゲデスの都市学が世に問われたのは、一九〇四年にロンドンで開かれた第一回イギリス社会学会においてであった。この第一回社会学会は、ダーウィンのいとこで「優生学の父」とされるフランシス・ゴルトン（Francis Galton）が「優生学Eugenics――その定義・展望・目的」と題する講演を行ったことで知られている。ゲデスの都市学が、ゴルトンの優生学とともに、応用社会学

図１　ゲデスの流域断面図（出典：Geddes 1926, p.12）

の重要な領域を担うものとして当時期待されていた点は、たしかに興味深い。ただし、ゴルトンの優生学では「遺伝」ないし「生得的質 inborn qualities」の改良が重視されるのに対し、ゲデスの都市学は個人の力や遺伝ではなく、むしろそれらに影響を及ぼす特定の歴史的・社会的・環境的諸条件の改良に重点を置く点で、ゴルトン流の優生学とはやはり異なる。[*59] それは、個々人の生そのものへの介入や遺伝的要因を問題するのではなく、「経済学原理の分析」のなかで説かれたように、有機体（人間）と環境（場所）を媒介する機能の役割を果たす労働や産業のあり方、そして生命の多面的な豊饒化を実現しうる最広義の環境的条件を創り出すという、ある種の庭師的な都市計画や統治を志向するものである。[*60] 都市学が領域横断的な知の形成を必要とするのもそのためである。ゲデスは具体的な社会生活の分析と新技術の秩序を支える「知の様式《スクール》」として、「有機体とその環境」を基底に据えた、経済学と地理学と人類学の総合を構想している（図2）。

生命は、「有機体」から切り離された「環境」のなかに認めることはできず、「環境」から切り離された「有機体」もまた存在しえない。生命は環境が有機体を条件づけ、また逆に有機体が環境に反応するという相互作用のうちに存する。このことは、有機体としての人間にも自明のものであり、かれの呼吸からあらゆる他の有機的機能にまで貫いている。けれども、われわれがまた、人間の社会生活全体とかれの有機的な機能との厳密な対応関係を理解し損なうならば、かれの社会的な生を理解することは困難となり、また誤解することになろう。場所という

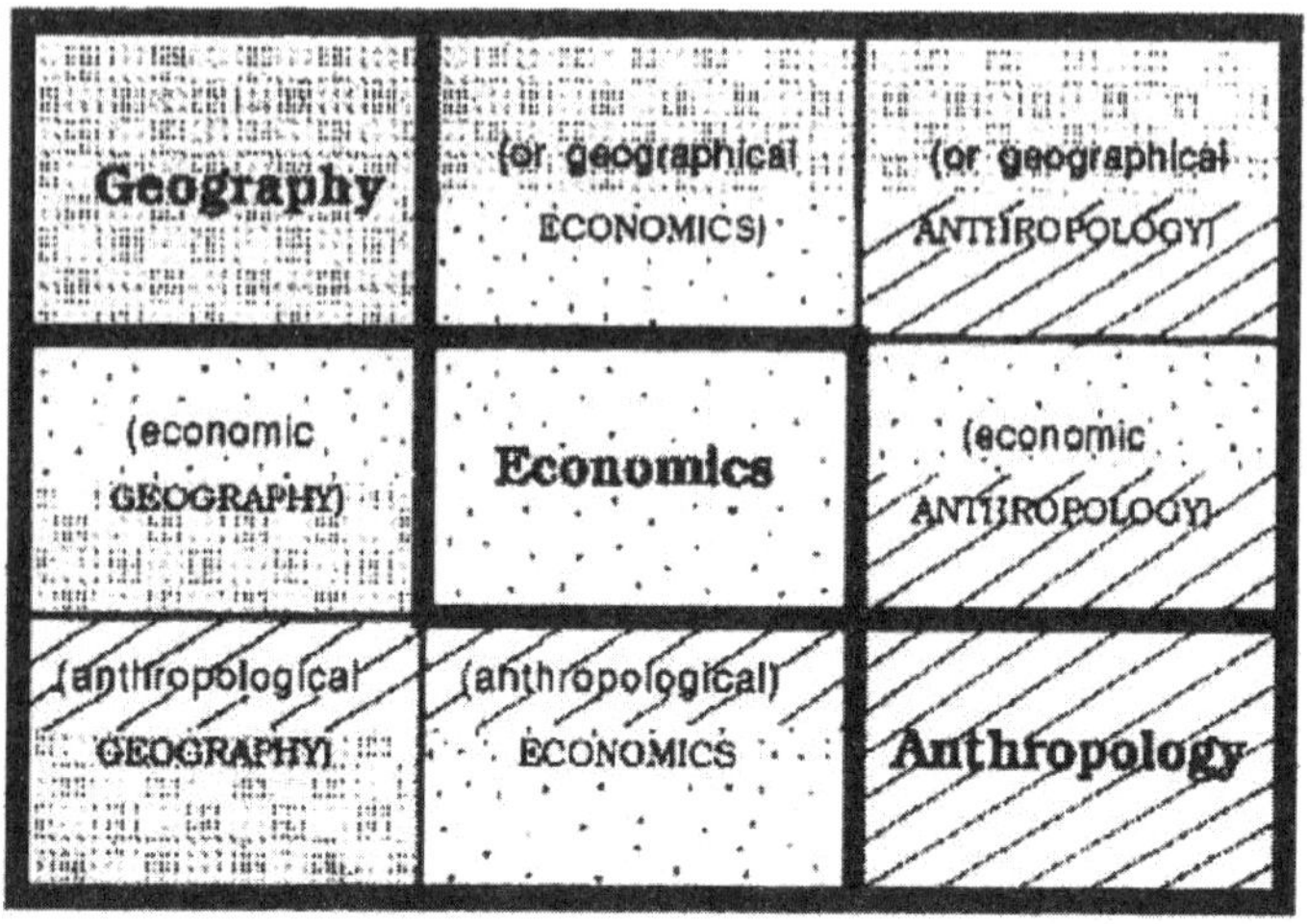

図 2　ゲデスの思考機械（出典：Heller 1990, p.47）

のは、そこに住まう人びとを条件づけずにはいない。しかし、そこで生きるすべての人びともまた、その場所を規定し返すのである。〔…〕要するに、場所（Place）、仕事（Work）、人びと（People）は、地形学、市場経済学、人類学のように、分離した学問領域として個々別々に分析することはできないのである。それらは、生きている統一体（living unity）において理解されなければならない。[*61]

ゲデスが『進化する都市』において展望した新技術の秩序への転換は、たんにエネルギー効率や自然界から引き出される富・資源の合理的な使用といった経済の物理的な側面のみに関わるのではない。それは生きた歴史と自然環境が有機的に結びついた場としてのリージョンのなかに市民の生活を埋め込み直し、そのなかでリージョンへの意識や感覚を涵養してゆくという精神面での転換でもあった。ゲデスが理想的な都市を、非地域的（non-regional）あるいは没地域的（ir-regional）な「オートピア Ou-topia」ではなく、具体的なリージョンへの理解に根差した「エウトピア Eu-topia」への進化として描く所以もここにある。すでに触れたように、このような問題関心は、後にマンフォードに引き継がれ、かれの『技術と文明』（一九三四年）や『都市の文化』（一九三八年）で展開された地域主義や、地質学的構造・土壌・気候・動植物相からなる「地域複合体 regional complex」の概念にその影響を濃厚に残している。*62

五　富と負債

フレデリック・ソディも、ゲデスの影響からラスキンの愛読者となり、自身の著作で『この最後の者にも』を頻繁に引用している。一九二〇年代と三〇年代を通して、ソディは富と貨幣の研究に没頭し、ケインズをはじめ、通貨改革運動の旗手アーサー・キットソン（Arthur Kitson, 1860-1937）やシルビオ・ゲゼル（Silvio Gesell, 1862-1930）の著作を読んだ。またG・D・H・コール（George Douglas Howard Cole, 1889-1959）やC・H・ダグラス（Clifford H. Dauglas, 1879-1952）らとの関係を深めていくなかで、「ナショナル・ギルド同盟 the National Guilds League」や「社会クレジット運動 Social Credit Movement」ともかかわりをもったことが知られている。*63　金本位制の動揺に伴う貨幣・金融面での混乱がさまざまに発生するなか、ソディも両大戦間期の通貨改革論に身を投じたが、かれ自身は一貫してエネルギー概念をベースに、富と貨幣の問題を論じ、独自の論理を形成していた。一部の異端的な貨幣論者やアメリカのテクノクラートたちの熱心な信仰を除けば、経済学者の間でソディが言及されることはほとんどなく、例外として当時エール大学にいたアービング・フィッシャー（Irving Fisher）がソディの通貨改革を評価し、またかれの経済学における主著『富、仮想的富、負債 *Wealth, Virtual Wealth, and Debt*』（一九二六年）について、シカゴ大学のフランク・ナイト（Frank Knight）が書評を書いた程度である。[*65] まずは先に言及しておいた原子物理学から経済学へのソディの転向の背景を確認しておこう。

反転する科学

トレンの指摘するように、ソディの生涯の研究は、①原子力の科学、②科学者の社会的責任、③経済システムの欠陥の三つの領域にまたがるが、これらを有機的に結びつけている核心にあるのは言うまでもなくエネルギーである。ソディにとってエネルギーは、科学という媒介をとおして人類にもたらされる自然界からの特別な贈与であったが、それゆえにあらゆる社会問題を発する震源でもあった。

ソディの初期の業績は核時代の展開と無関係ではありえない。かれの科学者としてのキャリアは、一九〇一年から二年間、モントリオールのマギル大学でラザフォードと放射性元素の崩壊について共同研究を行ったことから始まる。かれは九一番元素プロトアクチニウムの発見者の一人でもあるが、この元素は天然にはウラン鉱物にふくまれ、核燃料の増殖と関連する元素として知られる。すべての原子核のなかに隠された、凄まじいエネルギーの発見は、受動的で不活発と思われたデカルト以来の物質世界の見方を根底から覆すものであった。帰国後、一九一四年までグラスゴーで過ごしたソディを放射性元素の研究に駆り立てていたのは、原子核変換（transmutation）の人工的な制御が人類にもたらす途方もない可能性への強い期待感であった。とはいえ、かれが膨大な原子エネルギーの支配がもたらす破局的な側面に気づいていなかったわけではない。第一次世界大戦前夜に書かれたH・G・ウェルズの『解放された世界』（一九一四年）は、原子爆弾をもちいた世界戦争による破滅とその後の世界政府の樹立を描いたユートピア小説として有名だが、このモチーフに大きな影響を与えたのは、ソディの『ラジウムの解釈』（一九〇九年）であった。『解放された世界』の描く世界がそうであったように、ソディは原子核変換の人工制御を含め科学的進歩の帰結について当初から両義的な立場に立っていたのである。

しかし一九一四年の第一次世界大戦の勃発は、原子エネルギーの人工制御への期待を打ち砕いてゆくことになる。決定的なのは、人類を飢餓から解放するのに大きく貢献すると期待されたハーバー（Fritz Haber）とボッシュ（Carl Bosch）の合成アンモニアが、戦時には硝酸に姿を変え火薬の原料となり、生命の殺戮兵器として使われたことであった。当然、原子エネルギーの人工的な制御がいずれ大量殺戮の兵器へと応用される可能性も高まり、ソディは第一次大戦中、人間の生活や幸福にとっての科学的進歩の帰結、とくに戦争とエネルギー支配の欲動との結びつきについて根本的な再考を迫られることになった。そしてこの時期よりソディは、世界戦争に典型的に現れる人類の苦境の根本原因の解明を、物理や化学といった自然科学それ自体の問題としてよりは、むしろ社会構造、なかでも貨幣や富の生産と分配に直結する経済学の問題として立て直すための作業に重点を移していった。科学の進歩が原子核変換の人工制御を成功させるのは時間の問題であるとしても、そこから膨大なエネルギーを取りだし、社会状態の改善に役立てるには、利潤獲得をめぐる競争を原理とする資本主義的な世界ではあまりに致命的な欠陥があると思われたからである。ソディは次のように言う。

現在の文明の成果はみな、蒸気機関の発明によって達せられた火のエネルギーに対する支配の所産として現れた。遠く離れた星ではなく、まさにわれわれの足元に、われわれが知るよりも数百万倍もの強力な無限のエネルギー源があるとしたら、人為的な原子核変換の発見には、どれほどの甚大な社会的影響があるだろうか！　しかし、これから人間社会は、どのようにしてそうした膨大なエネルギーを安全に獲得すればよいのか。もし明日にでも人為的な原子核変換の発見がなされたとしたら、毒ガス戦争で用いられている新開発の化学兵器の事例において各国が行っているのとまったく同様に、これを戦争に応用する仕事に熱心にならない国は一つもないだろう。［…］もし核エネルギーが既存の経済状態のもとに置かれるならば、それは科学文明の不条理な帰結（reduction ad absurdum）を、つまりゆっくりとした崩壊ではなく、即自的な壊滅を意味するだろう。*66

技術的な進歩とこれを適切に使用し制御する社会的な進歩との関係について、ソディはオストヴァルトのように楽観的ではなくむしろ両者が乖離する事態を問題にしていた。終戦直後の一九一九年に化学教授としてオックスフォード大学に招聘されたソディは、ついに本来の領分を離れ、エネルギーとこれを利用してきた人類の文明史や社会制度との関係、エネルギーと富、そして貨幣制度に関する研究に本格的に移行するに至る。この物理学から経済学への「転向」は、周囲の科学者の目にはまったく常軌を逸した、およそ理解し難いものであったがかれ自身に迷いはなく、きわめて精力的に経済学の研究に邁進していった。科学と経済にかかわる主要なテクストとしては、『デカルト派の経済学』（一九二二年）、『科学の反転』（一九二四年）、『富、仮想的富、負債』（一九二六年）、『貨幣 対 人間』（一九三一年）、『貨幣の役割』（一九三四年）などがあるが、これらはいずれもオックスフォード大学在任中に発表された業績である。これらの研究においてソディは、一八八一年にゲデスが立ち上げた「物理経済学」・「生物経済学」を、とくに貨幣制度の問題にかかわらせながら、より洗練された形で展開している。トレンが指摘したとおり、ソディの経済思想の核心は、「富とエネルギーとを関連づけ、そして富と貨幣とを切り離す」作業にあるといえる。*67

ソディのエルゴソフィ

ソディは一九二一年の講演冒頭で、デカルトの言葉[*68]を引きつつ、自らの経済研究を「デカルト派経済学」と名づけている。ハイエクが忌み嫌うあのデカルトである。デカルト派経済学が取り組むのは、「ひとはいかにして生きているか How do men live?」という原初的であるがゆえに根元的な問いである。ソディは、この問いへの回答が「希少性の経済学の用語[*69]」ではなく、自然の理法、すなわち熱力学法則の社会科学への適用によってのみ与えられると論じる。

太陽がなくなれば、生物界のみならず、無生物界の大部分も含め、世界は生命無きものとなるだろう。［…］風や水のみならず、これまで知られているあらゆる生命体に活力を与えているのも太陽の光である。かくしてデカルト派経済学の出発点は、エネルギーの保存と変換というよく知られた法則であり、通常、熱力学第一法則と第二法則と呼ばれるものである。[*70]

地球に生きる有機体として人間もまた、「ゆりかごから墓場まで」「一瞬一瞬、連続するエネルギーの流れ」に依存して生きる。[*71]したがって、「人間の法・慣習の原理や倫理は、熱力学のそれと矛盾するものであってはなら」ず、その生存・生活条件を解明する社会科学もまた、「エネルギーの源泉たる太陽について考えなければならない」。[*72]

ただし、デカルト派経済学が熱力学原理に基礎づけられるということは、経済現象が物質・エネルギー現象に還元可能だということではない。なぜなら、ヒトという種を含む有機体一般が熱力学の法則に従属せざるをえない存在であるとしても、人間は自由意志と理性によって行為し、知的・美的・倫理的・道徳的・霊的な認識をもちうる存在でもあるからである。人間存在の特殊性は、「確率と自由意志」の相互作用、あるいは「一方に物質とエネルギー、他方に意志と命令」という二つの領域の相互作用のなかに見いだされる。こうした人間の存在論を踏まえれば、経済学もまた、「物理現象と精神現象の両極世界」の相互作用において現れる「中間点の生命世界 the middle world of life」[*73] に関わるものと見るのが適切である。ソディによれば、経済学の歴史のなかで、この問題にもっとも迫っていたのは、富の起源が大地（自然）の内奥にあることを突き止め、経済学を物理的な実在の上に基礎づけようと試みたフィジオクラート（重農学派）、なかでもフランソワ・ケネーの経済学であった。[*74] 後にソディは、経済学と生物学・物理学との統一する一連の試みに「エルゴソフィ Ergosophy」という名を与えている。エルゴソフィとは、「普遍的に順守される物理世界の諸法則から全面的に引き出される真の社会哲学」であり、「正統派の経済学者があまりにも自明視してきた、時代遅れであるが、欠くことのできない言葉、「富」に正確な意味を回復させる」[*75] ことを主要な課題とするものとされる。ではエルゴソフィが回復すべき富とは何であるか。かれは次のように言う。

物理学は、［…］「社会的富の源泉、つまり諸個人のサブシステンスや便宜品の源泉とは何か」という問いに、正確にこう答える。サブシステンスは、農業の働きをとおした太陽エネルギーの日々の収入に由来する。そして便宜品や奢侈品を含め、衣服や住宅、燃料といった生活のさまざまな付属物は、その大部分が過去の地質時代から保存されてきたエネルギー貯蓄の収入から生まれている。生命はつねにエネルギーの継続的なフローに依存し、それゆえ、生活を可能にする必要条件である富はストックよりもむしろフローの性質を帯びている。[*76]

ソディが規定する「実質的な富 real wealth」とは、「人間に利用可能な物質とエネルギー」である。これらは、市場において交換対象であるかという以前に存在する「絶対的な富 absolute wealth」である。それらは「人間の生命活動に、活性を与える物理的必要物」であり、「愛し考え、真善美を追求すること」を可能にする必要条件である。ソディは、科学的経済学の課題が人間の生存・生活条件を解明することにあるならば、富の純粋に物理的な性質こそ、「より特殊な経済的基準に先立って考察を必要とする」[*77]と述べている。富の分析について以下の三つの点を指摘しておこう。

まず第一に、実質的な富の形成の本質的な条件は、太陽エネルギーの連続的なフローにある。図3は、人間社会を中心にした自然界のエネルギーフロー（流れ）を示している。ここでは太陽エネルギーを基点として、エネルギーがどのようにして人間社会に行き着いているかが描かれて

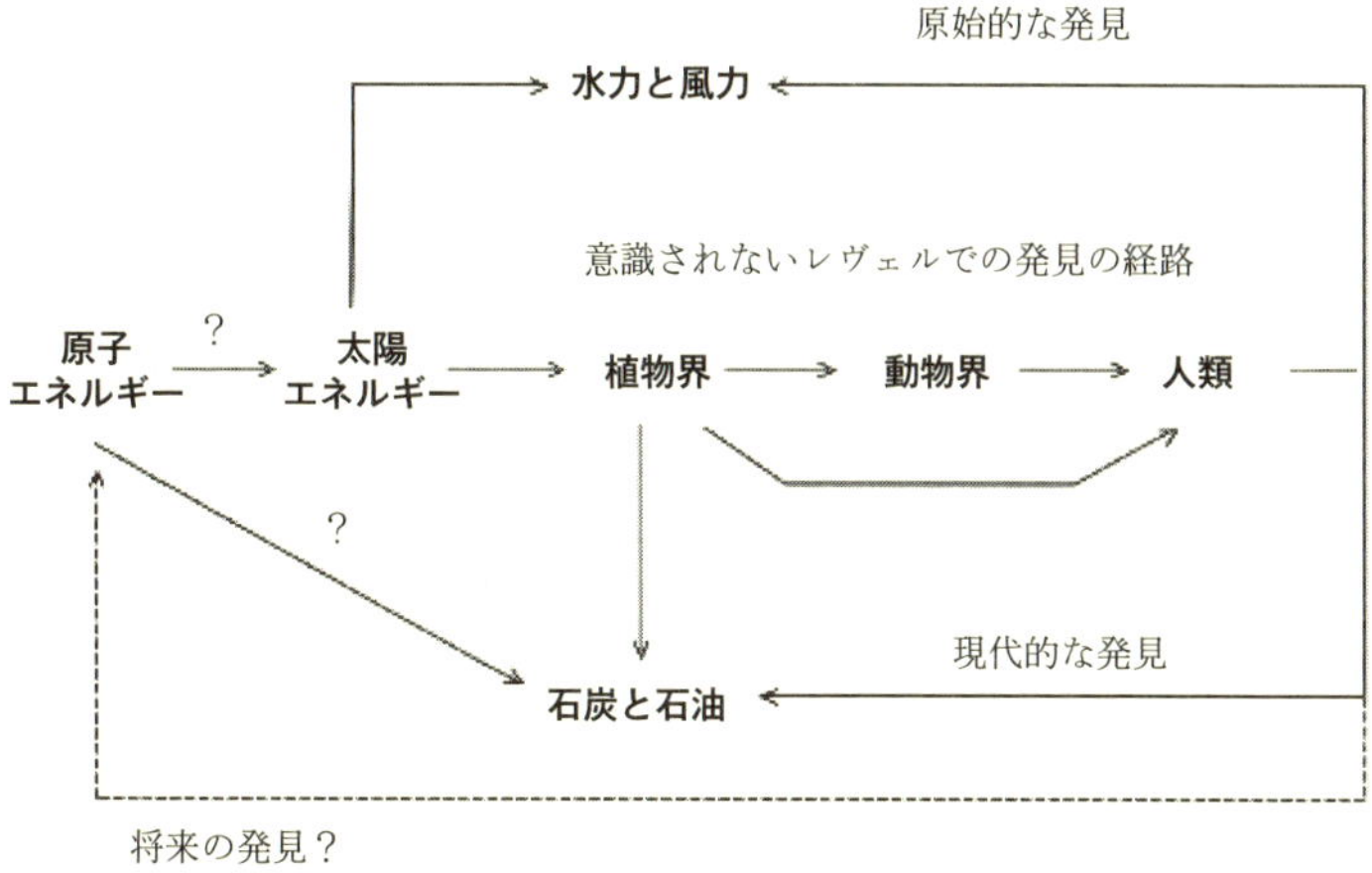

図 3　社会におけるエネルギーのフロー（出典：Soddy 1926, p.48）

いる。ソディは、「太陽エネルギー→植物界→動物界→人間社会」という連鎖に注目し、実質的な富を形成する有用なエネルギーの流れを捉えようとした。

太陽から地上に放射されるエネルギーの流れは、一部は、水の気化や空気の対流など地表にさまざまな自然現象を引き起こし、また他の一部は光合成メカニズムを通して植物に固定されながら、人間も含めたさまざまな生物の生命維持にとって利用可能な形の原初的な富を形成する――この意味で、光合成のメカニズムを基盤とする農業はあらゆる経済の恒久的な「基幹産業」である。また古生代に地上や海・湖に繁茂していた植物や藻、生物に蓄えられたエネルギーは、地中や海底などに堆積して地熱などの地質学的影響を受けながら長い年月をかけて石炭や石油を形成する。

そのため人類は、太陽からのエネルギーフローを可能なかぎり地上にとどめ大規模に制御し利用するため、技術を高度化させ、エネルギーの発生源に近いところへ絶えずアプローチしようと試みてきたが、その極限にあるのが核分裂反応から生じる高エネルギーの人工制御である。ソディによれば、この原子核エネルギーの人工制御という技術は、植物の光合成メカニズムを通じた太陽エネルギーの変換という従来の自然史的な過程からまったく逸脱するものであって、事実上それは地上への人工太陽の導入を意味している――ソディの図で原子エネルギーが太陽エネルギーの圏外に位置するのはそのためである。

第二に、エネルギーの流れを本質とする富は、その性質上、本来所有したり蓄積したりすることはできない。ラスキンが論じたとおり、生命それ自身が絶え間ないエネルギーの流れのなかにあるように、富もまた「海にそそぐ河流」のようであり、「人間のいかなる法則もその流れをとめることはできない」。すなわち熱力学の法則に従属する富は、つねに腐朽と劣化の過程に晒されているはずである。

ソディは熱力学の視点から富を二つの類型に区分する。腐りやすさ（perishability）や燃えやすさなどを本質的な特徴としている食糧や肥料、燃料といった「第Ⅰ種の富」と、耐久性（permanence）を本質とする、鉄道や道路、公共施設、工場、波止場、工業製品など「第Ⅱ種の富」である。第Ⅰ種の富は、エネルギーの変換過程においてその使用価値を実現するものであり、変化する性向を本質とするのに対し、第Ⅱ種の富は、その生産において既にエネルギー変換が完了しており、変化する性向を持たないことをその本質としている。そのため第Ⅰ種の富では、熱力学的に見て「生産」と「消費」が厳密に区別できるが、第Ⅱ種の富では、「生産」と「消費」が一体となっている。[*78]

第Ⅰ種の富
原材料＋利用可能エネルギー＝第Ⅰ種の富……生産
第Ⅰ種の富＝活動エネルギー＋廃エネルギーと廃物……消費
第Ⅱ種の富
原材料＋利用可能エネルギー＝第Ⅱ種の富＋廃エネルギー……生産かつ消費

ソディはこのように人間の経済活動における生産と消費の本質を、熱力学法則に沿うエネルギーと物質の形態変化の過程として、明確に把握し直している。重要なのは、いずれの形態の富であっても、それらは熱力学第二法則にしたがって複雑な衰退過程をたどるのであって、第Ⅱ種の富の場合でもその維持には、継続的なエネルギーや物質の供給が必要となることである。

第三に、こうした富の物理的把握は、同時代の功利主義の主観的価値説とマルクス主義の労働価値説に対する批判を含意してもいた。まず功利主義について、ソディはヘンリー・シジウィックに言及しつつ、富の物理的基礎が功利主義的な経済学者によって致命的なほど軽視されている点を批判する。いうまでもなく、かれらは実在的な富の問題を人間の主観的な欲望や需要のそれへと還元するからである。

あらゆる経済学者が、欲求や需要を富に本質的なものと規定している。［…］端的に言って、かれらの見解によれば、飢餓がなければ食糧などなく、渇きがなければ飲み物も存在しえないことになる。そうした純粋に主観的な関心は、個々人の間でも国家間でも商業の根幹を成すものであるが、人間の幸福のより物質的な次元にかかわる国民経済学とは相容れない。それらは前‐科学的な憶測の哲学の不要な遺物にすぎず、認識と切り離されれば、物理的世界の実在でさえ否定するのだ。［…］結果として、本能的欲望、好み、流行そして状況の変化に応じて即時変化する人間の欲求や欲望が、富の尺度を構成し、より一層さし迫った欲求は富を増大させ、富裕や飽き飽きするほどの満足は富を減少させるのである。*79

こうして富が人間の意志や欲求によって無から創出されるという見解が否定される。ソディは、ブハーリンのオーストリア学派批判をなぞるように、自由主義的な経済学に見いだされる主観主義は、物質的な富の生産を農村に依存している都市で流行した都合の良い商業的見解の所産であり、「交換の科学 catallactics」にとって有益であっても、それ自身がすでに経済学の一部にすぎないと指摘する。*80

またかれは、マルクス主義の労働価値説にも――マルクス自身のそれではないと断りながら

──批判を加える。もっとも、富の生産にはさまざまな具体的労働の支出を必要とするが、それは富の必要条件であっても、決して十分条件ではない。ソディは太陽光の豊富な熱帯地域では、最小限の人間労働や知的努力で、生活を恒久的に再生産しうると指摘し、マルクス主義者の労働価値説には、富の形成の前提となる自然からの贈与（利用可能な形態でのエネルギーと物質）の役割への視点が決定的に欠けていると批判した。[*81] こうしてソディは、富の生産を、「エネルギーの継続的なフロー」と、このフローの利用に必要とされる「肉体的・精神的労働」、そして「知識・発見」といった三つの要素の結合として捉える。[*82] 富がその本質において太陽エネルギーの流れであるとしても、これをどう地上に留め、生命の再生産に資する手段として実現できるかどうかは、人間の創意工夫にかかっている。さらに言えば、富の形成を、意識的に──例えば美的な基準に即しつつ──実行しうるところに、他の有機体にはない特殊人間的な能力がある。

上記の点との関連で注意しておきたいのは、ソディがきわめて異質な種類の物質からなる「富」の価値を、労働時間や支出されたエネルギー量といった単一の価値尺度で計算可能だとする還元主義を強く否定していたことである。価値とエネルギー現象を混同するオストヴァルトのような一元論はむしろ批判されるのである。他面でソディは、富を交換価値や貨幣価格と混同する伝統的な経済学に対していっそう厳しい批判を加えている。

富の生産に費やされた物理的エネルギー単位や人間の生活時間単位など、おびただしい種類の富すべてに共通に適用可能な、富を測定する一つの物理的手段を得ることは、困難または不可能である。けれども、この困難を理由に、交換価値ないし貨幣価値によって富を測定することでつねにもたらされる伝統的な経済学の明白な不条理に、われわれが盲目になるようなことはあってはならない。そうなれば、国民的な大惨事が国民的な富の増大と映り、あるいはあらゆる点で国民的な天恵であることがらを富の減少と見せるような事態へと、容易に転じてしまうだろう。*83

仮想的富、負債の法則

ソディの議論はつぎに、富の物理的側面についての正確な分析から、資本主義における貨幣制度の批判とその改革の方向を導き出すことへ移行する。

かれは富と貨幣を混同する経済学を批判する際、改めてラスキンを参照している。ラスキンはそれ自身価値あるものから成り、絶対的なものである「富 wealth」と、他者との比較によって決まる相対的なものとしての「富裕 rich」とを区別したが、ソディはこの区別を熱力学に引き寄せて問題を立て直していった。*84 まずソディはラスキンやゲゼルと同様、貨幣を「将来の富に対する社会的に合意を得た請求権」、つまり、将来における物理的な富の入手と引き替えに社会が受け入れた「負債 debt」と定義する。「何か〔物理的な富〕を得られる前に、あるもののために手に入れている現在の貨幣は無にほかならない。〔…〕貨幣の所有者ないし所持者の観点からすれば、貨幣は、将来かれの都合の良いときにタダで等価を得るために、過去に価値ある財やサービスを断念したことによって、貨幣が流通する共同体のなかでかれが獲得した信用、あるいは「法貨legal tender」である」。*85 ソディにとって、経済学の根本的な欠陥は、物理的な富とその請求権である貨幣との本質的な差異に自覚的ではなく、むしろそれらを混同する点にあった。つまり実質的な富の本質が「自然（のエネルギー）を支配する力」にあるのに対して、貨幣の本質は「人間を支配する力」にある。ここに富と貨幣との決定的な差異が隠されている。

先に述べたとおり、人間が自然力の助けを借りて創り出することのできる富は、地上に蓄積された低エントロピー源の量によって制限されるとともに、熱力学法則に従っていずれ拡散、腐朽していくよう運命づけられている。これにたいし将来の富への法的請求権である貨幣＝負債は、物理学の法則に従属する必要はない、むしろ「心理的作用」によって「数学の法則」に従うことができ、富がもつ自然的な制約を免除されている。ここに両者の間の根本的な非対称性が存在し、あらゆる経済危機もまたそこに端を発している、とソディは言う。

> 負債は物理学の法則よりもむしろ数学の法則に従う。熱力学法則に従う富とは異なって、負債は腐朽しないし、生活の過程で消費されることもない。逆に負債は、よく知られた数学の単利あるいは複利の法則によって、年々かなりの割合で増加する。〔…〕複利で減少する過程は、物理学的には一般的だが、複利で増加する過程は物理学的には不可能であり、それには十分な

根拠がある。複利での増加は時間の経過とともにますます急速に無限大に向かっていくが、それはマイナスと同様に、物理学的な量ではなく数学的な量なのである。[*86]

現行の資本主義において貨幣は富が宿命づけられている腐朽の法則をかわす手段として機能する。物理的秩序に根差した実質的な富は、それ自体は使用価値をもたない貨幣、すなわち「仮想的な富 virtual wealth」に転化した時点で「死滅する肉体を捨て、不滅の肉体をまとい」[*87]、腐朽の法則である熱力学法則から免れる手段を獲得する。そうであれば、個々人が実質的な富（使用価値）への関心や感覚を失い、腐朽せず維持にも費用がかからず、むしろ半永久的に利子をもたらす富（＝貨幣）を願望するのは当然である。人びとが貨幣や他の流動資産を選好するのは、たんに交換の便宜のためではない。むしろソディは貨幣愛の秘密を、エントロピー増大則と時間の経過の不可逆性を回避しようとする貨幣システムの存在から生じる非対称性に求めたのである。

富と交換されるべきものとしての、その本来の意味における貨幣は、自ら生殖する力をもちえない。財を買うために用いられる貯蔵ないし貯蓄としての貨幣は、ちょうど石鹸で洗うときのように、量を減じるであろう。けれども、誰かに貸し付けられたり、あるいは銀行の地下金庫に埋蔵されるなら、地上の種や卵を産む鳥のように、貨幣はその種族を生殖するのである。[*88]

自然の制約に従う「実質的な富」と数学的な量として肥大化する「仮想的な富」とのバランスが崩れるときには、大規模な債務不履行や恐慌、最悪の場合には戦争という形で社会の側での反作用が生じざるをえず、現実の物理的な世界に対する貨幣関係の定期的な再調整が必然化することになる。いうまでもなく、「負債の自然増加といった不合理な人間の慣習を、富の自然減少という自然法則に永久的に対立させることはできない」[*89]からである。

ソディはこのように資本主義の貨幣制度の不安定性を分析して、物理的な富と貨幣との間にある非対称性を除去あるいは軽減することの可能な貨幣制度への転換を求めた。かれは仮想的な富の際限ない膨張の根本原因を、部分準備制度、つまり商業銀行による信用創造に求め、その抜本的な変革を提案する。具体的には、商業銀行に対する一〇〇％支払準備率の適用、政府による一般物価指数の維持、金本位制の廃止と国際的な変動為替制度の導入が提案された。[*90]こうした貨幣改革論からは、貨幣のもつ「流動性選好 liquidity preference」を論じたケインズや、「自由貨幣 Freigeld」すなわち減価する貨幣による貨幣の機能分離（流通性と非流通性）を主張するゲゼルからの影響をうかがうことができる。[*91]ソディが分析した貨幣と富の非対称性が、かれの改革案によって果たして解消されるかどうかは議論の余地があるが、オストヴァルトのエネルゲティークから派生した関心が、大戦間期の貨幣制度改革の一角を成していたことは、熱学思想が現在にもつながる金融資本主義の限界性を原理的に思考する上で有効な視点を提出しえた事例として重要な意味をもっている。

六　社会エネルギー論とハイエク

〈オイコス〉の再建

さてこれまで熱力学原理の発見が同時代の生命や社会の認識にどのような変容をもたらしたのか、その具体的な現れを世紀転換期のオストヴァルト、ゲデス、ソディを例に考察してきた。かれらが共通に捉えようとする〈経済〉とは、〈市場〉における交換価値の循環的ないし螺旋的な流れではなく、物質とエネルギーが質的に劣化していく不可逆的な流れのなかに存在する生命現象に根差すものである。ここでは以下の点を確認しておきたい。

まず第一に、経済過程における物質とエネルギーの不可逆的劣化（エントロピー増大則）への着眼それ自体に、ニュートン力学の時空モデル（絶対空間と絶対時間）と、それを社会現象に暗黙裡に適用する主流派経済学への批判の契機が潜在していたことである。啓蒙の時代の経済学が前提としていた自然法思想から訣別した限界革命以降の経済学が、古典力学の方法論的発展を模倣し追従してきたことは頻繁に指摘されるが、巨視的世界の諸現象にかかわる熱力学第二法則を重視した社会エネルギー論は、この後者の趨勢からは明らかに逸脱している。ワルラス体系に代表される均衡論に持ち込まれた力学の方法論的特徴（分析対象の孤立系化、原子論、定量化といった手法）を、それは共有していなかった。むしろ熱力学が捉える不可逆的な自然像の視点に立つことで、自然界からのエネルギーの贈与に強く依存しながら、この過程を適切に制度化できない市場社会のユートピア性とともに、「効用と利己心の力学」（ジェヴォンズ）と化した同時代の自由主義的な政治経済学の欺瞞を弾劾しようとするのである。

そして第二に、こうした批判を展開するにあたってとくにゲデスやソディが意識していたのは、ラスキンを通じてもたらされた、自然に適った「家政術 oikonomikê」と自然に反した「貨殖術 chrêmatistikê」というアリストテレス的な区分であった。かれらは生物学や物理学の視点から、「生命の伸長」に真に役立つ「富」の物質的諸条件を解明したうえで、その健全な再生産と貨幣システムとの間にある緊張関係を捉えようとしていた。かれらが自覚していたように、それは古典的な「オイコス（家）の管理」としての経済、すなわち〈オイコノミア oeconomia〉への回帰、あるいはその再建を目指すものであった。*92 そこでは、共同体ないし社会を存立させる広範な物質的諸条件（生態学的な相互依存関係を含めて）を対象とし、これらを賢明に配置し組織し秩序立てることで、その構成員たちの生命を円滑に再生産してゆく法であり統治実践として経済（学）を再定位することが何より意識されていたといってよい。セッカレッチアが指摘するように、この意味では熱力学第二法則の発見は、「経済学が社会現象を捉える際の方法論」を一変させただけでなく、「経済を構成するものの領域自体を押し広げ、転換」させる可能性を備えていたといえるだろう。*93

ところが、およそ半世紀後のジョージェスク＝レーゲンの生物経済学が登場するまで、この可能性は閉ざされてしまう。ウェーバーのオストヴァルト批判で問題とされた、社会エネルギー論の科学主義（＝コント主義）的な側面が、かれらの議論全体をまじめに評価することを妨げる一因となったことは間違いない。一九世紀は、デカルト的な知の形態が隆盛をきわめた科学と実証の時代であり、この趨勢は経済学や社会学など社会理論は言うに及ばず、文学や文芸批評の領域にさえ及んでいたが、ゲデスやソディもこの科学主義時代の正当な嫡子と見做された。確かにソディの「デカルト派経済学」という名称が端的に示すように、かれらは自らがより「科学的」であることを標榜し、自然に関する科学的認識を欠いた似非科学として、同時代の経済学を批判した。そのため、マルチネス＝アリエも指摘するように、社会エネルギー論はある種のロマン主義的な自然愛好に時にみられる、合理主義あるいは科学的分析に対する反発からは超然としていた。[*94] 科学的な精神を重視し、そこへ至る方法や、科学と形而上学の峻別といった問題が、つねにかれらの関心を捉えていたことは間違いないだろう。

まさしくこの点に意識的に焦点を当てて「科学主義 Scientism」批判の俎上に載せたのが、当時、イギリスのＬＳＥ（London School of Economics and Political Science）に招聘されていたハイエクである。しかもハイエクは、社会エネルギー論の誤謬を方法論の観点から考察しただけでなく、そこに独裁・ファシズム・全体国家などと連続する「設計主義 constructivism」の思想を見いだし、これを以て頑なに〈自由な社会〉の敵対物として描くのである。社会エネルギー論はハイエクのこの批判によって、ゲデスやソディの議論には存在した基本的な生存の場としての〈経済〉

の再生産という局面をまったくそぎ落とされて、オストヴァルトのエネルゲティークに象徴される、還元論的な科学主義へ単純化されることとなった。ここには、社会エネルギー論と自由主義との位置関係を考えるうえで、確認すべき論点が存在する。以下、ハイエクの科学主義批判の理路をたどりながら、次章につながる問いを立てていこう。

「科学」の方法

ハイエクが社会エネルギー論を集中的に批判したのは、一九四〇年代前半にハイエク自身が編集主幹であった『エコノミカ』誌に発表した二つの論考「科学による反革命」（一九四一年）と「科学主義と社会の研究」（一九四二―四四年）においてである。『隷従への道』（一九四四年）とほぼ同時期に書かれたこれらの論考では、〈理性〉や〈科学〉への信仰が、中央集権的な計画経済に現れる権力の肥大化を招き、ついにはファシズムや全体主義といった非‐理性的な怪物を生み出すという、よく知られた逆説が分析されており、アドルノとホルクハイマーの『啓蒙の弁証法』（一九四七年）との同時代性を感じることができる。

ハイエクのいう「科学主義」とは、自然科学（とりわけ古典力学）の方法や思考習慣を、社会科学など異なった分野に機械的、無批判に適用する態度、またこれに付随する人間の意識的理性の限界を認識しない知的態度（＝理性の濫用）を指している。ハイエクの理解によれば、フィジオクラートに典型的に現れるように、一八世紀にはすでに社会現象を「科学的」に扱う試みが現れていたが、一九世紀前半を通じて、物理科学および生物科学の発展に伴い科学一般のイメージがますますそれらの方法論ならびに思考習慣に強く規定されるようになっていた。そうしたなかで社会科学もまた、「自分自身の特殊固有な問題に自らの方法をよりよく適応させること」よりも、「自分たちの方法が、輝かしい成功を収めている兄弟〔物理学や生物学〕の方法と同じであることを示すこと」に専念し、「〈科学〉を精神よりもむしろ方法において模倣しようとするこの野心」が社会科学を支配していった。[*95] そしてこの科学主義こそが、合目的的な社会形成を理想とする社会主義やさまざまな計画学説の根源とされたのである。

科学主義に共通する方法論上の特徴には、「客観主義 objectivism」、「集合主義 collectivism」、「歴史主義 historicism」の三つがあるが、このうちとくに社会エネルギー論に典型的に現れるのは客観主義である。客観主義とは、人びとの「内観」に由来する知識なしに、社会の諸現象の研究を行おうとする社会科学の接近法である。客観主義の擁護者は、「人間の行動を研究するとき、心のなかに用意されているカテゴリーの使用を本気で避けたいと願い、また物理的なことばで定義される対象にたいする人間の反応の研究に自らを制限したいと望む」。[*96] こうした考えが、社会現象を研究する際に自然科学を模範にして、質的現象をすべて無視し、「量的な側面、つまり計量可能なものに集中する試み」を助長している、とハイエクは批判する。[*97] そしてこの「客観主義」批判の文脈で、ハイエクが主としてターゲットとしていたのが、コントの「社会物理学」、ワトソン（John Broadus Watson, 1878-1958）の「行動主義 behaviorism」、ノイラートの「物理主義」、そして一連の社会エネルギー論であった。

人間の活動の対象を、それが行為する人びとにどう映るかではなく、その「真のreal」属性によって論じようとする傾向と密接に結びついているのが、社会の研究者を超精神やらある種の絶対的知識やらを授けられた者と見る傾向である。この精神や知識は、その行為を研究すべき人びとの知ることからはじめることを不要にしてくれるという。この傾向のもっとも特徴的な現れとして、さまざまな形の社会「エネルギー論」があって、エルネスト・ソルヴェー、ヴィルヘルム・オストヴァルト、フレデリック・ソディの初期の試みから現代にまで通じている。それは社会組織の問題に取りかかるとき、科学者や工学者たちのあいだにつねに再起してきたのである。*98

ハイエクは別の個所で、このエネルギー論のリストに、ゲデスやH・G・ウェルズ、ランスロット・ホグベン、アメリカのテクノクラートたち、そしてルイス・マンフォードを加えている。ハイエクによれば、これら社会エネルギー論者の根底には、「エネルギー論的世界観」が横たわっている。それはすべてのものが「究極的にはエネルギーの諸量に還元可能である」という教説であり、「さまざまな事物を、それらが用途のわかっている目的のためにもつ具体的な有用性に従って」ではなく、「その「真の」姿、すなわち抽象的エネルギーという代替可能な単位

（the interchangeable units of abstract energy）」として取り扱うことを要求する。社会現象がエネルギーのような自然的単位に還元可能となるならば、およそ科学的方法なるものは、物理学の方法やその言語でもって統一されるということになってしまう。

だがハイエク曰く、物理的性質による分類と人間の日常言語による分類は一義的に対応しているわけではない。両者の差異を理解しないところに客観主義の致命的な欠陥がある。自然科学はその対象がいかなるものであれ、それはすでに与えられた自然の事象であり、それを分析することによって、それを組成している諸要素を類推し、そこから諸要素間の関係を可能なかぎり簡明な式で定式化するという手続きをとる。ハイエクによれば、こうした自然科学の方法は、人間の感覚から得られる出来事の分類を、人間が実際にもっている自然像から遠ざかり、体系的なテストと実験とによって確立された「客観的」見解に基づく別の分類（たとえば「数学の言語」）に置き換えることを特徴としている。

これに対して社会科学は、事物と事物の関係を扱うのではなく、人間と人間の関係、または人間と事物の関係を扱う。それは人間の行為に関心を持ち、その目的は多くの人びとの意図せざる結果を説明することにある。言い換えれば、社会科学が扱う「事実」は、客観的事実などではなく、むしろ特定の人びとによって抱かれている「信念 beliefs」や「意見 opinions」、「概念 concepts」である。経済学の対象もまた、財の物理学的属性ではなく、それらについて諸個人が抱いている信念や観念によって構成される必要がある。「経済活動の対象は客観的な用語では定義できず、もっぱら人間の目的との関連によることはいうまでもない。「商品」や「経済財」であれ、「食料」や「貨幣」であれ、いずれも物理的なことばではなく、もっぱら人びとが事物について抱いている見解を示すことばによってのみ定義されうるのである[99]」。

もちろん、これらは主観的な認識であるから直接的な観察は不可能である。それらはただ、人びとの振る舞いや行為を通じて認識できるだけであり、自分と同じように他者もその感覚的現象を分類しているという、その経験を基にしている。われわれが日常生活において認識する性質は、対象に固有な物理的性質などではなく、個人的にあるいは人類として学んできた、外部的刺激を寄せ集めたり分類したりするその仕方であり、ある周知のカテゴリーを対象にあてがうことである。

人びとが現に事物にたいして同じ仕方で行為するのは、これらの事物が物理的な意味で同一だからではなく、人びとがそれらを、同じグループに分類するのを学んでいるからであり、つまり同じ用途に供することができたり、関係する人びとに同じ効果をもたらすのを期待できたりするからなのである。事実、社会的行為や人間の行為の対象の大半はとくに狭い意味で、つまり〈科学〉のもちいるような、また「意見」と対比されるような意味で「客観的事実」ではない。それらは物理的なことばではまったく定義できないのである。人間の行為にかんする限り、事物とは行為する人びとが事物と思うものなのである。[100]

こうしてハイエクは、社会科学の主観主義と自然科学の客観主義との対比を、「個々心の現象phenomena of individual minds」または「精神現象mental phenomena」と「物質現象material phenomena」との対比によって表現する。社会科学にとって問題は、「外部世界について人間が抱く像がどこまで事実と合致するか」ではなく、「自分のもつ見方や概念によって決定される行為を通じて、人はどのように、当人がその一部であるもう一つの世界を築きあげるのか」という点である。*101 この後者から派生する問題、つまり人間の行為（human action）の結果であっても、人間の設計（human design）の結果ではない諸現象の解明こそ、アダム・ファーガソンやアダム・スミスなどスコットランド啓蒙の思想家たちが、あるいはオーストリア学派の始祖カール・メンガーがつかみ出した、近代社会の社会科学・経済学が解明すべき真の問題であった。ハイエクはこれらの思想の系統に自らを位置づけ、客観的事実を対象とする自然科学と、言語や法、市場やその他、人間の制度を扱う社会科学との方法論上の差異を強調したのであった。

ところで、こうした方法論的二元論からすれば、社会エネルギー論が重視する熱力学法則も例外なく、主観主義に立脚する社会科学においては占める位置をもつことはない。社会の研究にとって、「自然の法則がなにか客観的な意味で真であるか否か」は直接問題にはならず、重要なのは「ただ人びとがそれを信じ従うか否か」だけである。*102 経済現象の生物・物理的な現象としての側面は、人口統計や伝染病の蔓延の研究といった「社会に関する真の自然科学」として、社会科学から括りだされることになる。

たとえば、ハイエクは、ゲデスやソディが経済学の中心問題としたような〈種としてのヒト〉が有する――食糧、水、大気、光などに対する――本質的な欲求・ニーズを、「客観的」なものとしては認めなかった。この文脈でハイエクは、LSEで「社会生物学 Social Biology」の教授職を務めていた同僚のホグベン（Lancelot Hogben, 1895-1975）に言及している。ホグベンもまた、政治算術的な関心からエネルギー論をベースに社会の「富」や「豊富さ plenty」を分析した科学者の一人である。かれは当時のイギリス国民の大部分が、医学協会が設定した最小カロリー摂取量にさえ到達していないという事実に着目して、この事態の責任の一端を、経済学がニーズの問題を市場で顕示される個々人の需要や選好充足の問題に還元している点に求めた。ホグベンは市場分析に先立って、経済学は、「同じ種の成員として人びとが共有するニーズが現在充足されているのか、またそれらを充足する資源は何であるか、これらの資源がどの程度消費されているか」といったニーズ充足とその物質的条件にかかわる問題にまず応える必要があると主張したが、[*103]ハイエクはそうした「客観的なニーズ “objective” needs」もまた、あくまで「人びとが欲すべき事柄についての誰かの見解の単なる名称」[*104]にすぎないとして、主観主義の立場からこの批判をしりぞけたのである。

「科学」による統治

もっとも客観主義への方法論的な批判は、必ずしもハイエクに固有なものではない。すでに触れておいたように、それはウェーバーのオストヴァルト批判や、かれの「理解社会学 verstehende Soziologie」の方法論にたどらせることができるだろうし、さらにその芽はヴィルヘルム・ディルタイの「精神科学」と「文化科学」との区別にも見いだされる。むしろハイエクの議論の独創性は、方法論的二元論を、経済への介入や統治様式の問題に重ね合わせ、客観主義や集合主義が、計画経済や社会工学といったある特定の体制や統治様式を正当化する「機能」を果たしているのだという指摘にこそある。[*105] ハイエクは、社会的過程の意識的な統制や集団的管理を目指す設計学説の当時の伸張を、「科学主義的思想の蔓延に直接起因」するものと見たのである。

初期のユートピアから現代の社会主義に至るまで、社会を完全につくりなおすための図式のほとんどは、工学者たちに特徴的な技術的視点の影響が実に明確に刻印されている。近年では、社会的な問題の解決に工学的技術を応用しようとするこの願望が非常に顕著になっている。「政治工学 political engineering」とか「社会工学」が、「意識的」統制びいきとまったく同様に現世代の世界観を特徴づける流行の標語になっている。[*106]

ハイエクによれば、主観主義が、「社会複合体の内側にかんする知識」あるいは「構成の要素を形づくる個々人の態度についての知識」といった日常的な意味構造から探究を出発させるのに対して、自然科学的な客観主義は社会構成体を「森」や「蟻塚」に類似した自然的単位として、その外部から眺めようとする「集合主義」を招きよせる。そして後者の特徴をなす、いわば「巨視的視点」ないし「望遠鏡的視点」は、社会エネルギー論が共有する「工学型の精神engineering type of mind」の培養土となる。サン＝シモン主義とも表現できる、この工学型の精神こそが、中央計画経済に典型的に現れるように社会全体を「物理学の対象」のように人間の知性によって合目的的に管理、制御し、自由に作り替えることのできるという考え、すなわち後のハイエクの言葉を用いるなら、「設計主義的合理主義constructivist rationalism」をもたらした主犯なのであった。

主観主義と個人主義に立脚する社会科学が、社会的過程にたいし「本質的に謙虚な態度」であり、「個人の人間の努力を組み合わせ現にわれわれの文明を築いてきた原理を可能なかぎり理解しようと努め、こうした理解からさらなる成長にとっての好条件を創出する能力を引き出そうとする」のに対し、客観主義は「社会のあらゆる諸力の意識的指導を目指す」傲慢な態度を生む。[*107] ハイエクは、社会の意識的な指導に対する要求は、「外部的自然の征服における理性が勝利を収めたことからこれまで導いたもっとも極端な帰結[*108]」であると断じた。

要約すれば、ハイエクが社会エネルギー論を批判するのは、それが自然科学と社会科学の方法論的差異に盲目的であり、その結果として、社会を自然科学の対象――つまり人間によって観察され分析され制御される自然事物――のように、大文字の「理性 Reason」の力によってその法則性が発見され、意識的に制御可能と見做す設計主義的思考を胚胎しているからであった。ハイエクにとって、〈自由な社会〉の防衛は、社会科学の自然科学への包摂――数量化・計量化――への批判とまさしく同列の営みであったのである。

自由な社会の敵？

ところでハイエクの社会エネルギー論批判は、ウェーバーのオストヴァルト批判のように、対象の具体的な論証を踏まえているわけではなく、エルンスト・ネーゲルがいち早く反応したように、敵対する極（＝自然科学）を過度に単純化するカリカチュアを多分に含んでいたことは否定しがたい。社会エネルギー論それ自体一枚岩ではなく、単純な物理学還元主義には尽くせない複雑な議論が存在していたことは、すでに詳しく論じたところである。ハイエクも含めエネルギー論を批判する議論の多くは、現象相互の関係を排除した古典力学と不可逆性を内包する熱力学とのあいだにある認識論的な断絶を理解せず、エネルギー論を一般均衡理論もろとも科学主義のカテゴリーに解消してしまうことによって、それ以上の思考を不可能にするのである。[*109] 敵対する議論をはねつけるために、還元主義という言葉を濫用するのもまた一つの立場である。

とはいえ、ハイエクの科学主義批判を無視できないのは、それが自然科学と社会科学との統一という課題がつねに陥りかねなかった問題性をあぶり出してもいるからである。[*110] 思想史的な文脈を振り返っても、社会エネルギー論と設計主義的なものとの間には直接・間接さまざまに関係がたえず存在していたことが分かる。[*111]

なかでも興味深いのは本章で詳しく論じてきたフレデリック・ソディと大恐慌時代のアメリカで登場したテクノクラシー運動とのつながりであろう。テクノクラシー運動を率いたのは、青年技術者であったハワード・スコット（Howard Scott）で、かれは一九一九年に、科学者、建築家、教育者、物理学者、統計専門家などを結集し、「技術同盟 Technical Alliance」なる技術者エリート集団を組織している。スコットの思想形成に大きな影響を及ぼしたのは、製作者本能を担う「技術者」による産業の統制を訴えたソースティン・ヴェブレン（Thorstein B. Veblen, 1857-1929）の『技術者と価格体制』（一九二一年）であったが、それとともにかれを魅了したのがソディの『富、仮想的富、負債』であった。ちなみにこの著書の第二版（一九三三年）の出版はテクノクラートたちによってアメリカにおいて果たされ、ソディも新たな序文を寄せている。テクノクラートたちはソディの議論を持ち出して、太陽エネルギーのフローこそがあらゆる形態の富の唯一にして根源的な要素であり、貧困や不平等といった社会問題を解決するには、このエネルギーの流れをいかに合理的に制御できるかが決定的であると主張した。その上でかれらは、既存の貨幣制度を根本から変革することで技術的な進歩の成果をサボタージュし、ひたすら利潤のみを追求する実業家や金融資本家の権力を奪取して、代わってエネルギーに熟知した技術者集団による社会制御の必要性を訴えたのである。[*112] テクノクラシー運動は第二次大戦後しばらくして衰退の一途をたどったが、かれらが夢想した改革ほどハイエクの描く社会エネルギー論とサン＝シモン主義のつながりを端的に示すものもない。

では、こうした「テクノロジー社会の夢」とは異なる、ゲデスやソディたちの議論を引き継ぐもっと別の可能性は歴史のなかに開かれていなかったのであろうか。この可能性を探るうえで注目すべきは、ハイエクがテクノクラート以上に、科学主義と全体国家のつながりの象徴として重視していた、同郷の著名な社会科学者オットー・ノイラートの存在である。ソディやゲデスの議論が総じて、貨幣改革や都市計画など社会改良論の枠内に留まったのに対して、世紀転換期から戦間期にかけて革命的状況にあったドイツ、オーストリアでは、社会エネルギー論的な〈経済〉への視座が、当時の社会主義思想と直接に結び合わされながら包括的な経済計画、オルタナティブな社会構想へとつながっていた。まさしくその動きを中心で担っていた重要人物の一人がノイラートであった。

ノイラートはフランスの物理学者ピエール・デュエムの『エナジェティクスないし一般熱力学論』（一九一一年）やオストヴァルトのエネルゲティークに精通していたが、後者については、還元主義的なものとしてこれを批判していた。むしろノイラートは、経済学者カール・バロッドや技術者のヨーゼフ・ポパー＝リンコイスが着手していたドイツ・オーストリア経済の詳細な物質・エネルギー収支分析を引き継いで、価格メカニズムによる生産と分配の調整に代わって、

「自然計算 Naturalrechnung」に基づいた経済の合理的統御（＝社会工学）の可能性を追求した。ハイエク曰く、さまざまな科学主義思想の中でもとりわけ社会エネルギー論は、「価格とか価値による「人工的」計算に代えて、自然のままの（*in natura*）計算、つまり事物の客観的性質を明確に考慮に入れた計算をもちいることを求める、特徴的かつ一再ならぬ要求[*113]」の強力な震源となっていたが、「その種の自然計算のもっとも堅固な支持者」が、「現代の「物理主義」と「客観主義」の主唱者[*114]」たるノイラートであった。それゆえかれを批判したのはハイエクばかりではなく、それに先んじて、マックス・ウェーバーやオーストリア学派第三世代を代表するルートヴィヒ・フォン・ミーゼスなど同時代の自由主義者たちが一斉に攻撃の的としていた。そして両大戦間期のおよそ二〇年に及んだ資本主義と社会主義との体制選択をめぐる「社会主義経済計算論争」の決定的な契機は、このミーゼスのノイラート批判に端を発しているのである。

ハイエクは、自伝の中でノイラートについての次のように回顧している。

私が賛同しなかったのは、社会科学者たち、つまりオットー・ノイラートの伝統に従う科学の専門家たちが、あまりにも極端で、経済学についてひどくナイーブだからでした。実証主義が社会科学においては誤りへと人を導くものだということを私が意識するようになったのは、実際かれらを通してだったのです。ノイラートの極端な立場のおかげで、私がそれがうまくゆくものではないことを認識できたのです。そして実際、私がそれから抜け出すのには長い時間がかかりました。私が社会諸科学の方法論についてのさまざまな問題を体系的に考え始めたのは、ウィーンを離れてロンドンに行ってからのことです。そして私は、この分野における実証主義は誤りへと人を導くものだ、とはっきり認識するようになったのです。*115

ただしノイラートもただサン＝シモン主義や全体主義という一方的なレッテル貼りに甘んじていたわけではない。かれはミーゼスやウェーバーからの批判の後も、経済合理性の意味そのものを大きく読み替えながら、市場経済が要求する過剰な計算合理性を疑い、自然計算と社会化の意義を説き続けた。また四〇年代にはハイエクに応戦すべく、自らの合理主義批判の立場を鮮明にしながら、なお社会計画の可能性を擁護し、自由主義者が持ちだす自由と統治、市場と国家という過度に単純化された二分法のもとで、自由主義それ自身から全体主義の芽が生じる危険性を指摘した。論点を先取りして言えば、ノイラートはこうした自由主義的統治への全面的な批判を通して、ゲデスやソディとも共鳴する生態学的な相互依存関係をも視野に入れた〈オイコノミア〉の再建という問題を、社会化と自由、統一科学と民主主義とのきわどい緊張関係のなかで立て直そうとしていたのである。

まさしく自由と権力、そして秩序の問題が問われた社会主義計算論争におけるノイラートの自然経済をめぐる思考の考察は、自由主義と全体主義との思想史的な位置関係を再考するうえでも決定的に重要な意味をもつ。以下の三つの章を通して、ノイラートとミーゼス、そしてハイエクとの論争から、市場現象に還元されない〈経済〉の意味と合理性、そしてその統治をめぐる忘却された知の一断面を切り取ってみたい。

第二章　自然経済の理論――オットー・ノイラートの経済思想

ユートピアはきわめて多様な目標を追求することができる。人間を超越した理想、たとえば神の偉大さや民族の偉大さ、そしてそれらの支配に役立つこともあるだろう。しかしながら、ユートピアはまた、さまざまな欠陥や弱点を抱えている人間たちが、大地や海洋、原料や気候といった自然的な基盤、人口、新発見への熱意、文化や勤労意欲などによって可能となるような、あらゆる幸福を享受しながら生活することのできる世界の記述を目指すこともありうるのである。幸福や歓びを実現しようとするこのような試みは、称賛されるかもしれないし通俗的で下級の目標と見なされるかもしれないが、いずれにせよ、社会諸制度がいかにして人間の幸福に影響を及ぼすかを、科学的に研究することは可能である。近い将来起こりそうないくつかのユートピアを構想することは、幸福に関する包括的理論の発展にきっと大いに貢献するであろう。[*1]

一　社会主義経済計算論争の失われた位相

社会主義経済計算論争（the socialist calculation debate）は、両大戦間期およそ二〇年間に及んだ、社会主義経済の理論的・実践的可能性をめぐる論争である。この論争は、終戦を経て二〇年代はオーストリア内部の自由主義者と社会主義者のあいだで展開されたが、一九三〇年代には欧米に広く飛び火し、「新古典派 対 オーストリア学派」という対立構図のなかで、市場についての認識に飛躍的な進展をもたらした、経済学史上のもっとも重要な論争の一つといってよい。

ただしこの論争を一つの物語として描くことは困難である。論争には、政治思想（自由主義か社会主義か）の面でも、経済理論（一般均衡論、オーストリア学派、マルクス学派、異端派）の面でも、さまざまな立場が乱立し、そこで扱われた問題も広く多様であった。社会主義における合理的な資源配分の論理的・実践的可能性、資本主義と社会主義の優位性、合理的な経済における価格機構と市場の役割、経済の集権性と分権性など複合的な論点が内包されていたのである。社会主義計算論争は時代文脈の変化とそれに伴う問題精神の変質によって、繰り返しそこへ送り返されるような舞台であり、論争史から学びとられるべき事柄は、当事者の問題意識によって大きく揺れ動いてきた。その意味で、計算論争はいまなお未完の論争というにふさわしい。

よく知られるように、論争の発端となったのは、当時ウィーン商工会議所にいたルートヴィヒ・フォン・ミーゼスが一九二〇年に『社会科学・社会政策アルヒーフ』に寄稿した論考「社会主義的共同体における経済計算」であった。この論考の背景には、第一次大戦後のドイツ、オーストリアを取り巻く革命的状況が存在した。一九一七年にロシアで歴史上はじめての社会主義国家建設がレーニンによって開始されていたが、オーストリア＝ハンガリー二重帝国の解体のなかで、この地でも社会主義が具体的な日程に上り、社会主義経済を実際にいかにして統治するか、という巨大な問題が解かれなければならなくなっていた。カール・カウツキー、プレハーノフ、あるいはレーニンの指導の下に鍛えられた正統派マルクス主義者は、社会主義革命を目指していたものの、最低限の概略を手にするだけで、将来社会が具体的にどう統治・運営されるべきかについては意図的に回避していた。いうまでもなく、来たるべき将来社会の空想的な構想につき、マルクス自身が禁欲的であったため、社会主義経済の経済問題を検討することがある種のタブーとなっていたからである。

だが先の革命により、こうした状況は明らかに大きな変化を被っていた。資本主義的な市場経済に代わる経済の組織化と統治に関して、社会主義者には具体的なプランの提出が求められたのである。そして戦後の混乱期にこの役割を率先して担った人物こそ、およそ正統派とはいえない、まだ三〇代半ばの社会主義者オットー・ノイラートであった。ノイラートは、社会主義への移行に向けた政治的マニフェストを意識して、一九一〇年代前半から戦時中にかけて発表していた自然計算と社会化にかかわる論考から一七編を厳選し、一九一九年にこれを『戦時経済を通じて自然経済へ』という一冊の書物にまとめ、世に送り出したのである。後にミーゼスが一九二〇年の論考で主たる批判対象とした書物である。[*2] ノイラートはこのなかで自由市場を廃し、生産・分配・消費の全経済過程を事前の社会計画によって意識的に制御する大規模な自然経済への漸進的移行を訴えた。これに対し、オーストリアのミーゼス、ドイツのウェーバー、ロシアのB・ブルツクスが異議を唱える論文を相次いで発表し、こうして社会主義的計画経済の理論的・実践的な可能性をめぐる一連の論争が引き起こされたのであった。一九三〇年代には計画経済を批判する側に、ミーゼスのほか、ハイエク、LSEのロビンズ（Lionel Charles Robbins, 1898-1984）などがあり、計画を擁護する側には、ポーランドのオスカー・ランゲ（Oskar Lange, 1904-1965）を中心に、新厚生経済学を立ち上げたラーナー（Abba P. Lerner）、ディキンソン（H.D. Dickinson）、テイラー（F.M. Taylor）など精鋭の一般均衡論者たちが並んだ。社会主義批判の側から計算論争について のアンソロジーを編んだハイエク自身の整理によれば、この論争には三つの段階が認められる。*3

⑴自然計算に基づく計画経済という社会主義経済の考えとそれに対する批判の段階。ミーゼス論文の発表までを含む、論争の前史の段階（〜一九二〇年まで）。

⑵ミーゼス論文に対する批判と反批判として、中央計画当局による合理的な経済計算の可能性をめぐって展開された段階。この段階では、経済計画の合理的計算は、原理的ないし論理的には可能であること、しかし必要とされる膨大な計算量ゆえに実際には大きな困難が伴うことが確認された（一九二〇年代）。

⑶一般均衡論者による社会主義への疑似的市場の導入の段階。これに対して、ハイエクは知識の分散と市場によるその利用可能性という新たな主題を発見していった（一九三〇年代）。

まずは経済計算論争の従来の主要な二つの解釈の概略を述べ、本章の課題を限定したい。

標準的解釈

論争の出発点におかれるミーゼスの命題は次のように整理できる。社会主義経済では、生産手段の社会化が行われ、実質的に国家がすべての生産財の所有者であり、そこには事実上交換が存在しない。生産財の市場が存在しないということは、必然的にそのような財の交換価値たる市場価格が形成されないことを意味する。ところが、価格がなければ、財の生産においていかなる技術を用いるのがよいのか、これを計算するための基準が手に入らない。市場価格は資源の利用をめぐって競合するさまざまな利用方法のどれを実現させるかを、便益と費用との合理的計算において見積るための計算単位なのであるから、市場価格を欠いた社会では合理的な経済運営は不可能となる。

一九四〇年代以降、シュンペーター（Joseph Alois Schumpeter, 1883-1950）やバーグソン（Abram Bergson）が展開した[*4]、いわゆる「標準的解釈」は、このミーゼスの社会主義批判がイタリアのバローネ（Enrico Barone）の一九〇八年の論考（「集産主義国家の生産省」）によってすでに論駁されたものと理解した。パレートの弟子であったバローネは、ワルラスとパレートの一般均衡理論を援用して、合理的な経済計算に必要な均衡価格の存在を数学的に証明することに成功し、社会主義経済においても合理的に経済計算を行うことに、「論理上」なんら障害のないことを明らかにしていた。ディキンソンが一九三〇年代の論文（「社会主義共同体における価格形成」）で提起した連立方程式体系の計算による「数学的解決」は、基本的にバローネの論証を反復したものにすぎないものとされた。

これに対し、三〇年代に参戦した当時ＬＳＥにいたハイエクやロビンズたちは、計画経済の問題は論理上の計算可能性ではなく、膨大な連立方程式を立て、それを解くなど現実には不可能だという点にあると主張した。ハイエクが強調する「人間にとって実行不可能 humanly impracticable and impossible」であるという事実は、経済計画に必要な知識の局所的・分散的性質と、それらを収集し処理することとの人間の理性の限界にかかわっていた。*5 ところが標準的解釈では、こうしたハイエクたちの批判はミーゼスの「原理的不可能性」を「実行不可能性」へとその論拠を「後退」させるものと理解された。そして、均衡価格を実際に発見する手続きとして市場の「模索過程 tatonnement」に類似した計算価格の改定機能を理論化したランゲの競争的社会主義モデルによって、結局は論破されたと見た。*6 つまり、市場社会主義モデルの登場によって、社会主義経済が論理上だけでなく、実際上も運用可能であることが証明された、との結論が下されたのである。

代替的解釈

ランゲたちの競争的社会主義モデルがミーゼスやハイエクを論破しえたと見る標準的解釈は、シュンペーターやフランク・ナイトのような影響力ある思想史家によって支持されたため、以後この解釈が急速に定着してゆくことになったのであるが、後にこの解釈に真っ向から挑戦し、自らの「代替的解釈」によって論争史の大胆な書き換えを試みたのが、現代オーストリア学派の経済学者ドン・ラヴォア（Don Lavoie）の一九八〇年代の研究であった。*7 ラヴォアの標準的解釈批判の眼目は、それがランゲなど市場社会主義者の属する新古典派経済学と、オーストリア学派経済学との市場認識（パラダイム）の根本的な相違を理解できていない、という点に置かれていた。

ラヴォアによれば、両者の競争の認識は全く異なっている。新古典派が静学的な均衡状態の観点から市場を説明しようとするのに対して、オーストリア学派は市場を「対抗的な rivalry」競争過程と見做す。「対抗的競争」とは、多数の経済主体の諸目的や動機が相互に両立せず絶えず衝突するという状況において、それぞれの目的を達成しようとする各経済主体が競合している事態を表現している。それは静学的均衡モデルが暗黙裡に想定するような「完全競争 competition」とは異なり、「より有効な生産諸要素の結合方法について、連続的に変化する知識構造を生み出す」*8 動態的な作用をもつ。市場社会主義者は、対抗的競争の局面を理論化できず、均衡の模擬実験から得られる静学価格を提案するが、この価格はたんに「代替物が提供される数値的条件」*9 にすぎない、とラヴォアは指摘する。

ラヴォアによれば、オーストリア学派の対抗的な市場像はむしろ、マルクスが捉える資本主義のダイナミクスに類似している。マルクスは市場の対抗的・不均衡的（「売り」と「買い」の分離という貨幣機能による）性質を正確に理解した点で、新古典派はもとよりオーストリア学派にも先んじていた。しかし、マルクスが市場の対抗的性質を資本主義の「内部的矛盾」とし、したがってやがて来る将来社会にあっては止揚されるべきものと見たのに対し、ミーゼスやハイエクは市場内部の対抗性を、経済を自生的に秩序化する契機としてむしろ積極的に肯定した[*10]。分業が高度に発展し、多様かつ競合する諸目的を含む「大きな社会 Great Society」を、意識的に制御することは、きわめて限られた知性しか持ちえない人間にとっては、およそ不可能であるからであった。

こうしたマルクスとオーストリア学派に共有された市場経済の対抗的な理解からすれば、市場社会主義者が提案する数学的解決も競争的解決もマルクスからの大きな「後退」を意味した。模倣による疑似的市場の設計という発想は、現実の市場の不均衡的・対抗的性質を度外視した机上の一般均衡論を前提にしてしか成り立たないからである。ランゲは社会主義経済を擁護する立場をとり、イデオロギー上はマルクスに近い立場に立っているという自己認識をもっていたかもしれないが、ラヴォアにとって、均衡論者による「対抗の無視」は、事実上、マルクスがきわめて重視した「貨幣」の性質を無視することと同義であった[*11]。

計算論争の失われた位相

ラヴォアの代替的解釈は、新古典派の静学的な市場とは区別されるオーストリア学派独自の、不均衡を孕む動学的な市場像を、マルクスの市場認識との近さとともに浮き彫りにした点で画期的な業績と目され、その後の研究動向に強い影響力をもちえた。しかし反面、ラヴォアの代替的解釈も、またこれに依拠するその後の多くの解釈も、標準的解釈と次の点については一致していることに注意する必要があるだろう。すなわち、経済を合理的に組織するためには、貨幣価格による計算が不可欠であり、そのため資本主義にせよ社会主義にせよ、市場を何らかの仕方で機能させることが経済活動の合理的な統治には不可欠だという認識である。市場なき社会など一時たりとも存立しえず、社会主義経済もまた市場を抜きにしてはありえない。ゆえに問題は、いかにして市場を機能させるかに尽きる。こうして論争そのものが、「新古典派 対 オーストリア学派」という二項の対立図式によって固められていくことで、争点もまた市場の認識やその統治様式へと狭く絞られたわけである。

だがギュンター・カルーペクが指摘するとおり、このような視野の限定の結果、従来の研究史では多くの場合、市場社会主義が登場する以前の、一九二〇年代のオーストリア内部あるいはその周辺での論争状況がまったく抜け落ちることになったのも確かである。具体的には、オットー・バウアー（Otto Bauer, 1881-1938）やオットー・ライヒター（Otto Leichter）といったオーストロ・マルクス主義の系譜、あるいはノイラートやカール・ポランニー（Karl Polanyi, 1886-1964）といった異端の社会主義者の貢献が考慮の外に置かれている。[*12] このことから生じる弊害は二〇世紀の経済思想にとって思いのほか大きなものであったように思われる。というのも、バウアーやポランニー、そしてノイラートの論争への関わりが典型的に示すように、そこでは、経済と民主主義（政治）との関係、市場の外部に発生する広範な社会的費用の存在、科学的知識と計画の関係、自由と権力の関係、そして社会主義における自由といった、およそ価格メカニズムや市場の合理性に限定されない多岐にわたる経済問題が論じられる豊かな土壌が存在したからである。そして、まさに上記の論点につながる形でノイラートが立てていたのが、世紀転換期の社会エネルギーとも通底する、いわば〈自然の物理的秩序への経済の埋め込み〉にかかわる問いであった。

ノイラートが晩年まで一貫してこだわった「自然計算」を基礎とした経済過程の制御と社会化の構想は、かれ独自の人間概念と経済の認識、すなわち大地に埋め込まれた「地質的学的主体 geological agent」としての人間、そのような人間の生存条件の生産・再生産としての経済とその統治にかかわるヴィジョンを直接に反映するものであった。生存の基盤を内側から侵蝕し解体してゆく貨幣秩序と市場の構造的な力に対抗するために仕掛けられたノイラートの自然経済再建に向けたさまざまな実践は、市場社会主義者が目論む擬似的市場の応用可能性をめぐって生じた従来の対立構図に、まったく別の視点・位相をつけ加えるものである。以上の問題関心を軸に、第三章と四章では計算論争の再構成を試みるが、本章ではこの作業に先立って、およそ一九一〇年代を通して形成されたノイラートの経済思想の骨格を描くことにひとまず焦点を絞りたい。経済計算論争にかかわる二〇年代以降のかれのテクストや実践を精確に理解するには、それらの前提となっていたノイラートにおける〈経済〉の原像を踏まえておく必要があるからである。

二　ノイラートの問題圏

オットー・ノイラート（Otto Neurath）と言えば、ウィーン大学の数学教授であったハンス・ハーン（Hans Hahn, 1879-1934）と同大学の哲学者ルドルフ・カルナップ（Carnap Rudolf, 1891-1970）とともに、「ウィーン学団 Wiener Kreis, Vienna Circle」の綱領『科学的世界把握』（一九二九年）の執筆者であり、「統一科学 Einheitswissenschaft, Unified Science」運動の主導者として想起されるのが、現在では一般的である。科学方法論や科学哲学の領域で知られる、急進的な「物理主義 Physikalismus」の論者としてのノイラートである。ただし、ジョンストンが指摘するとおり、「ノイラート信者といえども全体像が掴めていない」と言われるほど、かれの知的活動は多岐にわたっている。[*13] かれが残したテクストの対象領域は、光学から古代史、文学、社会学、建築学に至るまで非常に多彩であり、およそわかり易い思想家と言うことはできない。この点に関して、トマス・ユーベルは、ノイラートの「全著作は十全な人間の存在を成り立たせる社会的・経済的諸条件の改善、という共通した主題によって統一」されており、認識論や科学哲学の分野に残した多くの論考にも、より人間的で合理的な社会秩序の創造を希求する社会科学者としての関心が貫いていたと指摘している。[*14] だが、ユーベルの指摘が正しいとしても、肝心の政治経済学にかかわるノイラートの業績は、科学主義の時代が生んだ無謀な計画論者・テクノクラートとしてまじめに検討されないまま無視されるか、そうでなくとも積極的な評価を得てきたとはとうてい言い難い。

一例を挙げるならば、大戦間期のノイラートの社会化の実践とこれを支えた思想に二〇世紀の社会科学が抱える「合理化・合理主義」の問題性を見る塩沢は、「ノイラートは教条主義から自由な民主主義者であり、論理学と経済史とに造詣の深い社会科学者として、当時期待し得る第一級の思想家の一人だった」と評しつつも、何故「そのような思想家が、四〇年足らずのうちには「幼稚」と呼ばれる構想をもって社会革命に参加し、その失敗の後にも、「計画」の夢から覚めることがなかった」のか、そして「ノイラートの船」の譬えに現れる知識と科学の進化過程に深い洞察力を持ちうるかれがなぜ「ハイエクのいう「科学主義」に陥るのか」、と述べている。[*15] こうした問いに応えるには、まずはノイラートが目指した社会化や統一科学運動をその基底において支えている問題関心を、いま一度読み解いておかなければならない。[*16] ここでは、ノイラートにおける〈経済〉の原像を描く上でとくに重要と思われる三つの局面に注目しながら、かれの履歴を確認しておく。[*17]

古代経済史と戦時経済の研究

ノイラートは一八八二年、民間の経済学者であった父ヴィルヘルム・ノイラート（Wilhelm Neurath, 1840-1901）のもとに生まれた。ノイラートは、父の意向もあって、当初ウィーン大学で数学と物理学を学んだが、やがて社会学者テンニエス（Ferdinand Tönnies）に私淑し、かれの勧めでベルリン大学へ移り、歴史学派を率いたグスタフ・シュモラー（Gustav von Schmoller）や、歴史学者エドゥアルト・マイヤー（Eduard Meyer）、ゲオルク・ジンメル（Georg Simmel）らに師事した。帝政末期のドイツの社会科学を代表する巨人のもとで恵まれた知的環境を得て、経済学と歴史、哲学を学び、一九〇六年にエジプト（プトレマイオス朝）を対象とした古代経済史研究（『古代における工業、商業、農業観』）で哲学博士の学位を取得した。この学位論文は、キケロを中心とする古典の周到な読解に基づくもので、その大部分が経済学と統計学の専門誌に二度にわたって掲載されるという異例の高い評価を受けたと言われている。

さらに一九〇九年には、学位論文と並行して書き進められた『古代経済史』が出版され、第三版（一九二六年）まで改訂された。この著書では、古代の各地域に発展していた「高度な文化」を支えた多様な「自然経済」が「国際間交易の産物」である貨幣制度の国内交易への浸透によって、どのような変化を被り、ついに崩壊するに至ったかが考察され、その上で自然経済がたんに野蛮な文化段階に対応しているのではなく、高度かつ複雑な文化と十分に結合しうることが論じられている。*18 論理実証主義の理論家という一般的なノイラート像からすれば、かれがその出発点において歴史学派に属していたことはかなり意外であるかもしれないが、間違いなくノイラートの経済思想の原点はここにある。古代経済史の研究を通して、現実に機能した価格形成市場というシステムをもたない多様な経済のあり方に触れることで、ノイラートは「経済主義的精神」

（ポランニー）に縛られない、自由な観点をもつことができていたといえる。

学位取得後ウィーンに戻ったかれの次なる関心は、古代経済と同様、市場とは異質な原理で機能する戦時経済体制へと向けられた。第一次大戦が開戦を迎える一九一四年に従軍するまでの期間、ノイラートは新ウィーン商科大学（Neue Wiener Handelsakademie）で私講師として勤務したが、一九一二年から二年間カーネギー財団の奨学金を得て、バルカン戦争の実地調査も行っている。第一次大戦が開戦すると今度は戦時経済に関する資料を調査分析する研究機関の必要性を進言し、ライプツィヒで「戦時経済博物館 Kriegswirtschaftliche Museum」の設立を成功させている。ノイラートはこの戦時経済の経験に未来の経済組織の萌芽を垣間見ていた。

実践する社会主義者として

古代経済史と戦時経済体制の専門家として認められつつあったノイラートは、一九一七年にウェーバーの推薦でハイデルベルグ大学（哲学部の「国家学・官房学」部門）の講師としての採用が決まっていた。ところが、戦争終結とともに事態は大きく変化してゆく。一九一八年、戦時経済博物館の協力者でもあった社会民主党員ヴォルフガング・シューマンが、ノイラートがすでに構想していた社会化計画を実行するよう強く働きかけたのである。ハイデルベルグ大学での教職を控えていたノイラートにとって、この選択は苦渋に満ちたものであり、何より当時の妻オルガ（数学者ハンス・ハーンの妹）は強硬に反対したようである。だが結局ノイラートは学究の世界を離れ、政治の世界へと活動の拠を移すこととなる。

一九一九年、ノイラートは混乱した情勢の中にあったバイエルン共和国の社会民主党政権の依頼で、中央計画局の設立と運営の任に就くこととなり、社会化に向けた具体的なプランを練り上げる作業を開始する。「国民経済を、その細部いたるまでいかに体系的に制御するか」、これがこの時かれに課せられた課題であった。[*19] ところが、バイエルンの首相アイスナーの暗殺、さらに共産主義者・アナーキスト・独立社会主義者などによる「バイエルン・レーテ（労働者評議会）共和国」の成立と崩壊など、相次ぐ政治的急変により、かれの社会化に向けた実践はわずか半年のあいだにあっけなく水泡に帰すことになる。[*20]

バイエルンでの社会化の実践に挫折したノイラートは、革命政権に手を貸した容疑で逮捕・投獄されたが、ウェーバーやオットー・バウアーの尽力もあって数週間で解放され、再び首都ウィーンに戻った。一九二〇年代、戦争による荒廃のゆえ経済状態が著しく悪化していたウィーンでは、一九世紀末に創設された社会民主党政権が市政を握り、多くの先進的な教育、行政、経済、住宅政策を実施した、いわゆる「赤いウィーン Rotes Wien」と呼ばれる時代を迎えつつあった。帰国後、バウアーの仲介で、ノイラートは「共同経済研究所 Forschungsinstitut für Gemeinwirtschaft」の事務局長の任に就くことになる。この研究所は、共同経済にかかわる国内外の経験や問題を収集し分析する、いわば社会化のためのシンクタンクであり、ノイラートはここで一九三四年までのおよそ一五年間、社会民主党と密な連携を取りながら、しかしそこに回収されないさまざまな社会運動を積極的に立ち上げていくことになる。[*21]

そのなかでも注目すべきものとして、貧困労働者の生活環境の改善のために組織された「オーストリア住宅地・小菜園主連合ÖVSK」での活動がある。一九世紀後半からの増大する人口を抱えていた終戦直後のウィーンは、深刻な食糧・住宅・燃料といった生活資源の供給不足に直面していた。貧困層のなかには、飢えを避けるために、市の周辺部にある緑地や森林を開拓して（主に都市労働者による不法占拠の形で）菜園つきの簡易住宅を建設し、自らの手で基礎的な生活資料を生産する動きが起こり始めていた。後に「ジプシー・アーバニズム」と呼ばれる運動である。この運動は、当初、オーストリア市政府から公認されたものではなく、財政的な協力も得ていなかったため、労働者たちは「土地と木と石をよこせ、そこからわれわれはパンを作る」というスローガンのもと、繰り返し市政に対してデモを行ったと言われる。しかし、都市の周辺の樹木の無差別な伐採は、長期的な地域の生活基盤に破壊的な帰結をもたらす恐れも生じていた。そこで社会民主党は、この運動を積極的に推進する方策を打ち出し、田園都市運動の創始者ハンス・カンプフマイヤーとノイラートが中心となって先の連合が組織されたのであった。

ノイラートは二〇年から二五年にかけてÖVSKの書記長を務め、二二年時点で五万人、二三〇の異なる協同組合からなる組織にまで成長させていた。この運動は、大都市の解体を目指すオーストリアの「田園都市運動」として知られ、草の根的な、「下から起こった運動として」赤いウィーンの先進性を示す象徴となった。ÖVSKは田園都市運動の流れを汲んで、菜園つき一戸建て住宅の建設にこだわったが、やがて土地不足や財政的逼迫が問題となり一九二三年に協同組合主導から自治体主導に移行すると、フリードリヒ・エンゲルス・ホーフ（一九二五年）といった高層巨大建築物に象徴される集合住宅重視へと方針が転換された。以後、協同組合の「自治」は失われ急速に弱体化していった。

ところでこうした戦後ウィーンでの住宅や食糧の集団的自給のための運動の組織化は、商品生産を媒介することなく、人間の基礎的な必要の充足を目的とする、いわゆるサブシステンスのための自律的な経済（＝共同経済）の再建という課題を担うものであったといえる。ノイラートはこのプロジェクトを進めるにあたって、官僚的なインフラや資源を活用しながらも、草の根の組織やインフォーマルな集団、共同体の力を積極的に取り込んでいくボトム・アップな戦略を強力に推し進めた。*22 かれがG・D・H・コールを中心とするイギリスのギルド社会主義の動向に大きな関心を寄せていったのもちょうどこの時期と重なっている。このような赤いウィーンにおける活動の局面は、ミーゼスやハイエクによってつくられた典型的なサン＝シモン主義者としてのノイラートの像からは抜け落ちる、一九二〇年代以降のかれの思想形成の重要な契機といえるだろう。

また同じ時期、ノイラートは住宅建設運動の一環として実現させていた「住宅都市計画博物館」（一九二三年）のさらなる拡充を試み、ウィーン市の他、自由商業組合、労働者評議会、消費者組合、労働者銀行などさまざまな中間団体の財政援助を取り付け、一九二五年一月には

「ウィーン社会経済博物館 Gesellschaft- und Wirstschaftsmuseum in Wien」を設立することに成功している。この博物館の当面の課題は、ウィーン市の税の用途や市が抱えていた社会問題——住宅事情、社会衛生、教育、乳児の死亡率など——を広く市民に伝えることであった。同時に、博物館の構想では、ノイラートの科学的歴史観が強く反映し、ウィーン市の問題をオーストリア、他の諸国家との関連性、さらには人種や世界経済、現代と現代以前といったように、時間的・空間的次元において俯瞰的な視野から扱うことが模索された。[*23] 過去の社会生活を再現・保存することではなく、将来に向けて社会生活を具体的にどう構想し、再構成するかのアイデアを与える未来のための博物館である。社会経済博物館は、労働者を始めウィーン市民に社会問題に対する関心や意見形成を促す場として、国内のみならず国際的にも大きな注目を集め、三四年の閉鎖までにおよそ国内外で三六もの展覧会を開催した。

さらにこのなかで、ノイラートは視覚教育の研究へと向かうようになり、オランダ亡命後の一九三九年には、デザイナーのゲルト・アルンツ（Gerd Arntz）や、後にノイラートの伴侶となったマリー・ライデマイスター（Marie Reidemeister）の協力を得て、ISOTYPE（International System of Typographic Education）を考案することになる。後述するように、アイソタイプは博物館運動とともに、経済の民主化と統一科学とを関連づけるかれの統治構想と大いに連動していた。

ウィーン学団の異端者

赤いウィーンでの共同経済の実践と並行して、二〇年代の初めにはかれが命名した「ウィーン学団」の中心メンバーとして、いわゆる統一科学運動でも主導的な役割を発揮していた。ウィーン学団は、ウィーン大学で自然哲学の講座をもっていたモーリッツ・シュリック（Moritz Schlick）を中心に、毎週木曜日の夜にウィーンのカフェで行われていた「シュリック・サークル」が母体となって組織され、カルナップ（物理学・哲学）、ノイラート（社会科学・哲学）、ハーン、フランク（Philipp Frank：物理学・数学）、ファイグル（Herbert Feigl：物理学・哲学）、ヴァイスマン（Friedrich Waismann：数学・数学）、メンガー（Karl Menger・数学）、ツィルゼル（Edgar Zilsel：歴史学・哲学）などが参加していた。学団の会合では、シュリックが敬愛したウィトゲンシュタインの『論理哲学論考』（一九二一年）やカルナップの『世界の論理的構築』（一九二八年）の草稿が取り上げられ、数学、物理学、さらには生物学、心理学、社会科学の論理的・認識論的基礎をめぐる問題が盛んに論じられた。

二九年に、ともにウィーン大学で教鞭をとっていたカルナップとハーン、それにノイラートが加わり共同執筆した『科学的世界把握――ウィーン学団 *Wissenschaftliche Weltauffassung*』が刊行され、ウィーン学団の公での旗揚げが果たされた。ウィーン学団は、翌年、ベルリンで経験哲学協会を率いたライヘンバッハ（Hans Reichenbach）とカルナップを共同編集者とする機関紙『認識 *Erkenntnis*』を発刊するとともに、研究叢書の出版も開始した。しかし、ナチスの台頭によってウィーンでの活動は安定せず、その継続は次第に困難な状況に置かれていった。三四年にはノイラートもオランダのハーグに逃れ、他のメンバーもまた諸外国への亡命を余儀なくされたが、これはかえって論理経験主義運動の影響を国外へと広く波及させる契機となり、三四年のプラハからパリ、コペンハーゲン、ケンブリッジ（イギリス）を経て、三九年のケンブリッジ（アメリカ）に至るまで、いくたびかの国際会議の開催へとつながった。一九三八年には、ノイラート、カルナップ、ラッセル（Bertrand Russell）、ボーア（Niels Bohr）、デューイ（John Dewey）、モリス（Charles W. Morris）等が中心となり『統一科学の国際百科全書 *International Encyclopedia of Unified Science*』第一巻の刊行が果たされている。

ノイラート自身について言えば、ナチス軍のオランダ侵攻によって一九四〇年にはオランダからイギリスへと再度亡命することとなり、G・D・H・コールの仲介でオックスフォードに移住している。オックスフォードでは、オール・ソウルズ・カレッジで半年間、「論理経験主義と社会科学 Logical Empiricism and Social Sciences」の講義を行い、一九四四年には、『統一科学の国際百科全書』第二巻の刊行にこぎつけ、ノイラートもその第一号として『社会科学の基礎 *Foundations of Social Sciences*』を上梓している。またイギリスでは、赤いウィーンでの経験を活かし、小工業都市ビルストンでスラム再開発事業の相談役も勤めたが、終戦直後の一九四五年一二月オックスフォードの地で生涯を終えた。

ここで、ウィーン学団におけるノイラートの異端的な位置について若干のコメントを付け加えておきたい。ノイラートは学団で唯一の社会科学者であり、とりわけ経済学に実証的客観主義を持ち込んだ首謀とされているが、そこにはかなり致命的な誤認が含まれているためである。ウィーン学団のメンバー間での強力な連帯を外に向けてアピールしたのはほかならぬノイラートであったが、しかしかれとウィーン学団の顔ともいえるシュリックやカルナップとのあいだで微妙な衝突が生じていたのも事実であった。科学哲学者ルドルフ・ハラーによれば、一九二〇年代以降、活発化するシュリックを中心とするウィーン学団に先立って、ノイラートが留学先のベルリンから帰国した一九〇七年から一〇年代初めにかけて、すでに「第一次ウィーン学団」とでも呼ぶべき会合が非公式に組織されていた。*24 その中心メンバーは、若きフィリップ・フランク、ハンス・ハーン、そしてノイラートであり、後に確率論で有名になるリヒャルト・フォン・ミーゼス（経済学者ルートヴィヒの弟）も参加していた。第一次ウィーン学団の会合では、エルンスト・マッハやフランスの物理学者ピエール・デュエム（Pierre Duhem, 1861-1916）などの著作を中心に、当時の自然科学と社会科学の方法論や認識論をめぐる状況について討究された。

かれらがマッハの経験主義に信頼を置いていたのは、例のオストヴァルトやゲオルグ・ヘルムを中心とするエネルゲティークや生物進化論の進展によって力学的自然観の地位が大きく揺らぎ始める一方、これと並行して有機体論や神秘的な自然哲学が流行するようになり、いずれとも異なる科学的世界観が求められていたからであった。*25 またデュエムが『物理理論の目的と構造』（初版一九〇六年）で示した「ホーリズム」が第一次ウィーン学団に及ぼした影響もきわめて大きなものがあった。デュエムは、ニュートンやその追随者が標榜したような帰納主義に反対し、物理学における実験観察は決して現象の直接的観察ではありえず、それは現象に対する理論的解釈であること（＝観察の理論負荷性）、また物理理論においてはその諸部分が相互に関連し合ってホーリスティックな体系を構成しており、そのなかの一つの仮説を取り出してそれだけを単独に実験にかけることは不可能である点を強調していた。このようなデュエムのホーリズムに強い影響を受けていたノイラートは、ウィトゲンシュタインの『論考』に強く傾斜し、私的な直接経験との関連づけを通じた知識の究極的基礎づけを志向したシュリックや初期のカルナップと真っ向から対立したのである。この対立が表面化したのが、いわゆる「検証可能性 verifiability」をめぐって生じた「プロトコル言明」論争であった。ノイラートは、科学のすべての命題の究極的基礎となる検証を必要としない原子プロトコル言明（経験ないし現象を記録する言明・文）の特権的地位を一貫して否定した。ノイラートによれば、プロトコル言明を世界の要素との間に一対一の対応をもった固定した「写像」と見做すことは不可能であり、歴史と社会によって条件づけられた、その意味でつねに流動的な（つまり否定されることもあり得る）ものであらざるをえないからである。「純粋な原子文（saubere Atomsätze）から構成された理想言語（ideale Sprache）というフィクションは、ラプラスの魔のフィクションと同じく、形而上学的である。［…］決定的に確立された、純粋なプロトコル言明を科学の出発点とすることはできない。タブラ・ラーサ tabula rasa（白紙）は存在しない」[*26]。プロトコル言明の社会的・歴史的形成という視座は、それを数学における公理のように見做す論理実証主義の通俗的なイメージとは、かなり異質な思考様式である。かれは当初から、検証可能性による揺るぎない科学的な哲学の樹立が達成不可能な目標であることにかなり自覚的であったのである。

生涯のほとんどをアカデミーの外部で活動した自由思想家であったノイラートは、純粋なアカデミズムに偏りがちなウィーン学団のメンバーの非政治性を批判し、バウアー等、オーストロ・マルクス主義者とも親密な関係をもった点でも特異な位置を占めた。[*27] 論理経験主義がアメリカに持ち込まれ、戦後、実証主義的な科学哲学として「脱政治化」されるなかで、科学と政治とのつながりにもっとも意識的であったノイラートが背負っていた思想的な課題もまた忘却されていった。ウィーン学団は「反形而上学」の姿勢を共通基盤とする多様な人びとの集まりであって、後にパターン化した学派の分類は、「マルクス主義」や「ケインズ主義」など、他の例にもれず恣意的にならざるをえないのである。

三　幸福の地勢学《トポロジー》

〈経済〉の歴史的・批判的分析

では、ここからノイラートの経済思想の本体へと視点を移そう。かれの経済思想に迫るには、何よりノイラートの生涯の研究において鍵を握る「自然経済」という言葉に照準するのが近道

表１　自然経済の諸相

理論経済学 (論理・科学的)	自然経済学 (Naturalwirtschaftslehre) 具体的経済学 (konkrete Wirtschaftslehre)	抽象的経済理論 (Abstrakte Wirtschaftsthorie)
経済計算 (意思決定の道具)	自然計算 (Naturalrechnung)	貨幣計算 (Geldrechnung)
経済秩序 (実践・歴史的)	自然経済 (Naturalwirtschaft) ―行政的経済 (Verwaltungswirtschaft) ―アソシエイショナリズム (societas societatum)	自由交換経済 市場経済

であるが、その際この言葉が文脈に応じて異なる意味をもって用いられていたことには注意が必要である。すなわち、①理論経済学の一つの類型としての「自然経済学 Naturalwirtschaftslehre」、②社会的選択の基礎としての「自然計算 Naturalrechnung」、そして③経済秩序の一つの形態としての「自然経済 Naturalwirtschaft」、の三つである。これらはそれぞれ、「抽象的経済理論」、「貨幣計算」、「自由交換経済」ないし「市場経済」との対比によって特徴づけられる（表1）。

これらのうち計算論争において、ミーゼスとハイエクが問題としたのは主に②と③であるが、両者の違いは十分意識されないまま混同されている。実際、ミーゼスたちがどの程度自覚的であったのか定かではないが、ノイラートの自然計算をベースとした非市場型経済の構想は、かれがベルリン大学で古代経済史の研究を終えてから、第一次大戦直後の混乱のなか社会化に向けた政治活動に入る以前までの期間、とくに一九一〇年から一九一七年までの間の経済学の基礎理論の研究にその淵源がある。[*28] 貨幣計算に取って代わる自然計算は初めから明示的に政治的な意味合いをもっていたわけではない。「自然計算はそれ自体では、何らかのある社会的、政治的、あるいは経済的な立場を示すものではない。それはたんに物事の一つの見方なのだ」。[*29] したがって、計算論争でのノイラートの主張を正確に理解するには、一九一〇年代のテクストにまでさかのぼった検討が不可欠となる。これを踏まえ、「自然経済」の理論経済学的な局面に重点的に焦点を当ててよう。

ノイラートが経済分析の理論枠組みを全面的に展開しているのは、一九一〇年代に発表された論考やパンフレットに集中している。「社会科学の理論について」（一九一〇年）、「政治経済学と価値論」（一九一一年）、「快楽極大化問題」（一九一二年）、「自然経済学、自然計算およびその戦時経済学との関係」（一九一六年）、「経済理論の概念構造とその基礎」（一九一七年）、『未来の経済秩序と経済科学』（一九一七年）などがそれである。一九二〇年代以降も、「統一科学」の一つとして経済学の方法論や概念分析は継続されるが、その概念的基礎はほぼこの時期に出揃っているといってよい。

この時期ノイラートは、ベルリン大学での古代経済史の研究を終えウィーンに戻り、ベーム＝バヴェルクが主催するセミナーに参加しながらオーストリア学派の経済学を学んでいた。[*30] もっとも、ウィーン帰国後も、シュモラーからの強い影響下に置かれており、一九〇九年の「ドイツ社会政策学会」では、経済を貨幣や交換のような抽象的・一般的な観点からではなく、個別・具体的なもの、そしてそれらの複雑で多様な相互連関の記述から接近することの重要性を主張し、こうした見方が、歴史学派に由来するものであることを認めていた。*31 しかし、ウェーバーがカール・メンガーの経済理論を受容したように、ノイラートもまた一方のオーストリア学派の経済思想の圏内から自由であったわけでは決してない。むしろシュモラーとメンガーの方法論争に見られる「歴史」と「理論」の対極的な分裂をいかに克服するか、という同世代の経済学者の課題をかれも共有していた。*32 そしてノイラートが、この分裂を乗り越えるために依拠したもののひとつが、エルンスト・マッハの「歴史的・批判的分析」という方法であった。

マッハは『力学史』（一八八三年）の序文で、「力学現象がいかにして認識されたかを歴史的に分析すること」、すなわち「力学の自然科学としての内容はどこにあるのか、われわれはどのようにしてそれに到達したのか、どのような源泉からそれを汲みとったのか、それはどの程度まで保証された知的財産と見做すことができるのか*33」、これらを問うことが力学の思想の核心に迫る最も有効な方法であると書いている。マッハは科学研究において、自らが作り上げた抽象的概念や物の見方を、われわれ自身から独立した実体とせず、むしろ認識の障害となりうる「形而上学的なもの」として、それらを解体し続けることの意味を説いた。「形而上学的なもの」、それは「われわれがいかにしてそれに到達したかを忘れてしまった概念」にほかならない。ノイラートの初期の経済研究にはこうしたマッハの批判精神が明らかに流れ込んでいる。「資本」、「商品」、

「国富 Volksvermögen」、「国民所得 Volkseinkommen」、「生産要素」など「それ自体が貨幣経済にもっぱら適合的」な経済学の「概念構造」をいったん括弧で括ったうえで[*34]、いかにして現在の〈経済〉の認識が造形されてきたのか、あるいは経済学的な概念・言葉によってアモルフな現実から何が切り取られ、何が失われたのかを、歴史的に省察することが、「物の見方を解放する」すぐれた理論研究の方法とされたのである。

ではは正確には、マッハの方法を経済学に持ち込むことで、ノイラートは何を形而上学的な概念として解体の俎上に載せたのか。ノイラートは一九一〇年の「社会科学の理論について」のなかで、経済学の問題を交換の科学にすなわち「カタラクティクス」に還元する見方を批判している[*35]。ハンス・ハーンとの討議を通じて書かれたこのテクストでは、シュンペーターの他、ジェヴォンズ、ヴィルフレド・パレート、グスタフ・カッセルなど純粋科学として自立し始めた同時代の主要な経済学説を渉猟し、すでに自然科学では陳腐化していた力学的方法の経済学への導入、および力学からの影響によって形成された「抽象的経済学」の二つの基礎概念――「ホモ・エコノミクス homo oeconomicus」と「測定可能な量」――に批判的分析が加えられている[*36]。マッハはニュートン力学に潜む「形而上学的なもの」、すなわち「原子」や「分子」といった不変の実体、またこの実体の運動が展開される場としての「絶対空間」や「絶対時間」といった概念の解体を企てたが、ノイラートは、力学体系に潜む原子や分子といった実体が、「ホモ・エコノミクス」や「商品」、「貨幣」、またこれらが展開される場としての「市場」といった諸概念に姿を変えて持ち込まれていると見ていた。とりわけ貨幣という単一の価値尺度によって経済行為の合理性が測定されるという前提は、すでに科学の領域で否定されたはずの「ラプラスの魔」の神話に囚われた見方にほかならない。ホモ・エコノミクスと定量的方法・数量主義が緊密に結びつくなかで、経済科学の対象が価格理論へと狭く絞り込まれ形式化されると同時に、市場の外延に存在する広範な「財の移転」——贈与、暴力的領有、戦争、そして生態学的な諸条件の変化——とそれによって形づくられる「富」の包括的な分析を排除することに帰趨している。ノイラートの見るところ、力学的方法への信仰と、「富の諸関係が貨幣タームによって正確に表現される」という認識とは相互に補完的なものであった。

ちなみにこのときノイラートがとくに批判対象として意識していたのは、若きシュンペーターの著書『理論経済学の本質と主要内容』（一九〇八年）であった。ドイツ歴史学派の反理論的傾向に抗して書かれたこの書物は、社会の文化・歴史的な側面を剥ぎ取られた交換関係についての経済理論を、自然科学の方法に従った仮説演繹体系を用いて方法論的に基礎づけるものであった。かれは、一般均衡論が描くワルラス的競争市場を記述し、しかもそれを、「交換経済」のみならず、「交換なき孤立した経済の純粋な経済過程」にも適用可能な一般理論として規定した。「すべての経済的行為を交換行為と解し、また交換関係の存在しない場合にも、あたかもそういった関係が存在するかのように経済が行われると仮定するのである」*37。しかし古代経済にさかのぼる歴史的な視点から見れば、非市場社会の経済行為にまで「交換」の原理を普遍化するというシュンペーターの方法はおよそ度し難いものであった。[38] そこでノイラートは、貨幣経済が近代西洋という歴史的にも地理的にも限定された地域で形成されたきわめて特殊な経済の組織形態であることを強調するだけでなく、F・プライジヒケ（Fredirich Preisigke）の古代エジプトの穀物交易の研究史に言及して、そもそも貨幣が中心的な役割を果たさない自然経済がもっぱら未開社会の経済に属し、自由交換の経済よりもつねに劣った形態であるとする前提そのものに批判の矛先を向けたのである。[39]

こうしてノイラートは理論経済学の課題を次のように立て直す。「経済活動のあらゆる可能的形態に対等な理論的扱いを原理的に提示することのできる経済理論の一貫した構造を練り上げる」[40]こと。すなわち「自由交換経済」（＝市場経済）を――その特殊形態としての重商主義や自由主義等々を含め――、非市場型の「自然経済」と対照される一つの社会制度として徹底して相対化するような、「比較経済学 vergleichende Wirtschaftslehre」の枠組みの構築である。[41] 歴史的な射程を広げることで、希少性理論に特化した自由主義経済学の枠組みを超えて、価格形成市場をもたない「経済」をも対象化しうるより一般性の高い理論枠組みを考えていくことも本来は可能である。そこで「交換」に代わって比較経済学の中心に置かれたのが、「もっとも広い意味で人間が「生産」し「消費」するもの」と規定される「富 Reichtum」である。[42]

伝統的な経済理論は概して、貨幣経済（Geldwirtschaft）とのきわめて密接な連関のなか

> に存在し、これまでほぼ完全に自然経済を無視してきた。〔…〕貨幣経済と自然経済とその多様な組合せを適切に捉えようとすれば、経済的ターミノロジーにある共通概念へと立ち返らなければならない。われわれは政治経済学のもっとも旧い源泉を、一方では家政経済(Hauswirtschaft)のなかに、他方では統治の科学に見いだす。自由交換経済は、比較的後の段階で検討の対象になったにすぎない。理論と実践の対象は富であり、富はもっとも広い意味での実質所得として理解される。いかに人びとが幸福になり、いかにして人間性を豊饒なものにし得るのかという問いは、長らく経済学文献の中心的な関心事であった。アダム・スミスにとって、実質所得は依然として決定的な役割を果たしている。機会あるごとにかれは、経済秩序と富とのつながりを見いだそうと努めていた。かれの後継者は主要な考察対象として、スミスが詳細に扱った貨幣秩序や信用諸関係を次第に選択するようになり、さまざまな可能的経済秩序がいかに富の形成に影響を及ぼすかという問題はすっかり背景に退いてしまった。たとえ貨幣の購買力が、そして間接的に実質所得が繰り返し議論されても、一貫した富の変化の分析は、全体として衰退してきたのである。*43

ここでノイラートは分析対象となる「富」を定義するにあたって、アリストテレスの『ニコマコス倫理学』における「オイコノミア」の議論を参照し、自らの経済学をアリストテレスからアダム・スミスに至る系譜のなかに位置づけている。かれはスミスなど古典派の経済学体系では保持されていた実質的な富の問題への関心が、交換行為をベースとする同時代の経済学において急速に衰退していった事態を批判しているが、同時にそれはアリストテレスが批判した「家政術」から「貨殖術」への変質という事態と相似的な現象であった。では、肝心の富はいかなる枠組みのもとで分析されるのだろうか。富はその性質に従って「生活基礎 Lebensboden」、「生活秩序 Lebensordnung」、「生活条件 Lebenslage」、「生活の質 Lebensstimmung」という四つの位相に区分され、それらの相互関係として分析される。*44 以下で各概念の詳しい関係を見よう。

【生活の質】：人間集団の構成員の幸福と苦痛＝効用（食べること、飲むこと、読むこと、美的感受性、宗教的観想、道徳的思索、愛すること、嫌悪することなど、あらゆる経験と接続される）。

↕

【生活条件】：「幸福の内的条件」ともいわれる。住居、食糧、衣服、教育、娯楽、仕事、病気、労働時間、余暇時間、良好な人間関係、友情、市民的自由、「大洋性の感覚 oceanic feeling」など。

↕

【生活秩序】：個々人や集団を特徴づける人間の意識的および無意識的な諸行為、振る舞い、慣習、制度。とくに生活の質に影響を及ぼす制度の総体は「経済秩序」と呼ばれる。同一の生活基礎から、より多くの生活の質を生み出す経済秩序が、より経済的に合理的・効率的。生活秩序が生活基礎の利用形態、生活条件の生産・分配（平等や不平等）を直接に左右する。

【生活基礎】↔：「幸福の外的条件」ともいわれる。最広義の物理的な環境、すなわち生態学・地勢学的諸条件、領土、あらゆるエネルギー源、森林、沼地、河川、岩場、土壌、大気、人間の能力、動植物、都市、運河など。

フェリシトロジー

ノイラートは自らの経済学を、「フェリシトロジー Felicitologie, felicitology」すなわち「幸福学」とも称している。その目的が「富」の成り立ち、すなわち人びとの生活の良さ・幸福を構成し、条件づけているさまざまな諸要素の複合的な相互作用とその通時的な変化を解明することにあるからである。まずは幸福に直結する「生活の質」と「生活条件」という二つの概念の関係を確認しておこう。

生活の質とは、人びとの主観的な心の状態、すなわち多種多様な経験に接続された歓びと苦しみの感情の総体である。生活の質は効用といっても、幸福といっても、あるいは満足といってもよいが、いわゆる商品や財の消費と狭く結びつくわけではない。ノイラートはしばしば自らを「社会的エピキュリアン」と称したが、かといってかれの立場を素朴に功利主義と同一視できるわけではない。「快楽極大化問題」（一九一二年）においてノイラートは早々に、質的に多様な快楽や苦痛を量化することの妥当性を批判し、基数による快楽計算や個人間・集団間の比較可能性を否定した。快楽には序列をつけるのがせいぜいであり、快楽極大化をそのまま道徳的・法的な体系の基本原理と見做すことはできない。*45 こう主張する限りでは、ノイラートのフェリシトロジーも、後の厚生経済学がたどったように効用を選択・選好へと形式化する流れのなかに位置づけられるように見える。ところが「快楽極大化問題」以後、ノイラートはまったく異なる方向に舵を切る。かれは主観的な歓びや苦しみといった効用の直接把握ではなく、むしろ生活の質を規定し、具体的な人間の生活・生存を成り立たせている物質的および社会的な要素や関係に焦点を当て直すのである（物理主義《フィジカリズム》の視点）。幸福の「内的条件 Innenlage」とも呼ばれる「生活条件」の概念がそれである。

諸個人が一年にどのような食糧を消費し、どのような居住環境に恵まれ、何を読みどの程度理解し、また家庭生活では何を経験し、何時間くらい労働し、どの程度の頻度で重度の病気にかかり、そして散歩や宗教的な儀式や芸術の享受にどの程度の時間を割いているかについて、われわれは詳細に知ることが可能である。*46

生活条件は人間の行為様式、かれの悲しみや歓びを包括的かつ直接に条件づけるあらゆる生活状態の中心概念である。住居、食糧、衣服、身体の健康、書物、劇場、友好な人間諸関係、そしてかれを危機に晒すマラリア病原体でさえ、すべて生活条件に属する。*47

生活条件という概念は、基本的なアイデアをエンゲルスの『イギリスにおける労働者階級の状態』(一八四五年)や、パトリック・ゲデスにも多大な影響を与えたフランスのフレデリック・ル・プレーの『ヨーロッパの労働者』(一八五四年)といった労働者の生活実態調査から得ていた。*48 生活条件の概念についてとくに以下の諸点に注目したい。

第一に、生活条件の内的な多元性に関してである。生活条件は、人々の生活の質をさまざまに規定する相互に還元不可能な諸要素から構成された布置連関、「多次元的構造 multidimensional structures」として捉えられる。それはちょうどマッハが原子や分子といった質点の力学運動ではなく、色・音・熱・空間・時間等々の感性的諸要素の函数的な依属関係の項として現象を捉えたことと相似する。生活条件を構成する要素には、住居、食糧、衣服、健康、あるいは身体を脅かすマラリア病原体を含む身体的・物質的な条件に加え、労働時間、余暇時間、罹病率、教育、享楽、友好な人間関係、友情、自発的協同、人格的自立、市民的自由といった、いわば社会関係の質や広義の社会制度にかかわる要素も含まれる。ただし各々の要素というより、それらの相互連関として成り立つ「異質なるものの全体性 heterogeneous totalities」が問題となる以上、生活条件は単に個々の要素の算術的総和ではありえず、「所得」や「消費水準」といった貨幣的な指数によって一元的に測定したり数量化することも意味をなさない。[*49]ノイラートはマッハへの書簡において、「特定の要素の集計から全体の意味を引き出すのではなく、全体から特定の要素の意味を引き出す」[*50]マッハの思考様式が、自身の経済認識にきわめて重要な意味をもったと告白しているが、そのことは生活条件の枠組みにも反映していると言うことができる。

第二に注目すべき点は、生活条件の概念が有する経済学批判としての局面である。生活条件の構成要素に関してノイラートが強調するのは、生活の質を上昇させるのではなくむしろ低下させる〈ネガ〉の要因が考慮されるという点である。[*51]通例、経済学は生活の質を所得の多寡やその支出によって購入しうる商品と結びつけて測定してきたため、「需要」の対象とはなり得ない、多岐にわたる〈ネガ〉の要素が必然的に視野の外に置かれることになる。それらはたとえば、不平等な所得分配や悪質な労働環境、罹病率や乳児死亡率、あるいは経済活動と結びついた環境破壊などが含まれる。生活条件の分析が、貨幣タームによる「純粋な市場現象の研究」ではなく、事物の性質に対応した複数の単位や尺度を用いた「広義の社会構造分析」として行われなければならないとされる理由もこの点に関わっている。具体的には、パレートやエッジワース流の「幾何学的な表象」ではなく、諸要素の具体性・固有性とともにその相互関係を記述・表象する方法が必要とされた。出生率、死亡率、栄養状態、住宅の割り当て、労働時間、財の消費、エネルギー消費など多岐にわたる「社会状態」を統一的な視覚化方式によって表現しようとするアイソタイプは、「生活条件の輪郭 Lebenslagenphysiognomie」ないし「生活条件の地勢図

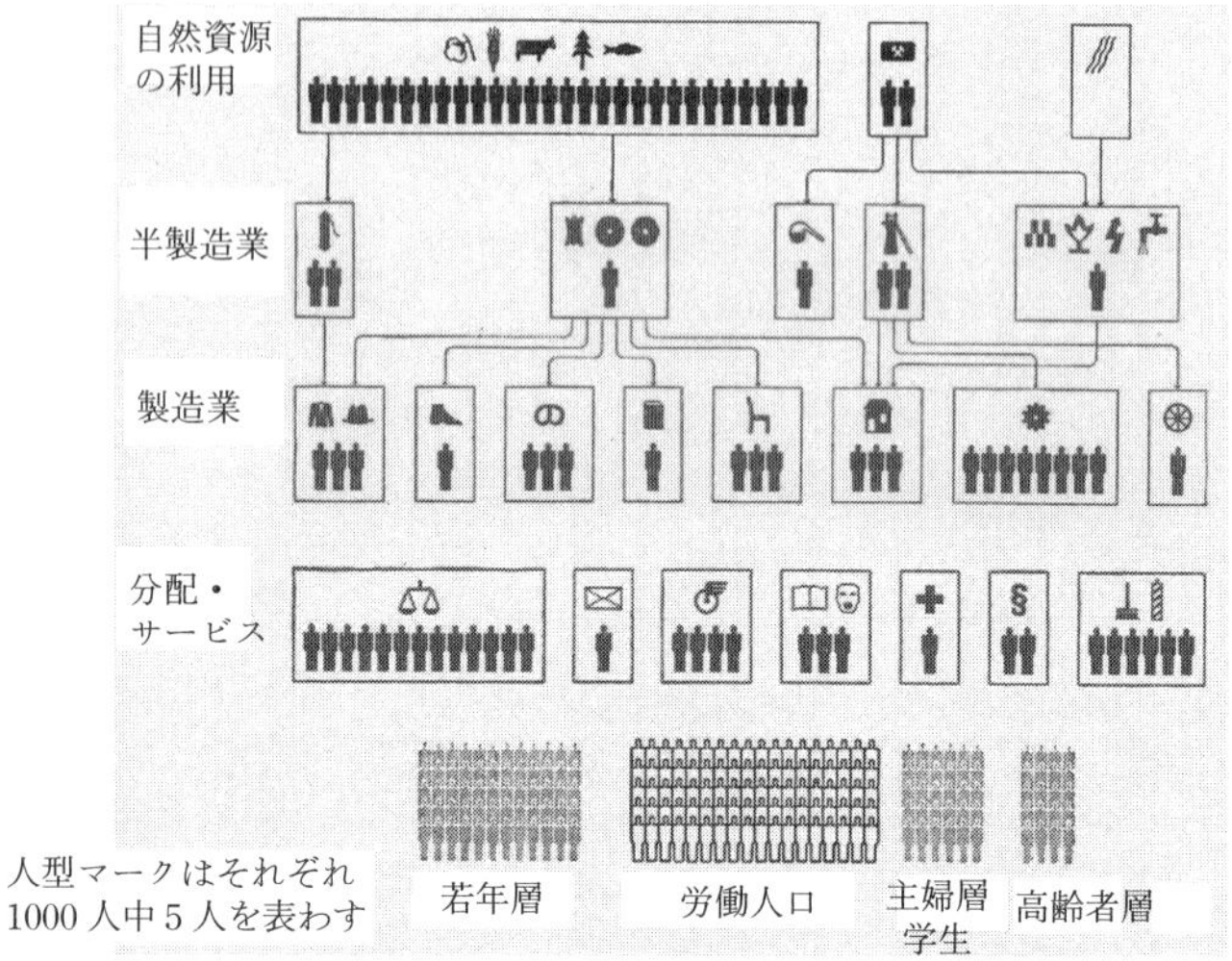

図4　経済の体系（出典：Neurath 1939, p.65）
自然資源の採取から加工、製造、分配・サービスの相互連関の鳥瞰図

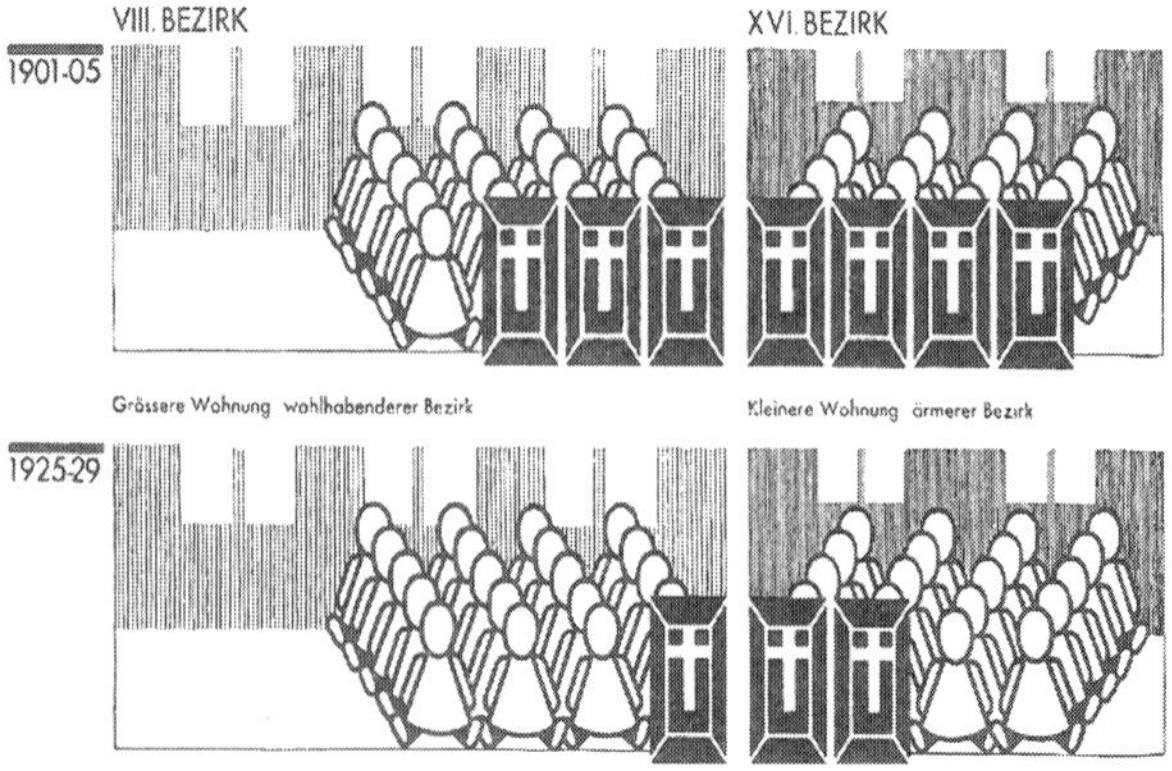

図5　ウィーンの乳児死亡率と社会状態（出典：Neurath 1991, p.311）
棺は出生数20人当たり1歳までの死亡を表わす

Lebenslagentopographie」を記述し、人びとに伝達するためのノイラートの考えうる最良の方法であった。[52] たとえば「ウィーンの乳児死亡率と社会状態」というアイソタイプ（図5）では、四つの図像によって、所得水準の異なる二つの居住地域（第八区と第一六区）における部屋の広さと日当たりの良さ、そして乳児死亡率の相互連関が比較され、さらに戦前から戦後にかけての社会状態の変化が表現されている。

第三に、上記の諸点との関連で、論理実証主義ないし論理経験主義（logical empiricism）――ノイラートは「実証主義 positivism」という言葉の使用を意識的に避けた――と二〇世紀の経済学との関係にかかわる論点に言及しておこう。ロビンズが企てたピグーの厚生経済学、とくにその限界効用逓減の法則に対する批判は、一般に、形而上学を否定し価値を排除し、経験的な原子的事実（プロトコル言明）にのみ視野を限定する論理実証主義の影響によるものとされている。[53] ロビンズが価値や目的をめぐる対立を「汝の血を流すか、我が血を流すか」の問題として経済学から放逐したことは有名であり、ロビンズの批判を受け入れた後、サミュエルソンの「顕示的選好理論」に至るまで、一個の純粋科学としての地位を目指す経済学においては、効用の概念が選択や選好の問題へと形式化され、記述的に貧困化していったことはよく知られている。しかしながら、こうしたロビンズ以後の実証主義的な経済学の趨勢と、ウィーン学団との直接的な関係は必ずしも自明ではない。少なくとも学団唯一の社会科学者であったノイラートのフェリシトロジーは、ロビンズ以後のパレートが指示した方向、つまりは効用の記述を形式化していった厚生経済学がたどった流れとはむしろ逆行した性格をもっている。それは人間の実質的な福祉や貧困・窮乏の問題を排除するどころか、これらを捉える経済学のパースペクティブそのものを拡充するという狙いをもっていた。オニールとユーベルは「批判理論としての論理経験主義？」と題された挑発的な論考のなかで次のように指摘している。

論理実証主義の影響によって、経済学が人間の福祉に対する実質的関心から遠ざかったというー般的なイメージに反して、ノイラートの経済学への貢献はまったく反対の方向に向かっている。かれの経済学は、社会諸制度と人間の福祉との関係にかかわる探究へと立ちかえる点で、古典的な経済学を復権させる試みとして理解することができる。すなわちノイラートの経済思想は人間の福祉の物理的・社会的諸条件として解される富を、ディシプリンの中心に位置づける点でアリストテレス派の系譜に属すのである。[*54]

ここで問われてよいのは、福祉の個人間比較が価値判断に依拠しているという前提の妥当性である。新厚生経済学の批判者であったI・M・D・リトルがかつて論じたように、「満足の個人間比較は現実世界についての経験的判断であって、いかなる通常の文脈でも、価値判断ではない」。[*55]ノイラートは、生活条件の理論を規範的意味からいったんは切り離して、物質的・社会的な諸関係の変化がいかにして人びとの具体的な生のあり様に影響を及ぼすかを分析する、経験科学の領分に属するものと見なした。もっとも、後にコールが指摘したようにノイラートのいう経験的判断それ自体が価値判断を多分に含んでいると言えるが、第四章で再び論じるように、それはいっさいの価値的文脈から切り離された事実判断など存在しないことをノイラート自身が理解していたからである。しかもかれは、人間の精神や社会関係の認識においてだけでなく、自然界の認識や観察においてさえ、そこで用いられる言語や概念、あるいは理論に付着した価値の負荷を免れないと主張した点で、ミーゼスやハイエクよりもかなり徹底した立場に立っていた。「われわれは先行するすべての概念構成を利用しなければ、いかなる言明も表現することができない。［…］われわれは、手持ちの概念世界を変更することはできるが、それを放棄することはできない。それを根底から更新しようとする試みは、その性質からしてすでに、既存の概念の子なのである」[*56]。ノイラートは社会科学と自然科学の方法論的二元論を拒否したのは確かだが、その際想定されている自然科学の方法そのものが単純な「実証的客観主義」とは言えないのである。

〈地質学的主体〉としての人間

さてフェリシトロジーとしての経済学は、人間の主観的な経験のレヴェルから、具体的な生活を成り立たせている複雑な物質的・社会的諸関係の記述へと向かう。ノイラートはさらにそこから、「生活基礎 Lebensboden, basis of life」の概念をとおして、生活条件の基底に横たわる自然界の物質的な諸関係にまで分析の対象を深く掘り下げてゆく。ノイラートによれば、自然経済学の体系においては、「市場経済の理論」や「金融論」に比して、「あらゆる財の自然的‐物質的性質 naturale Wesen により多くの関心が注がれる」*57。人間の生存と幸福、それを支えるモノの物質性を根源にまでたどらせてゆけば、自然の物質性に行き着くのは想像に難くない。その生態学的な相互依存関係にまで踏み込んで生存の再生産を思考する視点は、ミーゼスやハイエクが批判したアンソロジーに収められた論考「社会工学者の構築物としてのユートピア」（一九一九年）にも登場している。

ユートピアはきわめて多様な目標を追求することができる。人間を超越した理想、たとえば神の偉大さや民族の偉大さ、そしてそれらの支配に役立つこともあるだろう。しかしながら、ユートピアはまた、さまざまな欠陥や弱点を抱えている人間たちが、大地（Land）や海洋（Meer）、資源や気候といった自然的な基盤（natürlichen Grundlagen）、人口、新発見への熱意、文化や勤労意欲などによって可能となるような、あらゆる幸福を享受しながら生活することのできる世界の記述を目指すこともありうるのである。幸福や歓びを実現しようとするこのような試みは、称賛されるかもしれないし通俗的で下級の目標と見なされるかもしれないが、いずれにせよ、社会諸制度が人間の幸福に及ぼす影響を科学的に研究することは可能である。*58

幸福の「外的条件 Sachlage」とも呼ばれる生活基礎の概念は「最広義の環境」を指し、大気、

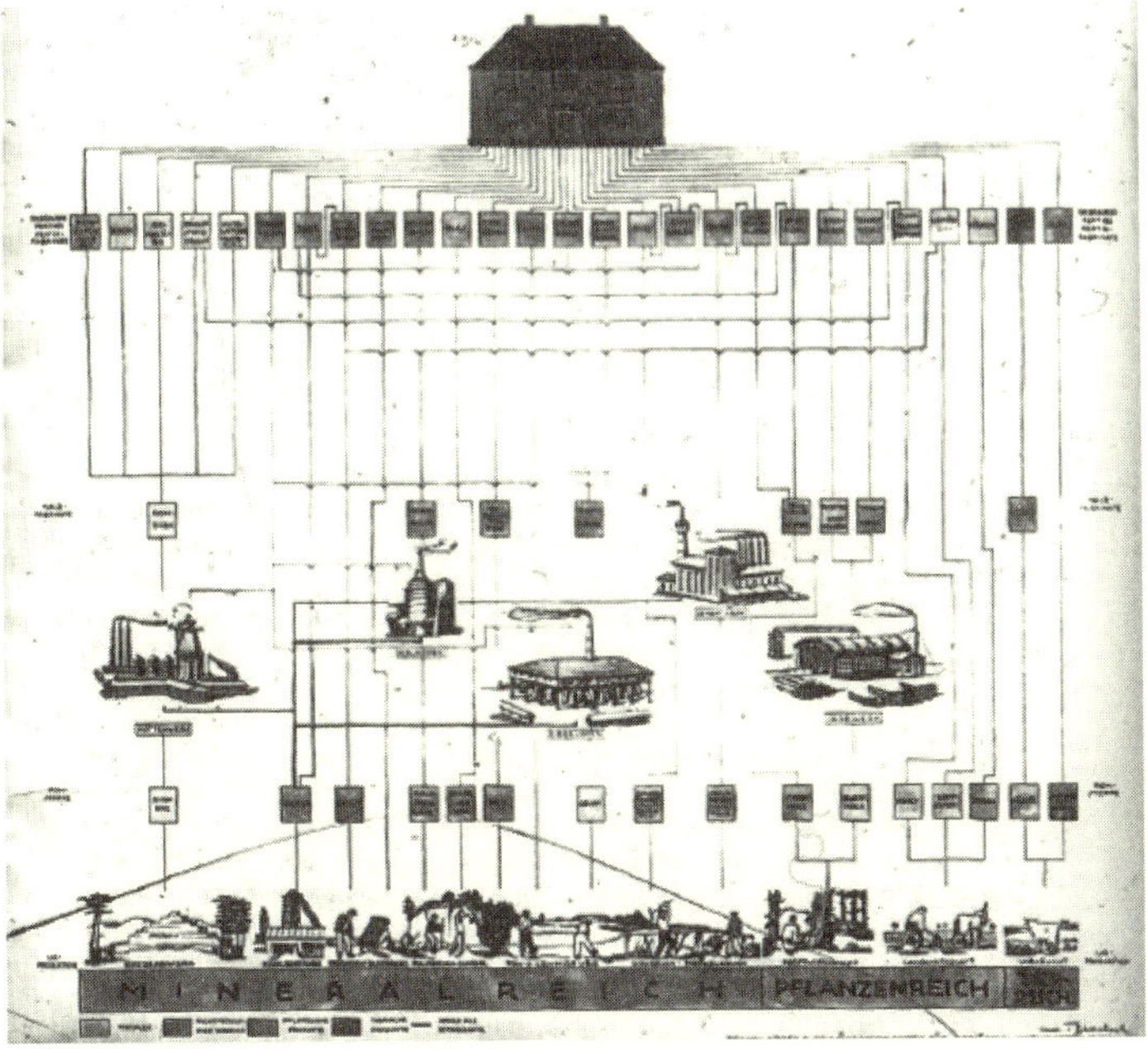

図6　セツルメント・ハウスの物質的基盤（出典：Vossoughian 2011, p.56）

森林、原野、沼地、河川、土壌、またそこに生きる動物や植物や微生物を含む生態学的な諸関係や諸条件、さまざまな鉱物資源やエネルギーの供給源、そして人間の能力や運河、都市、機械といった人工物から構成される。ノイラートはこれらを文字どおり「生の根源的な土壌・大地」として、社会的・経済的な関係をもっとも基底的に条件づけている要因と位置づける。「人間集団は、生活基礎のなかに埋め込まれ（eingebettet）、これに規定され、またこれに影響を及ぼす。［…］社会は、それ自身一部として属しているその環境の諸条件によって規定される構造として現れる」[*59]。たとえばかれが「赤いウィーン」でギルド運動に取り組んでいた時代に描いた「セツルメント・ハウスの物質的根源」という図には、さまざまな居住形態とその建設に要する生産技術やエネルギー、自然資源の利用が図示されるとともに、さらにそれらの根幹に「鉱物界Mineralreich・植物界Pflanzenreich・動物界Tierreich」からなる自然界が存在していることがはっきりと捉えられている（図6）。

生活基礎への経済への埋め込みを論じるにあたって、ノイラートはドイツの地理学者・地質学者であったフリードリヒ・ラッツェル（Friedrich Ratzel, 1844-1904）の大著『人類地理学』（一八八二年—一八九一年）に言及している。ラッツェルは動物学者エルンスト・ヘッケルや、その一元論の哲学に強く影響を受けたW・オストヴァルトとも親交をもっていた人物である[*60]。『人類地理学』はラッツェルの主著であるが、このなかでかれは人類史の研究に地理学・生物学的な視点（気候・地勢・緯度・動植物相）を導入し、動物地理学や植物地理学と並ぶ生物地理学の一部門として、「人類地理学Anthoropogeographie」を打ち立てていた。その序章「生命の一体性と生物地理学」のタイトルが示すように、人類地理学は生物の位置としての人類とその歴史を、地球＝大地とその生きる他の生物種との連続性の中で多面的に捉えるものである。ラッツェルは次のように言う。「人間社会から地球を取り去ったならば、人間社会は塵埃になってしまわないであろうか。われわれは人間精神がいかなる一層高い範囲に属するかは知らない。われわれが知っているのは、人間は物質的に、物理的に、そして進化史的に、地球に属しているということである」[*61]。「われわれの科学は人類の住んでいる地球を研究すべきであり、人類の生活は動植物の生活と同様に、地球から切り離して考察することはできない。地球と地球上に成長し繁殖する生命との相互関係は、両者の欠くべからざる連鎖として特別な研究対象とされなければならない」[*62]。『経験的社会学』（一九三一年）における生活基礎をめぐる議論には、こうしたラッツェルの視角と方法を受容し、社会科学に適用した形跡がある。もっとも人類に関しては、動物や植物とは異なり、自然との直接的・無媒介的な結びつきよりも、社会や文化といった「人間と痛みやすい自然力との重要な中間項」を媒介として外的な自然条件との関係を形づくっている。あるいはむしろ、社会や文化の在り方そのものが、自然的・環境的な諸条件との複合的な諸関係のなかで形成されていると言った方が正確であろう。ただしラッツェルやノイラートに見られるこうした自然的条件の重視は、素朴な環境決定論と一直線に結びつくわけではない。少なくともノイラートは人間の慣習や伝統、あるいは経済的な生産力が、自然の物質的な相互関係や法則から相対的に自由に変質・変容しうることを強調する。しかも、生産力の増大に伴って、その傾向はますます強まっており、むしろ経済秩序が自然界全体に及ぼす力の方が、後者からの影響に勝りつつあることが指摘される[*63]。だが、社会が自然の物理的秩序に強い影響を及ぼすということは、社会の構造にとって後者の役割が消え去ること、あるいは自然の基盤なしに社会が存立しうることを決して意味しない。あらゆる社会が、多種多様な自然事物との複雑な諸関係の項として存立し持続する。こうした社会の普遍的な存立条件として自然界の物質的な相互依存関係が実在するにもかかわらず、両者のダイナミズムを的確に捉える視座が、同時代の経済学——あるいは社会科学全般——には致命的なほど欠けていた。こうした傾向に対しノイラートは、もっとも進歩的な社会科学は、「その分析を生活基礎から出発」させ、次いで「生活秩序」や「生活条件」の考察へと進むものでなければならない、と主張するのである。[*64]

こうしたある種の自然主義的な——あるいはかれに即して言えば、物理主義的な——経済像には、次第に、同時代に興隆しつつあった生態学の観点や概念が豊富に取り込まれていくことになる。最晩年の『社会科学の諸基礎』（一九四四年）では、チャールズ・エルトン（Charles Sutherland Elton）の古典的著作『動物生態学』（一九二七年）やスコットランド出身の植物学者J・W・ビューズ（John William Bews）の『人類生態学』（一九三五年）への言及が見られる。[*65] とくに人類学に生態学の知見をもち込んだビューズの著書はラッツェルやクレメンツなどの自然科学者だけでなく、マリノフスキーやホブハウス、ヴェブレンなど社会科学に属する研究の分析もあり、これ自体が興味深い論点を含んでいる。[*66] ノイラートはこれらの研究から人間が生存を組み立てる場としての〈経済〉を、いわば「自然の経済 nature's economy」の一環として成立するものとして捉えていく。そのために導入されるのが、生活型を共有する種から構成される植生単位を意味する「シヌシア synusia」という生態学の概念であった。「われわれは——生物生態学（bio-ecology）がそうするように——、生物とその環境とのアンチテーゼではなく、人間、動物、植物、土壌、大気等々が織り成す「シヌシア」から出発したい。「シンバイオシス＝共生 symbiosis」

とのアナロジーで、この「シヌシア」というターミノロジーを用いるのである」[67]。経済の存立を外部環境との相互作用において捉えるこうした方法は「凝集体プログラム aggregational program」とも呼ばれ、そこでは当然人間も有限な自然界のなかで、他の生物や自然物と共存する一つの種として相対化される。イギリスの地質学者R・L・シャーロックの『地質学的主体としての人間』（一九二二年）を引用しながら、次のように述べている。

人類を「地質学的主体 geological agent」と見ることができよう。「人類は雨や河川のような地質学的構造の変質と結びつけられており」、それゆえ人間の諸制度の変質と、地表・地勢や気候の変動との相互連関についての言明を手にすることができるだろう。こうしたことは、社会学的言明が、地質学、そしておそらく天文学の領域へと正当に入り込むことを示唆している。人間諸制度についての判断を行う困難は、したがって、社会学から隔絶されえない地質学の領域をも巻き込んでいくであろう。[68]

こうして措定された人間主体は、社会関係から孤立した合理的な「ホモ・エコノミクス」ではありえず、さまざまな物理的な富・資源、食糧、気候、地勢、土壌など、多様な自然事物とのきわめて複雑な相互関係や絡み合いのなかにある一つの生物種として捉えられる。また、この生物種としての地上の人間が帰属する「シヌシア」もまた、他の動物、植物、森林、微生物、大気、海洋、気候等々の複雑な相互依存関係が織り成す共生体（＝生態系）にほかならない。それゆえに本来、人間の経済についての言明や記述、あるいはその制御や統治なるものは、狭義の社会科学の枠組みのなかで完結し得るものではなく、星雲、銀河、地球、植物、動物、森林についての科学的知識や、農業や物質の取り扱いを導く実践的な知と技術の総合、すなわち「諸科学のオーケストレーション the orchestration of the sciences」を通じて追究される必要があった。このようにノイラートにとって「統一科学」運動のもつ意味は、理論レヴェルでの統一ではありえず、経済の統治にかかわるより実践的な役割を担っているのである（第四章）。

「地質学的主体」としての人間、そしてそのような種の生活＝暮らしを捉える「シヌシア」の概念に加え、一九四四年のテクストで注目されるのは、人間の幸福を産出する決定要因として新たにつけ加えられた「大洋性の感覚 oceanic feeling」なる概念である。「大洋性の感覚」は、フランスの文学者ロマン・ロラン（Romain Rolland）が、人間が普遍的にもつ宗教的感覚の源泉として見いだした概念で、後にフロイト（Sigmund Freud）によって取り上げられたことで知られている。ノイラートは正確な概念規定も行うことなく、出典さえ明らかにしないまま、この概念を用いているため、ロランを直接参照したのかフロイトやそれ以外を経由してのものか不明である。ただし、ロラン自身が用いる意味に即して言えば、大洋性の感覚とは、人間が他の生物や植物を含む自然世界と共有するもっとも原初的なもの、あるいは人間と自然とを分割する境界線が曖昧化し、ついには融解していくときに得られる、あらゆる宗教に先立つ原初的な感覚を指している。推測の域を出ないが、自然主義的な人間像をもっていたノイラートが、人間の幸福・快楽の原基的な位相を、こうした感覚に求めたとしてもさほど不思議ではない。「地質学的主体」にせよ、「大洋性の感覚」によせ、ノイラートは、物質と精神との厳密なる分離に対する批判を徹底させることで——あくまで「価値」というより、「事実」の領域においてであるが——、自然・大地との連続性に基づく、ラディカルな経験主義的人間像を獲得していたといってよい。かれはエピクロスの精神を次のように表現し、自らの思想の核としたのである。

悲しみと苦痛から逃れ、互いに親切であることを願い、自然のままの大地の上で真に生きた幸福、友情、生を享受する地上の人間、われわれの関心はここにある。*[69]

自由なる展望

科学哲学者エリザベス・ネメットは、「なぜノイラートの経済思想に関心をもつべきなのか」と問いを立て、およそ次のように答えている。一九一八年のロシア革命以降の二〇世紀の経済学の展開は、政治的・経済的・文化的なレヴェルで、自由主義（市場）と社会主義（計画）との緊張関係によって形づくられた、まさに「短い二〇世紀」（ホブズボーム）の時代精神をきわめて強く反映するものであった。そしてノイラートの経済学こそ、典型的に、この自由と計画の二項対立に即して理解することが可能であり、またそれが唯一正当なやり方と見做されてきた。けれども、本来そこにはこうした文脈を逸脱するような、別の可能性も残されていたはずである。つまり、二〇年代以前にまでさかのぼってノイラートの経済思想を眺めるとき、そこには「短い二〇世紀」の間に雲散霧消してしまった〈経済〉についてのもっと異質な見方や構想、あるいは問いの存在を見いだすことができるのであって、これらを復元し再構成することで、われわれ自身の物の見方・自明性を解放することができるのだ。[*70]

ネメットの指摘はおそらく正しい。ただし、そこで指摘されたノイラートの経済思想を再訪することの意義は、ノイラート自身がマッハの批判的・歴史的分析を援用して、理論経済学のパースペクティヴを書き換えることで成し遂げようと意識していたものでもあった。またこのノイラート自身の方法を、同時代のウィーンを生きたカール・ポランニーのそれと重ね合わせてみることも可能であろう。[*71] ポランニーは、オーストリア学派の祖メンガーの『経済学原理』第二版（一九二三年）に〈経済〉なるものの二つのカテゴリー（実体的・実在的意味と形式的意味）を見いだし、一九世紀的な市場社会の歴史的・理論的な相対化を試みた。ポランニーのいう実体的・実在的（substantive）意味とは、「人間が生活のために自然とその仲間たちに依存することに由来」し、「人間に物質的欲求充足の手段をあたえるかぎりでの、人間と自然環境および社会環境とのあいだの代謝」を指すのに対して、その形式的（formal）意味は、目的‐手段関係における手段の希少性に由来する選択的状況に関わっている。ポランニーは、こうした区別のうえで、「過去および現在のすべての実在（empirical）の経済を研究するために社会科学が必要としている概念を与えることができるのは」、「実体的な意味だけ[*72]」であると指摘している。

ここでポランニーが経済の実体的意味を比較経済論の基礎に置いたことは、ノイラートが「交換」に代えて「富」を理論経済学の中核に位置づけたことと、その問題意識においてかなりの程度共振するものであるように思われる。ポランニーは「市場そのものをその一部として理解することができるような、より広いフレーム・オブ・レファレンス[*73]」を求めて、戦後、「経済人類学」へと歩みを進めたが、古典古代の〈経済〉から出発したノイラートも近似の問題意識から晩年次のように述べていた。「市場や金融、貨幣による計算を全体として、ひとつの制度と捉えることで、これらの領域・関係を「近代的なエスノロジー（modern ethnology）の一片として、人類学的に扱わなければならない[*74]」と。こうしたノイラートとポランニーに共通に見いだされる〈経済〉の認識そのものの転回、いわば近代経済学によって自明なものと把握された〈経済〉の脱構築への関心は、社会主義経済計算論争における、かれらの自由主義とも市場社会主義とも相容れない、特異な立場にも現れていると言うことができるだろう。

これまで論じてきたノイラートの自然経済学の概念枠組みは、主として、科学としての経済学の認識論的な枠組みや理論的な選択の幅を拡張するために展開されたものであったが、しかし一九一八年以降、それは別の意味での選択、つまり自由主義的な市場経済に限定されることのない、もっと多様な経済秩序の様式（＝ユートピア）に向けた政治的な選択の拡充という目標を積極的に背負うことになった。自由主義者によって正面から否定された、自然計算をベースとして〈経済〉を組織化してゆく可能性はそこに現れるのである。

第三章　経済的統治の論法――エコノミーからカタラクシーへ

人間は、獲得できる知を、職人が自らの工芸品を形作るように結果をつくるためではなく、庭師が植物にする仕方で、適した環境を提供して成長を促進するために、用いなければならない。物理科学の進歩が生み出した、どこまでも増大してゆく力という元気いっぱいの感じ方のなかにこそ危険がある。この感じ方は人びとを、初期の共産主義に特徴的なフレーズでいえば「成功に目が眩む」状態のなかで、自然環境ばかりでなく人間的環境をも人間の意思によるコントロールに従わせようという試みへと誘引する。[*1]

一　科学的ユートピアの実践

一九一八年と一九年のドイツ・オーストリアの革命的状況は、社会主義経済を実際に運営・統治するという課題を突きつけ、ノイラートを取り巻く状況も一変していた。当時「戦時経済」の研究で注目を集めていたノイラートは、ウェーバーの推薦により得ていたハイデルブルグ大学での教授資格の剥奪と引き換えに、戦後の「社会化」のための政治運動に活動の拠点を移すことになる。ノイラートは終戦が翌年に迫った一九一七年に『未来の経済秩序と経済科学』と題するパンフレットを書き、一九一九年にこの文章を含め、いくつかの社会化にかかわる論考を元に『戦時経済を通して自然経済へ』を出版するに至る。さらに一九二〇年には、ウェーバーが編集を務めていた『社会科学・社会政策アルヒーフ』に「社会化の体系」を寄稿するとともに、『完全社会化 *Vollsozialisierung*』を刊行するなど、自らの自然経済の構想を精力的に世に問うている。

こうしてかつて「富」の分析ために準備された一連の概念や自然計算の手法は、社会主義経済を運営するための統治実践上のプログラムへと書き換えられていった。自然資源・エネルギー・鉱山・労働力等々といった本源的な生産要素の充用から、生産物の分配、廃物に至るまでのフローと運動が統計的に把握され、人びとのニーズの充足や生活の質の改善という観点から、生産と消費の意識的な調整が図られる。社会化された経済では、貨幣はもはや人間生活を組織し経済の駆動する動因ではなくなり、利潤獲得のための生産はほぼ完全に消失する。他方、人間の福祉の客観的かつ具体的な状態を記述するために作られた「生活条件」の概念は、社会主義的分配を基礎づける実践的・規範的な意味を帯びてゆく。「生活条件の分配は、たんに人間の行為の結果なのではなく、その目標でもある」[*2]。生活条件の分配においては、個々人の年齢・性別・健康状態などの差異が考慮されるほかには、生まれや地位、相続財産などによる特権も認められない。交換手段としての貨幣が機能し続ける以上、価格も完全に除去されないとしても、人間の生存の持続という社会的な観点から評価し直され、国家規制かあるいは複数のアソシエイションの自由な合意によって「本質的に実物的な性格」を有する「一貫した価格体系」へと調整し直される。*3 これこそ、社会主義計算論争においてミーゼスやハイエクが自由主義的な経済秩序に対立するものとして取り上げた自然経済の原像にほかならない。

われわれは少なくとも古びた偏見から自らを解き放ち、大規模な自然経済を充分に実行可能な経済形態と見做さなければならない。それは、いかなる完全な計画経済も、究極的には自然経済に達するという意味で、今日、ますます重要な経済形態である。社会化とは、自然経済を推し進めることにほかならない。分裂した統御不能な貨幣秩序に固執し、同時に社会化しようというのは、内的矛盾である。〔…〕社会化された経済において、もはや貨幣が推進力なのではない。生産は「純利益 Reingewinn」のために行なわれるのではない。貨幣はせいぜい個々の消費者が消費の調整のために与えられる、あらゆる種類の財とサービスへの請求権の象徴として存在するにすぎない。〔…〕その場合、社会化した経済においては何が利潤に取って代わるのか。〔…〕貨幣であれ、労働時間であれ、そうした生産決定の基礎として用いられうる単位は存在しない。われわれは、二つの可能性の望ましさを直接に判断する必要がある。多くの者には、このようにことを進めるのは不可能であるように思われるだろう。だが、われわれが直接的判断に慣れていないのはこの〔経済〕領域だけなのである。〔…〕住居、食糧、衣服、教育、労働や労苦などの生産・消費・分配を、さまざまな可能性の直接的考慮によって決定しなければならない。[*4]

こうした大規模な社会化に向けた構想の背景には、ベルリン大学の経済学者であったカール・バロッド＝アトランティクス（Karl Ballod-Atlanticus, 1864-1933）とウィーンの社会改良家として著名であったヨーゼフ・ポパー＝リンコイス（Josef Popper-Lynkeus 1838-1921）の大きな影響力が存在していた。[*5]かれらはともに実物タームでの計算（利用可能な自然資源や人間の必要を一定期間にわたって充足するためのその充用についての詳細な分析）に基づいた具体的な社会計画を練り上げていた。ハイエクの議論で想定されている社会工学の具体的なイメージも、主にはポパー＝リンコイスとノイラートのそれに由来するものと見てよい。ポパー＝リンコイスは経済学者であったノイラートの父ヴィルヘルム・ノイラートの友人で、科学哲学者カール・ポパーの遠縁の人物である。[*6]かれはマッハやアインシュタインといった天才から敬愛された技術者・実験物理学者であり、またそれ以上に、創造的でヒューマニスティックな社会改良家であった。[*7]

ポパー＝リンコイスは一九一二年に『社会問題を解決するものとしての一般的扶養義務 *allgemeine Nährpflicht*』と題する著書を出版したが、これは、当時流行していた社会ダーウィニズムへの批判を強く意識して書かれた書物であり、徹底した個人主義的な道徳原理と資源利用に関する詳細なエネルギー計算に基づく急進的な社会改革の構想を提示するものであった。困窮と不必要な強制からの自由を至高の目的とするかれの個人主義的な道徳は、一九一〇年の著書『個人と人間の生命の価値』の冒頭に掲げられたモットーに集約されている。「道徳社会の根本原理――身勝手に、あるいは不法に他者を危険に晒すことのない人間を抹殺することこそ、たとえそうした個人が「取るに足らない」と考えられるとしても、あらゆる政治的、宗教的、国民的な出来事よりも、そしてこれまでのあらゆる科学的、芸術的、技術的進歩よりもはるかに重大なものである。これが誇張だと考える者はみな、自分自身あるいは自分の愛する誰かが、その抹殺された人間となることを想像すべきであり、そうすればかれはこの原理を即座に理解するであろう」[*8]。生命の自由に立脚する道徳原理から、ポパー＝リンコイスは二つの社会改革の提案を導いている。一つは、強制的な「兵役義務」の撤廃（「誰も殺し殺されることを強制されるべきではない」）であり、いま一つが「兵役義務」に代わる「一般的扶養義務」の実現をとおした、生存権の実質的な確立である。

一般的扶養義務とは、地位や身分には無関係に、万人に人間らしい生を保証するため必要となる基礎的生活資料の供給を、社会の全構成員に課すものである。言い換えれば、社会の構成員の経済的なセキュリティを相互に承認し保障し合うシステムの確立が謳われているのである。その具体的な構想では、すべての市民が生涯の一時期（週三五時間ずつとして男性には一二年間、女性には七年間）を、社会のサブシステンスを保障するための社会的必要労働に充てることが義務づけられる。「全員が互いに例外も差別もなく、生存の必要手段を互いに与え合うことが、社会の全成員の義務である。これこそ〈万人のための生存保障〉というわれわれのプログラムの目標である」。[*9] 扶養義務の制度化によって、すべての市民に例外なく、人間的な生活を営むために必要な生活資料が貨幣形態によってではなく、現物形態で分配されることになる。

ポパー＝リンコイスの社会改革は、経済を二つの部門に分割し、基本的ニーズ充足にかかわる経済活動については、労働市場を社会化し、それ以外の余剰資源および余剰労働のみを市場の自由な領域に委ねるというものであった。かれは生活の基礎部分と密接に関連する食糧やエネルギー、枯渇性資源の利用についてはこれを市場の価格メカニズムの影響から切り離すことで、社会的な制御が可能となり、他方で、労働時間の大幅な削減と万人の生存権を安定的に保障することが可能となると見ていたのである。ポパー＝リンコイスは、社会的必要労働時間を割り出すために、全市民に食糧、衣類、家屋、保健衛生など最低限度の生活を保障するのに必要な人間労働量の計算に加え、当時のドイツ経済が有する利用可能な自然資源の詳細な「物質・エネルギー収支計算」の分析を試みている。かれはオストヴァルトのエネルゲティークにも詳しく、利用可能な自然資源の合理的な利用を、人間のニーズ充足に適合的な仕方で経済を永続的に存続させていくための不可欠な要素と見ていた。統計的分析の結果、この目標を実現するには、石炭に代表される枯渇性資源の消費量の削減方法を発見し、水力と風力を中心としたシステムへと移行することが必要だというのが、かれの見方であった。[*10]

ただし、ポパー＝リンコイスの社会改革の目的は、あくまで人間の自由ための平等であって、平等のための平等ではない。むしろかれは、自らのプランが万人のためのサブシステンスの保障と自由な社会を両立させる唯一の経済制度であると見ていた。なぜなら、資本主義的な市場システムのように人間の基本的な生存すら、市場での成功や運、あるいは他者の意思に左右される社会は、自由の根幹をなす人格的な尊厳を承認することは不可能と考えていたからである。

さてノイラートは一般的扶養義務の理念を含め、ポパー＝リンコイスの平等主義的な社会計画を、「科学的ユートピア思想」として積極的に受容し、一九一九年のバイエルンでその実現を企ててゆくことになる。[*11] 同時代のオーストロ・マルクス主義者が主張していた労働時間や労働量に応じた資源配分の可能性をしりぞけ、資源採取から消費に至る物質とエネルギーフローを体系的に把握する「普遍的統計 Universalstatistik」を基礎に、経済過程を意識的かつ合理的に統制してゆく、自然経済の可能性を探ったのである。

自然計算（所得や税などの貨幣計算を補完することを意図しており、経済過程を調査するための基礎を提供する）を採用することで、一定の鉱山、田畑、森林、沼地、輸入された資源や機械が、いかにして一定量の石炭、銅、小麦などを産出し、結果として一方では生活条件に、他方では生産手段の一部となるのかが示されるであろう。普遍的統計はあらゆる原材料の輸入、生産（変形）、消費および備蓄を把握することで、個々の原材料を総合的に追跡しなければならない。[*12]

こうした経済計画の構想は、ドイツの社会化委員会で当時議長に任命されていたルヨ・ブレンターノからは「エジプト的ロマン主義」として揶揄され、オットー・ライヒターやヘレン・バウアー、カール・カウツキーなどのマルクス主義者からも人類の進歩に対する反動的なものとしてその可能性を否定されていた。[*13] しかし、ノイラートの自然経済の構想にもっとも深い傷を負わせたのは、すでにウィーンで経済学者としての名声を得ていたL・v・ミーゼスの例の一九二〇年の論考「社会主義共同体における経済計算」であろう。この論考には、社会化を推し進めるノイラートやバウアーの思想では決してウィーンの経済状態を再建できないというミーゼスの現実的な問題意識が強く反映している。さらにミーゼスにとって、社会主義を採用すべきかどうかの問題は、経済体制や価格決定機構の問題であると同時に、なによりも人間の自由と直結した問題であった。ただしこのことは、後述するように、ハイエクはもちろん、かれらと敵対したポランニーそしてノイラートにとってもまた例外ではなかったのである。

二　計算合理性への純化

ミーゼスの一九二二年の著書『共同経済 *Die Gemeinwirtschaft*』（一九三六年に『社会主義』として英訳される）は、二〇年の論考とともに、オーストリア学派の経済学が新自由主義的な方向へ発展を遂げるうえで鍵となるもので、内容とテーマの両面で、その歴史的な重要性は、後に広く普及したハイエクの『隷従への道』（一九四四年）をしのぐとも言われる。*14 他方で、ミーゼスのテクストは、一九三〇年代にはワルラス的な一般均衡論で理論武装した気鋭の経済学者たちによる競争的社会主義の構想を生むという思いもかけぬ方向へと論争を導いてもいる。戦後の狭くウィーンの地で生じた計算論争は、アメリカや他のヨーロッパ諸国へと飛び火し、地理的な空間をはるかに広げたが、これに反して論じられる問題は当初の広がりを失い、狭く限定された問題へと絞られていった。そのなかで、ミーゼスに潜在していた論点を膨らませ、論争における問題の性質そのものを大きく転換させていったのはハイエクである。ノイラートの社会化の構想についての検討は次章に譲り、本章ではミーゼスの社会主義批判、その後の市場社会主義者の応答、そしてハイエクによる視座の転換について論じたい。本章で確認しておきたいは、ミーゼス、ランゲ、そしてハイエクのなかで問われていた経済問題の性質、またそれらの異同である。この点の確認が、ノイラートが計算論争で取り組んでいた問題の性質を浮き彫りにする上でも重要な意味をもつからである。

ミーゼスとウェーバー

ノイラートの「社会化の体系」（一九二〇年）より一足さきに、『社会科学・社会政策アルヒーフ』に寄稿されたミーゼスの論考は、ノイラートおよびオットー・バウアーを主たる標的とするものであった。ミーゼスの議論は、後の計算論争において持ち出される、資本主義と社会主義の形式的類似性に関する問題とは無関係であり、一九一〇年代のドイツ＝オーストリアの革命的状況で生まれたさまざまな「社会主義的実験」の欠陥を説明しうる科学的な理論枠組みを打ち出そうとする、きわめて実践的な批判であった。一九二〇年のミーゼスの社会主義批判は、およそ次のように整理することができる。

① 複雑な経済の下での生産にかかわる合理的な経済的意思決定は、さまざまな代替的事態の価値を計算し比較することのできる単一の価値尺度、計算単位を必要とする。*15

② この客観的な計算単位は、実物単位や労働時間ではなく、貨幣によって表現される価値（貨幣価格）のみであり、そのためには最終生産物のみならず、高次の生産要素の価格形成が競争的市場でなされなければならない。この場合にのみ諸資源の合理的使用が可能となる。

③ したがって、生産財市場が存在せず、価格機構が有効に機能しない社会主義経済のもとでは基数的な貨幣価格による経済計算が不可能であり、それは直接に「合理的経済の廃棄」を意味する。

以上の三点を主要な論拠として、ミーゼスは実物タームによる合理的な経済計算の可能性を否定し、さらには社会主義における〈経済〉の存立そのものを否定した。

社会主義の社会において、貨幣計算が自然計算にとって代わられると考えるのは幻想にすぎない。非営利的経済においては自然計算は消費財にのみ適用可能であり、高次財のレベルでは完全に失敗する。高次財の自由な価格形成が断念されるやただちに、合理的な生産を行うことが不可能になる。さらに、われわれを生産手段の所有者や貨幣の使用から引き離す一歩一歩の歩みは、われわれを合理的な経済からも引き離すことになる。［…］経済計算がなければ経済はない。社会主義社会では経済計算の実行が不可能であるから、われわれの考える意味での経済はまったく存在しえない。*16

ミーゼスの自然経済への批判は、貨幣という単一の価値計算単位の不在による計算合理性の破綻という事態を中心に展開されている。もっとも、ミーゼスは上記の点のほか、後にハイエクの知識の分業論や自生的秩序の論理として展開されるように、経済的与件が絶えず変動する市場の動態的性質や人間の「知性の限界」*17、貨幣計算の有効範囲の限界*18、あるいは社会主義における責任や自由創意の喪失といった、計算可能性を超える論点を示唆してはいたが、それは少なくとも、この時点でのミーゼスの社会主義批判の中心的根拠をなすものではない。このことは、ミーゼスの批判がノイラートとバウアーを含むオーストロ・マルクス主義に向けられており、一般均衡理論の流れを汲む市場社会主義モデルなど想定されていなかったことからも推察できる。ミーゼスの社会主義批判の主要根拠は、上記の三点にほぼ尽くされているといってよい*19。そのために、客観的交換価値としての均衡価格が社会主義経済でも形式的には同じ条件によって表現され、それが市場を模倣する方法で達成されうることが証明されれば、ミーゼスの社会主義不可能論は論破されてしまう可能性を孕んでいた。そして、後にフレッド・テイラーやオスカー・ランゲが突いたのは、まさしくこの点であった。

他方ウェーバーもまた、未完の大著である『経済と社会』第一部に収められた「経済行為の社会学的基礎範疇」においてノイラートの自然計算に触れ、消極的な評価を与えた。ウェーバーの計画経済批判はミーゼスとほぼ同時期に執筆されたが、出版時期（一九二一年出版）が遅れたために、ミーゼスのものほど注目を集めなかった。ウェーバーはこのなかで、経済活動の効率性を貨幣計算によって量的に評価できる「形式合理性 formale Rationalität」と、「倫理的・政治的・功利主義的・快楽主義的・身分的・平等主義的など、その他なんらかの究極的目的を設定して、経済行為の結果をそれとの関連において［…］測定する」「実質合理性 material Rationalität」とを、原理的に相容れないものとして区別し、[20] 二つの合理性が衝突する必然性を論じていた。「実質合理性と形式合理性とは、全体として対立するものであることは避けえない。この基本的な、そしてけっきょくは逃れることのできない経済の非合理性こそ、すべての「社会」問題の、なかんずくすべての社会主義のそれの、根源なのである」。[21] こう述べた上で、ウェーバーは、市場経済において実現する貨幣計算においてこそ、計算可能性の度合いである形式合理性が最高度に高められるのに対して、自然計算にはそのような高度な形式合理性が欠けており、よって自然計算に基づく合理的な経済はありえないと論じたのである。ただしミーゼスとは異なり、ウェーバーはあくまで形式合理性の点で自然計算を批判したのであって、実質合理性の点では態度を留保している。しかもウェーバーの「計画」批判は、官僚制化という「近代化」そのものにかかわるより根本的な主題に根ざしており、近代化の罠は資本主義もまた免れ得るものではなかった。しかし、ノイラートとの関係で言えば、ウェーバーの社会主義批判もミーゼス同様、社会主義における狭義の経済合理性――形式合理性――の欠如に照準していたといってよいだろう。

市場社会主義

では、社会主義者の側はどのように応じたのか。ここでは競争的市場の社会主義経済への導入によって自由主義者に応戦した一九三〇年代以降の市場社会主義の論者たちの反応を見ておこう。すでに前章で触れたが、当時、かれらが目を付けたのは、W・パレートの弟子であったイタリアの経済学者エンリコ・バローネであった。バローネは一九〇八年の論文において、ワルラスやパレートがいう市場の需給均衡に関する連立方程式を解けば、均衡価格が得られることを数学的に証明し、中央計画当局が計画する経済体系は、この均衡価格に基づく経済計算によって効率的な資源を達成できることを示していた。計画経済を擁護するためのアンソロジーを編集したリピンコットやシュンペーターなどはこれに言及し、ミーゼスの議論はすでに論破されていたと主張したのである。[*22] しかしバローネ自身は、均衡価格の計算可能性は「原理上」可能という意味にすぎず、「均衡方程式は先験的には解けない」と主張していた。[*23] 社会主義者は、市場経済が全体として果たす機能の数学モデルを建てることが出来るという前提から、経済システムはこのモデルを構成する連立方程式を解くことによって集中的に管理できるという誤った結論へと飛躍したのである。そして、この社会主義の「実際的」な不可能性に目を付けたのが、ハイエクやライオネル・ロビンズであった。ハイエクは、「数値的な解が試みられる場合に必要とされる具体的な情報」を収集・集中するだけでも人間の知性の限界を超えており、それらから解をもとめるのは実際上不可能であると主張した。

そこで、社会主義陣営が新たに提案したのが、ワルラスの模索過程《タトヌマン》にならった試行錯誤法を導入し、擬似的市場を構成して利用する方法であった。これはその後の市場社会主義の母型となるものである。この立場を前線で率いたのがポーランドのオスカー・ランゲやハイエクのLSEの同僚であったアバ・ラーナーといった気鋭の一般均衡論者であった。かれらは市場が生産財を配分する効率的なシステムであるというミーゼスの主張を基本的に受け入れたうえで、市場の機能を模倣すれば、計画的配分は人為的に実行可能であるとの論陣を張った。[*24] ランゲは、「社会主義経済理論について」（一九三六―三七年）のなかで、ミーゼスとハイエクに対する反批判を試みている。ランゲによれば、そもそもミーゼスは、価格という概念のもつ二つの意味を混同するという過ちを犯している。すなわち、市場における「二つの商品の交換比率」を意味する狭義の価格と、「代替物が提供される条件」というより広義の価格である。資源の配分問題を解決するために必要とされるのは、このうち後者の意味での計算価格で十分である。こう指摘してランゲは、社会主義的計算の問題とその競争的解決のための条件を次のように定式化する。

資源配分の問題を解決するのに不可欠なのは、一般化された意味における価格のみである。経済問題とは、代替物間の選択の問題である。その問題を解決するには、次の三つのデータが必要である。すなわち、(1)選択行為を誘導する選好表、(2)「代替物が提供される条件」に関する知識、そして、(3)資源の利用可能量に関する知識、である。これらの三つのデータが与えられると、選択の問題は解決できる。*25

ランゲの試行錯誤法は意思決定の分散を認め、中央当局は巨大な方程式を解くのではなく、計算されたシャドープライス（影の価格）を操作し、需給の調整を断続的に試みることをとおして、現実の市場における価格調整よりも、完全情報を仮定する均衡価格に速やかに近づくことが可能であることを論証した。*26しかも、個々人は自らの知識や技術、欲望を自由に活用することができ、個人的な自由も侵害されない。ランゲは社会主義経済が一般均衡論の与える市場の働きを正確に模倣しうるという主張からさらに進み、むしろ計画された社会主義社会においてこそ、純粋な競争市場という概念的構築物を現実化しうるのだと考えるのである。理由は簡単である。そもそもワルラス流の一般均衡理論では、公平無私なセリ人（オークショニア）が暗黙的・仮想的に設定されながら、そこに実体を持たないという点に致命的な理論の弱点があったが、ランゲ・モデルは現実の市場には存在しないこのセリ人に中央当局という実体を与えることで、その弱点を回避できるからである。現実の自由市場は、さまざまな理想的条件に依存した均衡論の描く完全競争的市場とは程遠く、この事実は見方を変えれば計画の必要性を示すものであった。パレート最適性の命題は、社会主義的計画が満足すべき条件となる。こうしてワルラスの均衡論は、資本主義の競争市場よりも、むしろランゲの設計する社会において（けっして実際的ではないが、論理上）、より現実的妥当性を有する。市場社会主義者にとって社会主義の優位性はここにあった。[*27]

ランゲやラーナーのモデルが登場して以降、経済計画の議論は、市場と計画を計算次元で比較・対照する方向へ向かうことになる。現代の市場社会主義者ジョン・ローマーは、「エネルギーなど「実物単位」や商品に具体化された労働での計算はたんに機能しない」こと、したがって「社会主義の下で経済計算のために価格が用いられなければならない」ことを社会主義者は了解した、と一九二〇年以降の論争を整理している。[*28]

さて、ここで確認しておきたいのは、市場社会主義にとって計算論争で問われるべき問題とはどのようなものであったか、である。それはおよそ次のような問題といってよい。すなわち、理論的に想定された市場が合理的な資源配分を行う手段（計算装置）とすれば、そのような均衡が達成される装置を中央による計画によって模倣することは、実際の運営上も可能であるかどうかということ。言い換えれば、一般均衡論が描写する市場の合理性を理論的参照枠として認めたうえで、社会主義の可能性と合理性を分析、評価することであった。ハイエクが言うように、かれらの主張は、計画体制も形式的な合理性に関して競争体制の結果に近づくことができるというだけにとどまっていた。ミーゼスやハイエクが、一般均衡論という土俵を共有して論争していたことを認めるならば、市場社会主義者の主張が論理的には首尾一貫していたということになる。だが逆の言い方をすれば、この論法は一般均衡理論に含まれる特殊な市場理解を、現実の市場さらには人間の経済一般と同一視する、あるいは後者を前者に還元するということがなければ意味をもちえない。けれどもランゲがこの点に自覚的であったとは思われない。ランゲは、試行錯誤法の提唱からおよそ三〇年後の一九六七年に「コンピューターと市場」(邦題は「計算機と市場」)という短い論考を発表しているが、かれにとって市場とはデジタル・コンピューターの登場によって用済みになるべきものであった。

今日もし私の論文をもう一度書くとすれば、仕事ははるかに簡単だろう。ハイエクとロビンズにたいする私の回答はこうである。何がいったい面倒なのか？　連立方程式を電子計算機(electric computer)にかければ、一秒以内に解がえられよう。やっかいな模索(タトヌマン)をともなう市場過程はもはや旧式なように見える。実際、市場は電子工学以前の計算装置とみなされるかもしれないのである。[…]市場は連立方程式を解くための最古の歴史的装置のひとつと考えてよい。*29

ランゲは反復計算を行うコンピューターを、擬似的市場と現実の市場に取って代わるより洗練された価格決定装置と見なしている。したがって、「経済問題」を究極的にはコンピューターによる価格による「計算」によって技術的に処理されうる最適化問題の解としてのみ理解した。こうした経済問題の還元主義的・テクノクラート的理解は、ノイラートが最も嫌悪した「似非合理主義Pseudorationalismus」を典型的な形で具現している。と同時に、それらは次に見るように、ハイエクが計算論争を通して事実上提起していた、社会主義の「統治合理性」（フーコー）の欠如という新たな主題に応えうるものをもっていなかったのである。では、ハイエクは市場社会主義によって形づくられていった計算論争の主題をどのように転換させていったのか。

三　社会工学の陥穽

先に述べたように、ミーゼスは一九二〇年の段階で、社会主義経済の非合理性を指摘するにあたって、「計算単位の欠如」に加え、広範な分業による意思決定の複雑さ、経済的データの絶えざる変動、私的企業の自由な創意と個人的責任の喪失などの論点を提示していた。しかしミーゼスは、これらが新古典派的な均衡概念と容易には接合しえないという点への自覚は乏しかった。ハイエク自身、後にこうしたミーゼスの合理的計算に基づく社会主義批判が失敗していたことを認めている。[*30] ハイエクは、ランゲの試行錯誤法に応えるため、ミーゼスが未整理のまま提出した知性の限界や市場の動態性に関する議論に、理論的な枠組みを与えていく必要に迫られた。そして、それは結果的に、ハイエクをして新古典派とはまったく異質な、「秩序」概念に基づく市場像を浮かび上がらせ、同時に計算論争の局面を狭義の「計算」問題から、一九六〇年の大著『自由の条件』および一九七〇年代の『法と立法と自由』において一つの体系を得る、自由主義的な統治術にかかわる問題系へと転換させてゆくことになる。

ハイエクが計算論争において主たる論敵としていたのは、一つは、現実の市場を一般均衡の枠組みでしか理解しない市場社会主義者であり、いま一つが、第一章で取り上げたさまざまな社会エネルギー論、そしてノイラートに代表される「社会工学」、サン＝シモン主義の伝統であった。時系列では、社会工学の登場は市場社会主義に先行するが、ハイエクが「社会工学」の原理的批判を試みた「科学主義と社会の研究」（一九四二―四四年）は、ランゲ・モデルに体現される一般均衡理論の批判的分析を通して獲得された知識論の成果であったということもできる。

集中・統合できない知識

ハイエクにとって、競争的市場の社会主義的適用に伴う問題は、中央計画当局が膨大な数の連立方程式を解けるかどうかではない。むしろ真の問題は、連立方程式を立てる際に必要となるすべての情報あるいは知識を単一の知性に集中することの不可能性にある。この点を明らかにするには、現実の市場競争が、ワルラスの均衡価格の模索過程とは異なるものであることを示す必要があった。ハイエクがこの課題に正面から取り組んだ最初の成果が「経済学と知識」（一九三七年）である。このテクストでは、市場の均衡が現実にも成立するとして、それは具体的にどのような過程によって達成されてゆくのかが丹念に論じられている。本来、経験科学としての経済学が解明しなければならないのは、均衡状態にある市場ではなく、市場参加者が関連する知識を獲得・発見し、また相互に調整・交流させてゆく「条件」あるいは「過程」であり、ハイエクはここに「知識の分業の問題」の存在を見いだすのである。

> この問題は労働の分業の問題と非常によく類似しており、それと同様に重要なものである。われわれが解決しようとしている問題は、各々ほんのわずかの知識しか持ち合わせていない何人かの人間の自発的な相互作用が、どのようにして次のごとき状態、すなわち価格と費用とが一致する等々のことが起こる状態をもたらすのか、あるいはこれらすべての個人の知識を結合した知識を持つ誰かによる作為的な命令によってのみ実現されうるような状態をもたらすのかという問題である。*31

この知識の分業の指摘は、直ちにランゲが依拠する純粋な均衡分析を支えている知識に関する前提を覆すものであった。一般均衡理論では、社会の全成員が自分たちの決定に関連をもつすべての事柄を瞬時的に知ると想定されている。これは個々人の嗜好や技術的な諸事実が、「客観的事実」としてすべての市場参加者に同等に与えられていることを意味するが、このような状態はむしろ市場競争の帰結として成立するものであって、与件ではあり得ない。言い換えるならば、競争的均衡状態では、事実上、あらゆる競争的活動の余地が残っておらず、本質的に時間の動態的経過を取り入れることができないということである。「もし仮に完全競争の理論によって想定されている事物の状態が存在するとしたならば、それは「競争する」という動詞が表現するすべての行為に対して、その活動の余地を奪うばかりではなく、そのような行為を事実上不可能にしてしまう[*32]」。ハイエクは、「競争的」社会主義の欠陥は、こうした「静態的均衡の純粋理論の問題にあまりにも囚われすぎている」点にあると批判した[*33]。

ところが、知識の分業のシステムとして市場秩序を理解することは、均衡分析のみならず、中央計画経済を含む社会主義一般に対して深刻な意味をもっていた。ハイエクにとって、あらゆる社会主義――そこに見られる革命思想・社会工学的思考――の致命的な誤りは、社会の複雑性に対する〈人間の無知〉という近代社会の不可避的な条件を理論に取り込まなかったことにある。そのため、社会的な事象を目的意識的な計画の産物と同一視し、計画にしたがって社会を厳密に構築、制御することが望ましく、またそれが可能であるという幻想を抱いた。社会工学とはまさに、社会の体系的な制御に必要なすべての関連する知識を経済統治者に集中できるという前提に立って、工学的な原理と技術を社会全体に適用することにほかならない[*34]。

しかしこの完全な知識の前提は現実にはおよそ成り立たない。それは先に述べた無数の個々人の意識への知識の分散に加えて、そうした知識がもつ性質にもよる。ハイエクは異なる知識の形態をその性質に従って区別する。すなわち一般的命題によって定式化可能な、「科学的知識」あるいは「包括的な知識 generic knowledge」と、ある「時や場所の特定環境についての知識 knowledge of particular circumstances」である。[*35] 前者は、科学者や専門家集団によって所有することができるが、後者の時間や場所に対して局所的性質を帯びた知識は、労働や職業の特化・専門化に緊密に結びつき、現場における技能、熟練、ノウハウとして獲得され蓄積されている。それは、「言葉」によって伝達できない、ただ見て模倣するなかでのみ習得できるような「実践的知識 practical knowledge」（G・ライル）や「暗黙知 tacit knowledge」（M・ポランニー）の次元を含んでいる。ハイエクは経済行為の調整過程における暗黙知や実践知の役割を指摘し、このような知識を単一の経済的統治者（＝社会工学者）が細部にわたって直接入手することの不可能性を明らかにしたのである。

テクノクラート批判

続けてハイエクは、社会工学における完全知識の想定が、「工学型の精神」と密接に結びついたものと指摘する。第一章で論じたように、この精神は社会・経済的現象をもっぱら物質現象として扱い、それゆえ社会構成体を外部から眺めようとする態度を導く。社会工学の技術‐工学者は、自分が関係する特定の世界を完全に統制しており、関連するあらゆる側面からその世界を見渡していて、「既知の数量」のみを扱いさえすればよい、と考える。工学者が解決するのは、単一の目的を所与の手段でいかに効率的に達成するかという「工学的問題」ないし「技術的問題」である。ハイエクは事物の客観的特性を考慮した自然計算に対するノイラートの要求に、この工学型の精神の極端な具体化を見ていた。結局、こうした客観主義や自然計算へのコミットメントも、社会工学に典型的な理性の濫用の産物にすぎない。「「非合理な」経済的諸力によって達成が阻まれていると技術‐工学者が感じている、事物の客観的性質の研究にもとづくかれの理想は、通常、普遍的妥当性をもつ一定の純粋に技術的な最適性なのである[*36]」。

社会工学はさらに〈自由な社会〉における目的や価値の多元性を否定するにいたる。なぜなら工学者は「ある単一の目的にかかわり、この目的に向けて全努力を統制」しようとするからである[*37]。この単一の目的とは、通常、「一般的福祉」とか「普遍的利害」などと言われる。けれども本来、個々人にとって福祉やニーズの意味は多様であり共通の尺度が存在しない以上、それらも社会工学の妥当な基礎とはなりえない。「多数のものの福祉と幸福は、単一尺度で計ることのできるものではない。国民の福祉は個人の幸福と同じく、無限に異なる組み合わせによってもたらされる、きわめて多くのものに依存している[*38]」。「経済問題の本質」は、「経済計画の作成が矛盾または競合する目的――異なる人々の異なる欲望についての選択」を含むという点にあるが、社会工学の技術者はこのことの深刻さを理解しないために、個々人にとって何がより重要であり、何が重要でないかを自ら決定する自由を奪い破壊せざるをえないのである。[*39] このような批判は後にミーゼスによっていっそう誇張され展開された。ミーゼス曰く、ノイラートを中心とする「統一科学」運動の推進者は、「独裁者コンプレックスに駆り立てられており、技師が家や橋や機械をつくる原材料を取り扱うのと同様に、人間を扱いたいのである。かれらは市民たちの行為の代わりに「社会工学」を置き、他のすべての人びとの計画の代わりにかれら独特の壮大な計画を置こうと欲している。かれらは、独裁者——指導者（duce）、総統（Füher）、生産の皇帝（tsar）——としての役割を果たさなければならず、その手中にある他のすべての人間は、将棋の歩駒にすぎないと思っている」。[*40]

四　エコノミーとカタラクシー

経済的主権者の不可能性

さてここでハイエクが社会主義・社会工学批判をとおして、論争で問われるべき経済問題の視点を事実上大きく転換させている点に注意したい。つまり、「与えられた」資源をいかに配分するかという計算合理性の問題、あるいは技術‐工学的問題から、「社会の構成員の誰かが、個人としてその相対的な重要性を知っている諸目的にたいして、かれが知っている資源の最良の利用をいかにして確保するか」という知識論・認識論的問題への転換である。この問題こそハイエクが計算論争を通して新たに設定にするに至った自由主義の問題構制にほかならない。ハイエクが、カール・メンガーから、スミス、ヒューム、そしてマンデヴィルにまで辿らせながらつかみ出した経済問題の核心は、高度に分業の発達した社会において、互いに異質で共約不可能な知識、認識、価値をもつ諸個人が互いの目的に合意することなく、しかも強制的手段なしに、協同・協力することがいかにして可能か、またそのための社会的・制度的条件とは何か、を問うことであった。

フーコーがアダム・スミスの「見えざる手」について語ったように、ハイエクが強調する〈無知〉という視点にもやはり二つの局面がある。一つは、個々の経済主体の経済全体に対する一般的な盲目性である。自分以外の他者のニーズや利益、あるいは自己利益の追求がもたらす集団的帰結に対して、いかなる個々の経済主体も盲目的であらざるをえない。もう一つは、「経済的主権者」の経済過程の全体性に対する不可視性・盲目性である。言い換えれば、複雑きわまる経済過程の全体性を見通し、経済のメカニズムに関してその要素の一つ一つを人為的ないし意志的に組み合わせるような視点を持つことそのものが不可能なのである。[*41]ハイエクの関心は、こうした近代社会が背負っている複雑性、不透明性、不確実性から出発しながら、何がその不安定な状態を支えているのか、また支えうるのかを探究することに向けられている。そしてハイエクが発見したものこそ、慣習や伝統、法のルールに支えられて出現する市場の「自生的秩序 spontaneous order」であった。

そのためハイエクが市場を擁護するのも、ミーゼスのように、それが高度な形式合理性を可能にするからでも、計画経済がアプリオリに非合理であるからではない。そうではなく、なにより競争的秩序としての現実の市場にこそ、社会工学の伝統が理解し損なった「大きな社会」の経済問題——知識の分業、データの主観性、目的の多元性——に対処可能な、すぐれた統治の機能が備わっているためである。

第一に、一定のルールを前提とする市場の秩序は、分散する知識の集中・統合なしに社会的協同を可能にする知識の分業システムとしてある。ある特定の人間的状況に関する断片的・局所的知識の利用は、「その知識を有する人に特定の意思決定をゆだねる、そしてそのために、その人だけが知っている特定環境の最も有効な利用を可能にするような、一般的状況についての情報を与えてくれる一定のメカニズムによるしかない」が、この機能こそさまざまな市場が担っているものにほかならない。[*42]

第二に、このことはまた、市場が目的や知識の多様性を背景に社会的な協同および行為の相互調整を可能にするシステムであることを意味している。小規模の部族社会では、その社会の構成員全員が、事情を把握したうえで、目標を共有し、共同行為を取ることは可能であったかもしれない。しかし、何百・何千万もの人間のあいだに、誰も「見通す」ことのできない複雑な利害関係が成立し、不透明性が極度に高まった「大きな社会」では、そうした共通の目的を前提とした計画は秩序形成の基礎となりえない。広範な分業に基礎を置く大きな社会における秩序形成には、価格メカニズムを有効に機能させることが必須となる。

ハイエクは、複雑な利害関係を包含するこの市場社会の合理性を妨げることなく、これを円滑化させることを、「統治＝行政」の役割と見なす。ここにおいて、国家の役割は、市場を規制し枠づける一般的ルールの整備・維持に制限される。つまり、国家のもっとも本質的な機能は、各経済主体が自由な状態で決定を行なう限界範囲（＝私的領域）を規定する「慎重に考えつくされた法的構造」を維持することにある。法は特定の個人ではなく、（国家それ自身を含む）社会全体に適用される一般的・形式的ルールであって、法の下での自由は、「われわれのおこなってよいことがいかなる人、いかなる権威者の許可によるものでもなく、すべての人々に等しく適用される同一の抽象的な規則によってのみ制限されるということだけ」を意図する。[*43] かくして、立法者は特定の秩序を設計することではなく、秩序ある配置がなされ絶えず更新される諸条件をつくりだすことだけが任務とされる。無知に立脚する自由主義的な統治の論理をハイエクは、樹木に対する庭師の振る舞いになぞらえて次のように表現する。「自由主義者の社会に対する態度は、樹木を育てる庭師のようなものであって、樹木の生長に最も適する条件をつくり出すためには、樹木の構造とその機能の仕方について、できるだけ多くのことを知る必要がある[*44]」、と。

この庭師的な統治の本質的目標は、個々の物事をある特定の方向に差し向けたり、妨害したりするのではなく、必要かつ自然的な調整が働くよう取り計らうこと、さらにはこの自然的・自生的な調整を可能にするメタレヴェルの調整を行うことにある。したがって、ハイエクの自由主義は、自由放任主義《レッセフェール》の擁護とは容易には一致しない。むしろハイエクは、「とくに自由放任の原則に関して、一部の自由主義者が行った頑迷な主張ほど、自由主義を傷つけたものはおそらくないだろう」[*45]とこれを厳しく批判している。

自由放任主義に向けられたハイエクの批判を理解するには、かれを取り巻く、両大戦間期ヨーロッパの経済的自由主義が直面していた問題状況を多少とも、視野に入れておく必要があろう。すなわちフーコーが晩年の統治性研究において取り上げた、自由放任型自由主義からの二〇世紀的転換における自由と権力、市場と国家の関係の変化である。とくに一九三〇年代は、西ヨーロッパ諸国とアメリカ合衆国において、「新自由主義 Neo-liberalism のプロトタイプ」「古典的な新自由主義」が同時進行的に形成された時代であった。一九二六年のJ・M・ケインズの「自由放任主義の終焉」が示唆するように、西ヨーロッパ諸国では、カルテル・トラストの形成（＝独占資本主義）によって市場機能が大きく毀損し、そうした状況のなかから介入主義や計画経済の思想が勢いを増すなかで、自由放任を標榜するマンチェスター学派の自由主義ではこれらの事態に対処できなくなっていた。新自由主義はこうして危機に陥っている自由主義的な経済秩序を立て直す一連の試みとして登場している。[*46]ここで確認しておきたいのは、大戦間期に生まれた新自由主義が、同時代の独占化・計画化――さらには社会主義とファシズムの台頭――という事態を招いた原因を、一九世紀型の自由放任主義に求めたという点である。言い換えれば、新自由主義は自由放任主義が競争秩序としての市場の円滑な機能にとって、国家が引き受けるべき積極的な役割を精査できなかったことへの批判をその立脚点としていた、ということである。

　新自由主義は、従来の自由主義同様、価格メカニズムが機能する市場経済なしには個人の自由は成り立ちえないと見るが、しかし価格メカニズムを公権力の介入を阻む自律的領域とは見ない。市場競争は適切に制御、調整されれば、自由と平等の理想に資するが、さもなければ自らが擁するものをかえって破壊してしまう「危険な制度」であった。新自由主義は市場を用いたり、拡大する地点と同時に、市場を制約しなければならない地点を理解する必要があったのである。なかでも市場と競争原理の自然主義的な見方を批判したのが、ハイエクとも親交をもったフライブルク大学の経済学者ヴァルター・オイケン（Walter Eucken）を中心に組織された、「オルド自由主義 Ordo-Liberalismus」である。

　オルド派は、ナチズムとコミュニズムを、サン＝シモン主義に由来する一九世紀の科学主義的な志向、テクノクラシー思想の歴史的な所産と見る点で、ハイエクと一致していた。他面で、かれらは、競争秩序としての市場を、統治が絶えず尊重しなければならない内在的な法則をもつ、「自然な」経済的実体ではなく、秩序創設に向けた公権力の積極的な介入によってのみ構成され、維持することができる存在と見做した。つまり、競争秩序は市場を支える一連の法的・社会的諸条件＝「枠組」――オイケンはこれを「経済的コスモス」と呼ぶ――が用意されている場合にのみ健全に機能することができる。そこでは、完全競争はそもそも完全な形で到達可能であるわけでもなく、むしろ能動的な公権力の介入を必要とする目標に正当性を与えるものと位置づけ直された。このようにオルド自由主義は、国家と市場経済をたんに並置されるものではなく、一方の存在が他方の存在を相互に前提するものと見るのである。*47

もっとも、当時の新自由主義者が一枚岩であったわけではなく、経済・社会領域への介入の形態や理念は国や論者によって多様であった。「積極的自由主義」、「自由主義的左派」、「社会的自由主義」、「介入的自由主義」、「建設的自由主義」など、このプロジェクトに与えられた呼称の多様さがこれを物語っている。だが同時に、これらの呼称は自由な市場と両立しうる国家権力・介入を再定義すること、そしてこれを通して市場と社会と国家の関係を問い直すことが、新自由主義者たちが共通に対峙した課題であったことをうかがわせる。内容こそ大きく異なるが、このことは「政府のなすべきこととなすべからざること」との境界線を引き直そうとしたケインズにも妥当する、いわば同時代的な課題であったということができる。そしてハイエクもまた、オルド派とは独占や介入の形態につき相当に意見を異にしつつも、同じこの課題を背負った。こうした文脈から浮かび上がるように、後述するカタラクシーを中心としたハイエクの経済的統治の論法は、「市場 対 権力」や「人為 対 自然」というような単純な二項対立とは異質な思考によって支えられているのである。

形式化するエコノミー

とはいえ、ハイエクにとって介入は市場を制限するものではなく、あくまで「よく機能する市場経済」が成立するための条件整備（市場順応的な介入）に限定される点で、かれの議論はやはり全体として見た場合、市場主義的な性格が強いことは否定しがたい。ハイエクの意図を明確にするため、かれが市場秩序をアリストテレス的な意味でのオイコノミア（家政術）とはまったく異質な原理で作動するものと定義づけていた点に注目したい。ポランニーが評したように、アリストテレスが際限ない利得のための生産が、人間にとって全く「自然なもの」ではないと批判したとき、かれは実質的には、利得に対する制限を内在させている社会的諸関係から、経済動機が切り離される事態を予感していた。アリストテレスにとって、適切なオイコノミアは、善き生活を営むための物質的な手段を提供する「家 oikos」の切り盛りを意味したが、それは、言い換えれば、何らかの倫理的目的によって経済活動が負荷され制約されているということでもあった。ハイエクはこうしたアリストテレス的な経済の評価を完全に反転させている。

厳密な意味では家計とか会社とか企業といった諸々の諸経済をさす「経済 economy」は、所与の一組の諸手段が統一された計画にしたがって、相対的な重要性に応じて競合する諸目的に配分される複雑な諸活動からなる。市場秩序は単一の目的秩序に貢献するのではない。［…］正しい意味での経済は、われわれがその用語を定義した専門的な意味で一つの組織、つまりある単一の主体にとって既知である諸手段の意図的な配列であるが、市場というコスモスは諸目的のそのような単一の尺度によって支配されていないし、また支配されうるものでもない。それは別々な構成員すべての公約数をもたない諸目的の多様性に貢献する。*48

ハイエクにとって、市場秩序は人びとに善く生きるための物質的諸条件を提供することを目的したオイコノミアではないし、またそうではありえない。エコノミーは、「統一的な目的ヒエラルキー」に基づいてデザインされた計画的な「組織 organization」であるのに対し、市場は無数の個人や組織の相互調整によって成り立つ複雑なネットワークないし秩序であって、統一された目的に従属するわけではない。そのためかれは、市場を経済から区別するために、「カタラクシー catallaxy」という造語を当てている。カタラクシーとしての市場秩序の利点は、アリストテレスとは逆に、ある特定の善の構想や倫理的目的によって負荷されていないところにこそ根拠づけられる。なぜなら倫理的目的に負荷されていないがゆえに、その経済行為の評価基準は多元化し、結果として多種多様な生を許容できるからである。逆に言えば、何らかの包括的な目的――たとえば生物学的なニーズの充足――に従って経済の良し悪しが判断され組織化されるべきだというアリストテレス的な家政概念が、まさに社会主義の目的論的な設計主義を根底から支えている、とハイエクは見ている。

実際、すべての社会主義は、まさに市場秩序が、厳密な意味でのエコノミーにとってかえられるべきであるという要求にほかならない。エコノミーにおいては、重要性について共通の尺度によって、さまざまな要求のうちどれが満たされるべきで、どれが満たされるべきではないかが決定されている。[*49]

社会工学の試みは、手段関連的秩序としてのカタラクシーを、目的秩序たるエコノミーによって全面的に置き換えるものであり、それは人びとが自由に自らの生を追求する制度的条件の破壊を意味した。ハイエクにあって、エコノミーはもはやラスキンやゲデス、ソディによって回復されようとしていた〈オイコノミア〉のもつ意味の広がりや豊かさを削ぎ落とされ、自由な生のあり方を保障する市場とは反対に、一面的に把握されるニーズの充足という単一の目的との関係でただ効率的に管理されるだけの「組織」ないし「タクシス taxis」（意図的秩序）へと著しく形式化されている。ハイエクは新古典派のそれと比して、カタラクシーとしての市場の魅力を雄弁かつ印象的に語るが、反面、経済＝エコノミーという語が意味する内容はきわめて貧困で形式化されている。

生存のための物質的手段の供給という目的へと一元化され、多元的な価値が共存する余地のない領域としてエコノミーを捉えるハイエクは、「生物学的な生命 zoe」を徴づける自然必然性によって支配された「家政」の膨張として「社会」を特徴づけるハンナ・アレントとも近い地平に立っている。アレントにとって、近代経済学の対象であるべき「集団的家計 collective housekeeping」、「国民的家政 national household」として現れる「社会」は、ハイエクにおけるエコノミーの概念区分と一致している。両者にとって、そこは個々人が大規模な家族の一員のように、同一の利害をもつ存在として徹底的に画一化される生物学的な生の領域である。だが、政治的なものの復権に、共約不可能な生の唯一性と自由の実現を説くアレントとは反対に、ハイエクは家政＝経済とは原理的に切り分けられた〈市場〉という競争のアリーナに自由の根拠を見いだしたうえで、むしろそれを政治的なものからは可能なかぎり遠ざけるのである。

さてノイラートもゲデスやソディと同様――そしてハイエクとは異なる意味で――、〈市場〉と〈経済〉の原理的な切り分けの重要性を説いた。そして統治という問題の水準で見ると、市場と経済をともに一般均衡の枠組へと解消する市場社会主義よりも、ノイラートが立てている問題はハイエクのそれと多くの点でかみ合っている。もっともノイラートとっては、計算＝形式合理性こそが市場の原理にほかならず、むしろ回復されなければならないのは、市場の形式に還元されない、人間の必要や欲求の多面性、そしてこれを充足する自然界の多様な構成要素を含む、人間の生のマテリアルな次元の再生産としての経済の意味であった。同様にかれの社会工学が関わるのも、この物質的な相互依存関係における人間の生存を対象とした、〈オイコノミア〉の統治という実践の領域である。ここにおいて経済・科学・政治の関係が、ハイエクとはまた逆向きの仕方で問われるのである。次章の主要な照準はこれである。

第四章　オイコノミアと自然の理法

社会工学の構築物は、われわれの社会全体、何より経済を、巨大な事業に対峙するのと同じ仕方で扱う。自らの果たすべき仕事を自覚し、実践的な目的に利用可能な仕組みを提供しようと望む社会工学者は、人びとの心理学的な質やかれらの新しい物への愛、願望、伝統への愛着、我がまま、愚かさに等しく関心を払わねばならない——つまり、経済の枠組みにおいて人間の社会的行為に特徴的なあらゆる事柄に配慮しなければならず、それはちょうど工学者にとっての鉄の可塑性、銅の崩壊点、ガラスの色合いといったようなものなのである。*1

一　似非合理主義批判

ジョン・オニールは社会主義経済計算論争ではまったく異なる二つの問いが社会主義に向けて提起されていたと指摘する。一つはウェーバーとともにミーゼスが主に争点化した、価値の「共約可能性 commensurability」が欠如している状況下での合理的な行為や意思決定の可能性という問題であり、もう一つはハイエクが提起した社会における「知識の分業」という状況下での行為の「相互調整 coordination」という問題である。そのうえでオニールは、「ハイエクのテクストには全体として計算の問題が欠けている」と述べている。ここには幾分誇張があるが、とはいえハイエクが、分散された知識を活かす「社会制度としての市場」という独自の主題を発見し、論争の重心を、貨幣による計算という問題から、認識論・知識論上の問題へと転換させたのは確かである。前章では、この転換の意味を「計算」の問題から「統治」のそれへの転換と読み替え考察してきた。しかし、オニールは、こうした狭義の「計算」問題からの逸脱はハイエクのみならず、実はノイラートにも当てはまるものなのだという。

ランゲとミーゼスとの間の社会主義計算論争は、計算、とくに社会的選択における選択肢の間の合理的計算が可能となる条件にかかわっていた。ノイラートとハイエクはともに「計算」という言葉を用いてはいるものの、この意味での計算論争に加わっていない。かれらはともに、社会的選択肢間の計算可能性を否定しているからである。ノイラートが「自然計算」を擁護したことは、社会的選択における技術的計算の可能性を否定するための有効な論証であった。社会的な選択肢そのものが、計算というアルゴリズム的手続きでは捉えることのできない倫理的・政治的な性質を帯びざるをえない。[…] ハイエクもまた、計算可能な計画に必要な知識が欠如しているという理由から、計算可能性を否定していたのである。*2

経済計算論争を通して、ハイエクは一般均衡理論が前提する合理性概念では市場の本質的な機能を正当化できないことを自覚していたが、ノイラートもまた経済の合理性を計算可能性と短絡することを一貫して拒否していた。オニールによれば、合理的な「計算」可能性を問題の中心に据えた点でミーゼスとランゲの距離は、ミーゼスとハイエクの距離よりも近く、経済問題を計算という技術的問題に還元しない点で、ハイエクとノイラートの距離は、ハイエクとミーゼスの距離よりも近い。つまり政治的立場ではなく、それぞれが対峙した経済問題の性質を軸に整理し直せば、一方のミーゼス＝ランゲ、他方のハイエク＝ノイラートとなる。本章では、こうしたオニールの問題提起を引き継いで、ノイラートが対峙した経済問題を、自然生態系との物質的な諸関係を含む〈オイコノミア〉の統治という視点から改めて論じ直したい。ハイエクが団体形成の進行の下で高度に組織化されてゆく二〇世紀の資本主義を、「エコノミー」から「カタラクシー」を中心とする自由な経済秩序へと刷新することを目指したのに対し、ノイラートの社会計画の議論において問われていたのは、人間の生存に直結する生物的・社会的ニーズの充足のために組織される「自然経済」の再建であり、またこれを土台とした「多様な生き方の総合」であった。そこではハイエクの社会哲学がそうであったように、狭義の経済問題を越えて、知識や科学のあり方、そして自由と政治の関係など多岐にわたる論点が論じられている。ここではまずノイラートの合理主義批判を手掛かりにハイエクとの接点を探りたい。

繰り返し述べてきたように、従来、ノイラートは「理性」を煽動するデカルト派合理主義を露骨なまでに体現した人物であるかのように評されるのがつねであった。経済思想史家キース・トライブのノイラート解釈もその典型の一つである。トライブは『経済秩序のストラテジー』のなかで、ノイラートの考察を次のような指摘で終えている。

かれの主張には、合理性の推進力に対する信頼が一貫して示されている。ノイラートにとって、「近代人」とは、迷信と専制から解放された存在、保護状態から解放された自律的精神、カントの格率「あえてかしこかれ sapere aude」を実現する存在、であった。したがって、かれの研究は、表面的には奇異であったとしても、近代合理主義が啓蒙の一産物であることを示している。[…]それがわれわれに奇異と映るのは、時代錯誤だからではなく、合理主義の一形態を、その極限にまで推し進めるその徹底さゆえである。近代人が新しい形態の絶対主義的支配に捉えられているなどということは、ノイラートには容易に理解しえないものであった。マックス・ウェーバーはこのことをはっきりと認識していた。*3

なるほどノイラートのテクストには、合理主義的なテクノクラートという評価を招きかねない両義性を含んだターミノロジーや文言がさまざまに見いだされるのは確かである。しかしその点を考慮してもトライブの解釈はなお一面的である。かれの解釈では理解不可能となってしまう、いわば「不純物」のようなものがノイラートのテクストには混じり込んでおり、そしてこの不純物の方にこそ、ノイラートの思考の核心が現れていることが少なくない。実際、デカルト派合理主義者ノイラートという従来の見方は、とりわけウィーン学団におけるノイラートの異端さが指摘されるようになった一九九〇年代以降、根底から覆されてきた。むしろ「論理実証主義者のステレオタイプともっとも著しく矛盾する」人物であったという見方が近年のノイラート研究の趨勢であるといっても言い過ぎではない。*4

ウェーバーに加え、ノイラートを近代合理主義のイデオローグとして扱い非難したのはミーゼスやハイエクのようなオーストリア学派の自由主義経済学者である。ハイエクは、ラプラスの『確立に関する哲学的試論』に「実証主義」と「形而上学」との結合を見いだし、この態度を同時代のノイラートの物理主義に帰していた。だが実際には、ノイラートは多くのテクストであらゆる事象を予見しうる方程式の体系を信頼するラプラス的な知の可能性を明確に排除している。この点を確認する上で、「デカルトの迷子と予備的動機」（一九一三年）と題されたウィーン大学哲学協会での報告は重要な位置を占めている。ノイラートはこのなかで、科学的営為と実践的行為、双方における「理性の限界」について考察している。ノイラートによれば、合理主義とは本能や伝統、権威が行為の正当性の確かな源泉となっていた共同体生活が終焉したという事態に対処する実践的態度であるが、近代啓蒙の進歩が切り開いた論理的推論や科学的洞察もまた一義的な決定を可能にしたわけではまったくない。実践的行為であれ、仮説や理論の選択であれ、あらゆる決定にはつねに完全なる洞察によって基礎づけることのできない不確実性が伴うからである。啓蒙によって切り開かれた近代社会においても、そうした免れ難い不確実性や相対的無知という条件下でエネルギッシュに行為するには、論理や洞察の外部にある何らかの直観や意志、すなわち「予備的動機 Auxiliarmotiv」の助けがどうしても必要となる。こう述べた上で、ノイラートが真の合理主義者と見做すのは、自らの理性による洞察がいかに貧弱なものであるかを直視し、ときに予備的動機に決定を委ねることをも厭わないような人物である。逆に、思考の領域でも実践の領域でも、決定を純粋な論理性や公理、あるいは科学的洞察によって十全に基礎づけ可能と見る態度をノイラートは「似非合理主義 Pseudorationalismus」と呼んでこう批判する。

多くの現代人は自らの洞察を誇り、あらゆる事柄で唯一これに決定をゆだねようとする。かれらはその際、以下のような見解から出発する。つまり、充分な反省があれば、いかなる行動様式が、成功を導くための、確実さは無理だとしても、より大きな蓋然性をもたらすかを、少なくとも確定することができる、という見方だ。この種の人間は、通例、困難が生じたら、より冷静な反省が目的にまで導くに違いない、と考える。その際かれらは、最も冷静に考える人でも、前提が誤っていれば複数の等価の結論に達することがある、ということを完全に見過ごしている。自らの洞察ですべてが片付けられるという信仰に執着する人は、そもそもデカルトが科学の発展の遠い目標として提示した完全な世界認識を先取りしている。この似非合理主義は一つには自己欺瞞へと、また一つには偽りへと導く。［…］合理主義の父としての扱われるのがつねのデカルトは、実践的行為の領域ではこの誤謬を逃れていた。似非合理主義者は、まさしく厳格な合理主義が論理的な理由から十分な洞察をすでに排除している場合にも自らその洞察を得たふりをするなら、真の合理主義に対して不正を働いているのだ。そのときどきの洞察の限界を鋭く認識するという、まさしくこの点にこそ、合理主義の中心的な強みがある。[*5]

思考の領域では、それを採用すれば誤りをなくし真理への接近をもたらすような科学的方法の規則・定式が存在するという信仰（たとえば、批判的合理性を基準にして進歩と見做すようなカール・ポパーの反証主義）のなかに、[*6] そして実践の領域では、方程式体系や貨幣計算によって社会経済問題の最適解が得られるというテクノクラートの態度に、ノイラートは似非合理主義の精神を見ていた。いうなればミーゼスが合理的行為の前提とした貨幣単位による価値計算は、典型的な似非合理主義の論法そのものであった。あるいは、ミーゼスの計画批判を一般均衡理論の枠組みへと解消し、中央当局による疑似市場の設計を楽観する市場社会主義者も、似非合理主義の罠にすっかり足を掬われている。かれらは価格を計算単位としてしか見ることがなく、「市場経済についての一般的な演繹的推論という似非合理主義に向かう人間」であり、それゆえ完全知識を備えた「経済人」の前提に耽溺しているにすぎない。[*7] こうしたノイラートの似非合理主義批判には、ハイエクが重視する反合理主義の精神——「実際に、人間の理性がその限界を合理的に把握することは途方もなく困難で、ひときわ重要な課題であることが分かるであろう」[*8]――に近似する観点が含まれている。人間をつねに誤謬に陥りやすい無知な存在と見做す点で、両者の間にはある思考の共通性がある。

実際、ノイラートはハイエクの科学主義批判にきわめて強い関心を示した。「科学主義と社会の研究」の連載が終了した翌年の一九四五年、ノイラートは『隷従の道』の書評を書き、それを機にハイエクとおよそ一年にわたって書簡のやり取りをしている。またその間に、「物理主義・計画・社会科学」（一九四五年）と題された未発表の草稿を書き上げ、合理主義と経済制度の関係をめぐってハイエクに論争を仕掛けている。ノイラートは、「異常なまでに科学の力を誇示したがる」、「科学者の傲慢さ」を批判した「フォン・ハイエク教授の姿勢を称賛すべき」[*9]としながら、自らの擁護する合理主義がハイエクのいう設計主義的合理主義とは相容れないことを強調している。死を目前に迎えていたノイラートがハイエクに対し説得しようと試みていたのは、自然計算や社会工学の意図を改めて明示するとともに、それらがハイエクの思考とも共振する反合理主義的な認識論に支えられたものであること、同じことであるが反合理主義は必ずしも市場秩序だけを正当化しうるものではなく、社会化と計画をベースとした別の経済秩序を支持することもありうるという点であった。まずは、一九二〇年代のテクストを中心に、社会主義計算論争に関わるノイラートの議論を跡づけ、かれが自然計算の重要性を執拗に訴えたその理由について考察しよう。

二　〈経済〉の合理性

収益性と経済性

"Ballungen"（または"agglomerations"）。この術語はノイラートの知識像を理解するうえで重要な鍵概念と言われる。*10 同時にこの言葉には、かれの〈経済〉なるものの原像を想起させるものがある。すでに第二章で確認しておいたように、ノイラートが問題にしている〈経済〉とは、人間の生存の再生産にかかわる活動、諸関係、諸制度からなる領野を指している。ただし、ここに登場する人間は、社会的な存在者であると同時に、他のさまざまな生物種と同様に「大地の上 earthly plane」でその生存を組み立てる自然的な存在者、「地質学的主体」でもある。したがって〈経済〉なるものは、物質的な富、資源、食糧、地勢、土壌、水、動植物、気候など自然事物との複雑な相互連関、絡み合いのうちに成立するものと見なければならない。当然ながら、こうした〈経済〉の認識は、その統治様式の問題、つまり両大戦間期をとおして決してミーゼスやハイエクたちの社会主義批判をノイラートが受け入れなかったことと無関係ではありえない。その際、かれが何よりもまず批判したのは、普遍的な計算単位としての貨幣価格なしには、経済領域における合理的な意思決定は不可能になるという前提であった。一九二五年に発表された『経済計画と自然計算』には次のようにある。

社会主義者でさえしばしばフォン・ミーゼスの命題――つまり一つの単位による計算なしには、経済は不可能である、しかし社会主義は一つの単位によるいかなる計算も認めていない、よって社会主義は不可能ということになる――に合意し、したがって単一の単位による計算を社会主義にも導き入れようと努めたのである。だが、経済計画における自然計算が、経済合理性の社会主義的計算の基盤でなければならないということは、われわれにとって本質的な問題なのだ[*11]。

ただしノイラートは貨幣価格にのみ反対したのではない。カール・カウツキーなどによって擁護された労働時間単位にせよ、あるいは支出されたエネルギー量にせよ、経済合理性を何がしか一つの単位に基礎づけ、数量化する態度そのものを似非合理主義として拒否している。なぜなら、人間の生存の再生産を成り立たせている物質的・社会的な関係や要素には、いかなる一元的な尺度にも還元することのできない共約不可能な異質性が満ちているからである。ノイラートは「生活条件」の概念をとおして、食糧や衣服、居住といった物質的な生活資料とともに、社会関係の中で実現される「労働時間と余暇」、「自由」や「社会的連帯」、「尊厳」など相互に異質な諸要素が人間の生存の再生産を条件づけていることを強調した（第二章）。「資本主義とは反対に、社会主義は人びとを相互依存的な関係のなかで捉える。社会主義的な観点からすれば、隷属状態や依存の意識は、食糧や住宅の貧しさと並んで、個々人の生活条件を形づくるものである。自由という感覚（Freiheitsempfindung）、全体の一部であるという感覚、コミュニティの生活における協同もまた、生活条件の一部なのである。というのも、社会主義は多くのバラバラな個人ではなく、人間のアソシエイションの様式に関わっているからである」[*12]。

ノイラートはこうした人間が生存する場としての〈経済〉を構成するものの複雑性から、ミーゼスやウェーバーの批判に抗して、市場および貨幣計算の合理性を逆に問い直していった。高度に発展した資本主義市場経済において決定的なことは、貨幣が単にモノとモノとの関係を取り持ち、市場アクターの行為を調整するだけでなく、個人の行為や組織の運営における合理性の尺度あるいは意思決定の単位となるという点である。その結果、「収益性 Rentabilität」（いくら儲かるのか）が、経済のみならず、社会の全領域を貫いて、物事を判断し正当化する際の唯一の規準にまでその地位を高めてゆく。そして市場の下で発生する周期的な危機、貧困や失業による自律の剥奪という事態とともにノイラートが告発するのは、貨幣計算によって具体を抽象へとねじ込むことから生じる、人間の生存基盤の破壊（資源枯渇と環境破壊）であった。市場の価格メカニズムはその高度な形式性によって、多様な利害関係の調整を可能にする一方、資源枯渇や環境汚染といった具体的事象として現れる自然の生物‐物理的秩序の攪乱破壊、またこれらがもたらすひとの生存にとっての実質的な帰結を評価することはできない。

> 資本主義的な意味での「費用」と、社会主義的計算における「負の量 negative Größe」とはまったく異質なものである。［…］社会主義的な秩序における「正の量 positive Größe」もまた、資本主義における「利潤」と同義ではない。石炭や樹木等々の貯蓄は、労働という負の効用を節約するだけでなく、未来のための快楽の保存、つまり正の量を意味する。たとえば現時点で、石炭が取るに足らない用途のために浪費され、結果、未来の人びとを凍え死なせてしまうならば、それは批判されるべきなのだ。［…］未来の事態は、資本主義的秩序の貸借対照表では、需要が見込まれる限りにおいて現われるにすぎない。未来の凍える人びとは、かれらの石炭に対する需要がすでに存在する場合にのみ現われる。一〇〇年後には石漠化に帰着するとしても、資本主義は森林を切り倒す。熱帯地方でもどこでも、至るところで資本主義は何の配慮もなしに過剰搾取に乗り出してしまう。要するに資本主義にとって、未来の世代のための森林保全は利潤の喪失以外のなにものでもないのだ。*13

ここで目を引くのは、市場経済のもとで生じる時間的な視野狭窄に関する指摘である。自然界との物質代謝に組み込まれたものとして経済過程を捉えるなら、そこにはつねに世代を越えた物質・エネルギー（およびそれらの消費によって生み出される廃棄物）の通時的分配という局面が含まれる。だが、市場では購買力に裏づけられた欲望であれば「需要」という形で顕示されるが、いまだ存在しない未来の世代のニーズは——購買力のない貧者のニーズと同様に——いくら切迫したものであっても、市場のなかで占める位置をもたない。そのため市場の価格メカニズムが通時的な資源配分の効率性を担保しえないのは当然である。しかも、市場のアクター（個人及び組織）は短期的な利潤の獲得に系統的に方向づけられるため、時間的な視野狭窄に陥り、未来に生きる他者の生存に対する想像力を喪失してしまう。いわば市場は世代間の連帯や共同性の基盤を掘り崩すのである。このことは、一九一九年のW・シューマンとの共著においてもすでに指摘されていたことがらである。

自由市場経済は利用可能な原料やエネルギーの観点から見て、果たして効率的、そして「生産的 produktiv」なのであろうか。そうではないのではないか！〔…〕自由市場経済は、有限な地球の鉱物資源と限りあるわれわれの寿命という観点から見て、経済として経済的であるだろうか。そうではない！　まず、自由市場経済は膨大な自然資源を浪費する。〔…〕私企業は、将来の人類の石炭に対するニーズよりも、自分自身の純利益により高い価値を置くために、炭鉱を利用し、過熱のための石炭を売るのである。これは他の原料についても同様である。将来世代のために資源を保存すべきかどうか思い悩んでしまうが、結局のところ、現在の少数者の利潤に対する欲動によって決定が支配されるのである。*14

トム・ボットモアは、「ノイラートの「自然計算」の構想」が、「原理的に、再生不可能な自然資源（原材料とエネルギー）の世代間の利用を考慮する経済計画を可能にする」と指摘するが、[15]実際の理屈は逆といった方が正確である。つまり、物理的に有限な自然資源の通時的分配という問題が、自然計算に基づく経済計画・社会工学を要請したのである。ノイラートは、市場経済において行為や判断の基準となっている貨幣単位で測定される収益性に対し、自然計算の枠組みにおいて妥当な「経済性 Wirtschaftlichkeit」というもう一つの合理性を対峙した。「経済性」は、「いかに儲けるか」ではなく、いかにして地上の人間の生存条件を認識しそれらを持続可能な仕方で生産・再生産するか、というより実質的な価値や目的に関係している。

社会主義経済は「効用 Nützlichkeit」、つまり社会全体の利益や住宅、食糧、衣料、健康、娯楽などにかかわる全成員の福祉（Wohlbefinden）に関心を持つ。この目的のために、自然資源（Rohstoffquellen）とともに、現存する機械や労働力などを利用しようとする。まず始めに、何が「社会全体にとっての利益」であるか、これが決定されなければならない。それは、早すぎる炭鉱の枯渇や山の石漠化の防止、あるいは未来の世代の健康や資源をも考慮すべきかもしれない。〔…〕われわれは未来の世代の福祉を確保するために、炭鉱の無駄のない利用を達成する最善の方法を発見しなければならない。このような「最善の利用」はいかにして計算できるというのか。資本主義が貨幣に見いだしたような計算単位は、この社会主義の計算には存在しないのである。[16]

ノイラートのいう自然計算とは、いわば市場経済のもとで利潤によって一元化された合理性・手続き・思考様式に対抗し、多角的・複層的な物の観方を回復する試み全般にかかわることがらであったといえる――後述するが、当然にこれは経済の制度的形態そのものの変更をも必要とする。もっとも、ノイラートが収益性による経済の普遍的な組織化の帰結として捉えた非合理的な資源利用や自然破壊の問題は、資本主義的市場において露骨に現れるとはいえ、経済過程が外部環境との物質代謝のプロセスに埋め込まれている以上、狭義の経済体制を越えたより普遍的な経済問題である。いわば貨幣単位による経済計算の適用できる範囲をいかように限界づけるかという問題は、市場価格でも計算価格でも解くことのできない、形式合理性を越えた次元に位置するからである。

おそらくはミーゼスもこの点にまったく無自覚であったわけではない。一九二〇年の論考や『ヒューマン・アクション』のなかで、町の景観や美観、国民の健康、名誉、あるいは国富といった例を挙げ、これらの交換領域外の財にまで貨幣計算の適用領域を拡張することについて、ミーゼスは強く批判している。*17 ただしミーゼスにとって、これらの問題は経済計算の議論全体から見ればあくまで例外的な事象であり、市場の機能領域の制限や国家介入といった制度枠組みに関わる議論の中核を占めるものではなかった。むしろこうした市場による人間生活の組織化という事態の帰結を深刻に受け止めていたのは、カール・ポランニーとドイツ出身で後にアメリカに亡命した制度学派の経済学者カール・ウィリアム・カップ（Karl William Kapp, 1910-1976）である。ノイラートが二つの合理性概念の分析をとおして捉えようとした、いわば「市場」と実質としての生存の基本的な可能性との対抗的な関係を、後にポランニーとカップは、「擬制商品」や「二重運動」の概念によって、あるいは「社会的費用 social cost」の概念によって捉えようとしていた。ここで三者の関係に短く触れておこう。

実質経済学の系譜――ノイラート、カップ、ポランニー

カップはノイラートの自然計算を広義の経済的・社会的意思決定の場面において高く評価し、意識的にこれを受容した稀有な存在である。かれはアメリカ亡命前の一九三六年にジェネーブの大学院に提出された学位論文『計画経済と外国貿易』の第一部で社会主義計算論争を取り上げ、後にノイラートの自然計算やポランニーのミーゼス批判に着想を得て、市場価格に基づく経済計算の限界を考察していった。*18 すなわち市場価格であれ、計画価格であれ、いずれにもとづく「経済計算」においても考慮されることなく無視されているさまざまな「諸費用」についてどう考えるべきか、という問題である。この考察によってカップは、ノイラートがかつて提起した問題、すなわち、市場価格に基づく経済計算が果たして真に合理的なものであるかどうか、というミーゼスとは逆向きの問題を取り上げ直したのである。

カップの社会的費用の概念が重要であるのは、それが、市場現象に局限された新古典派の外部

性理論に比べ、より広義のパースペクティブを与えている点にある。かれのいう社会的費用とは、ある与えられた諸条件あるいは制度枠組みのもとでは、他部門や第三者、あるいは経済全体に転化され負担される傾向のある、私的または公的な経済的意思決定から生じる損害や有害な諸々の影響を指す。社会的費用はいわゆる土壌侵食や森林伐採、都市集中に伴う水質汚濁や大気汚染などの環境破壊をはじめとして、失業や独占の結果として現れる「現代産業社会と現代科学技術が個人の肉体的および精神的な健康に与える破壊的な影響や人的犠牲」を含めた、否定的な諸事象全般を含んでいる。[*19]

カップが問題とする社会的費用は、「市場の失敗」と呼ばれる最適資源配分の非効率性を軸とした新古典派経済学の立論とは決定的に異なっている。カップにとって、市場がパレート最適な意味で効率的であるか否かは問題ではない。新古典派の外部性の理論では、もっぱら資源配分の効率性だけが問題となっており、最適資源配分の歪みが是正されれば問題は解消されてしまう。これに対し、カップが問題にしているのは、経済活動によって生み出される負の諸影響が、経済主体の意思決定に反映されないまま、第三者（とりわけ将来世代や社会的弱者）や社会一般に転化されている事態、またこの事態を許容する特定の「制度枠組みの失敗・欠陥」にある。新古典派が経済を「閉鎖的で自律的な体系」として扱うのに対し、カップは経済を「開かれた体系」として、「社会・文化的母体のなかに組み入れられてその一部を」なすものと考える。[*20]つまり社会的費用は、「多数の要素が「フィードバック」過程を通じて互いに作用しあういくつかの複雑なシステム（経済的、物理的、気象的、生物的な）相互作用の結果」[*21]なのである。

カップはウェーバーを援用しつつ、市場価格に基づく形式合理的な経済計算は、社会的費用や社会的便益という市場外の現象を系統的に排除する以上、経済政策を作成するための妥当な基準にはならないことを指摘し、新たに「実質合理性」としての経済合理性を求めていく[*22]。いうまでもなく、社会的費用あるいは社会的便益の概念は、形式合理性ではなく、実質合理性に即してはじめて定義可能なものだからである。つまりそれらは、「無数の主観的基準」によるのではなく、人間の必要や「社会的最低限 social minima」ないし「生存最低限 existential minima」の客観的な規定から、高度な科学的方法によって実質的に定義しうるものであった[*23]。その際、ウェーバーがノイラートの自然計算を貨幣計算への対案として重視していた点、またそれが高度な形式合理性を欠くとしても、実質的に合理的でありうると評していた点に注目している[*24]。社会的費用の確定は、さまざまな政治的・社会経済的諸制度において行われるが、これは科学的知識に裏づけられた経済過程の集団的な制御という問題と結びつくからである。

重要な問題がまだ残っている。すなわち、いかにすれば経済過程のさまざまな部分における必要な一致や相互依存関係が、とりわけ動態的な条件のもとで、社会的価値や社会発展の目標とうまく調和して確立されるかということである。われわれは、この問題に関して、長い間すでに終わったものとみなされ経済分析にほとんど現れない議論――すなわち実物タームによる計算の問題——を再開しなければならない。経済計画に関連する過去数十年間のあらゆる経験によって支持されていると思われるのは、社会的目標を計画立案しそれを内的に矛盾のない発展過程に移すためには価格ではなく実物タームによる計算が必要だという主張である。[25]

ただしカップのいう社会的費用は、私企業の経済活動の負の結果として生じる社会的損失を事後的に評価するものであり、あくまで市場経済の存在が前提され、それに伴う損失の是正に主眼があるが、これに対してノイラートにおいては、それらの損失が「負の量」として事前に評価され、経済計画に織り込まれるものと考えられている点に大きな違いがある。ともあれ、カップの実質合理性の概念の系譜は、制度派のソースティン・ヴェブレンを通してプラグマティズムの伝統にたどることができるが、他方でポランニーを通してカール・メンガーの『経済学原理〈第二版〉』に、あるいはウェーバーを通してノイラートの自然計算に求めることも可能である。[26]〈経済〉という語の形式的意味と実質的意味との区別は、ポランニー、カップ、あるいは制度学派を含む異端派の重要な考え方であるが、これは晩年のメンガーと同時に、ノイラートやウェーバーにも共有されていたのである。

社会工学と統一科学

さて、ノイラートのいう「計画」では、およそ「計算」に尽くせない問題が経済問題として問われていたことはすでに確認したとおりである。かれにとって経済問題の本質は、相互に還元不可能な要素間の相互調整や総合を含む、いわば「多中心的な polycentric」調整問題である。[*27] そこでは、労働時間や労働の質を規定する経済組織のあり方に加え、自然に由来する木材や鉱物、石炭や他のエネルギー源といった個別的資源の合理的利用、諸資源間の相互関係、資源利用に伴う生態系（土壌や森林、水など）へのダメージ、未来の世代の福祉に対する影響等々も考慮されるべき要素と見做された。それゆえ合理的な経済計画を練り上げるのに、「最も注意深く入念に、そして統計的に、あらゆる状況を考察しても、計算単位が手に入ることはあり得ない」。「最適な幸福」、「最適な人口」、「最適な健康」、「最適な労働時間」、「最適な生産性」に対して合理的に「一つの最善の解」を与え導き出す、計算単位も方程式も存在しないことにノイラートは繰り返し注意を促している。[*28] ミーゼスが批判するとおり、自然計算に基づく決定はまったく形式（計算）合理性を欠いているのであって、その限りで言えばミーゼスやウェーバーの批判は間違いなく的を射ていた。ノイラートが追求しようとした「経済性 Wirtschaftlichkeit」という方向での経済の合理化は、ウェーバーのいう「実質合理性」の次元で理解するほかない。

同時に、科学や理性が社会的最適を発見しうることの否定は、ハイエクが新古典派の力学的均衡の概念から距離を取ったことと同じベクトルをもっている。やはり照準は狭義の「計算」からより幅広い社会制度の配置を通じた「統治」へと移行していかざるをえない。ただしハイエクが経済問題の解決を、法的構造に枠づけられた、カタラクシーという匿名性の高い非人格的な市場プロセスに委ねるのに対し、ノイラートにとってそれは民主的な討議や論証といった、具体的で人格的な意味を帯びた社会的プロセスを通じて対処されるべきものとされた。なぜなら経済計画の枠組みにかかわる判断や決定は、「その決定がわれわれの承認する個人的な生のパターン全体と一致することを示す」こと（予備的動機）によってしか正当化することはできないからである。[*29]たとえばそれは「暖炉」のような一見素朴な財ですら例外ではない。

> 科学者たちがイギリスの民衆に、あなたたちの暖炉は熱量を浪費するものだと言うとしよう——たしかにそれは莫大な熱量を消費している。しかし、われわれの環境の一要素として暖炉は、たとえば地中のケーブルのように、「幸福中立的なもの」ではない。暖炉は、家庭的な快適さや私生活のさまざまな慣習に結びついている。暖炉やその他の「幸福の諸条件 happiness conditions」をどのようなものとして評価するかは、たとえ科学者の知識によって影響を受けるにしても、なお共通感覚に基づいた討議や最終的な決定の対象であろう。[*30]

経済問題は、技術 - 工学的な問題ではあり得ず、むしろ慣習や文化、そして政治との幅広い関係のなかに位置づくべきものなのである。やや図式的すぎるとはいえ、オニールがハイエクとノイラートの経済領域の調整制度を、それぞれ「非 - 討議的 non-discursive」モデルと「討議的 discursive」モデルとして特徴づけるのはこのためである。[*31] しかしこれらを踏まえるなら、ミーゼスやハイエクによって忌み嫌われた「社会工学」や「統一科学」は経済の統治の場面においていかなる位置を占めるのか、改めて検討してみる必要があろう。

「科学的態度と社会的連帯は共にある」[*32]と述べたように、たしかにノイラートは統治における科学的知識が果たす役割をきわめて重視した。たとえばノイラートが社会化を通して強調したことの一つに、「完全なる有用化 Vollnutzung」という観点がある。これは資源やエネルギー、あるいはそれらの支出によって作られるモノの使用価値を完全に引き出すこと、つまりは人間の幸福に十全に結びつけることを意味している。ノイラート曰く、収益性を機軸に組織された市場経済では、モノの使用価値は軽視され、十分に発揮される保証はない。むしろ広告などによって絶えざる流行の変化が煽られ、モノの使用価値は十分に消費し尽くされることもないまま、膨大な量のエネルギーを浪費しながら利潤のための「人為的な無駄」がつくり出される。しかも、関連する知識をもたない大多数の消費者は商品の外形や外観に惑わされる可能性が高い。こうした観点からノイラートは、まずはニーズ充足を目的とした消費を規準に生産や労働時間を調整する必要性を指摘するとともに、生産される財の耐久性や生産技術の質を一定の科学的知見から評価し管理する科学者や技術者のアソシエイションが果たす役割を強調した。[*33]

ただし先の暖炉の例からも分かるように、このことは即座に経済全体のテクノクラート管理の思想に結びつくわけではない。なぜなら科学者や技術者はどのような計画が採用され実施されるべきかにつき、最終的な決定権を与えられることはないからである。「下される決定は、包括的な知識なしになされる時と、すべての専門家の言葉に耳を傾けたあとでなされる時とでは、まったく異なったものとなる」と期待されるとしても、「専門家が可能な解決策を提示するだけでなく、決定も行うよう求められれば、かれらの科学的な慣習を歪める」ことになる。[*34]このように言うノイラートには、社会全体に対する科学者や専門技術者の完全な知識を想定し、社会関係を意のままに設計し操作し尽くせるというような発想はない。むしろ指摘されるのは、特定の専門技術者の知識やその権威的判断には内的な限界があるということである。ノイラートは『経験的社会学』（一九三一年）のなかで、社会の合目的的な設計を本質的に限界づける要因として、①「社会」を物理的・原子的要素へ還元することの不可能性、②科学的知識それ自身の社会的・歴史的なコンテクストへの埋め込み、③予測それ自身がもつ現象への影響（いわゆるオイディプス効果）、という三点を挙げている。[*35]とくに②や③は、ハイエクが強調した「知識の予測不可能性」とも重なる指摘である。「社会的過程が予測に依存する程度は、予測が社会的過程に依存する程度に比べれば、微々たるものにすぎない」[*36]。思考と実践との絡み合い、そしてそこに由来する科学的知識や予測の限界を強調するのは、一九一三年のデカルト論から一貫したノイラートの態度である。かれは自らに合理主義のレッテルを貼るハイエクに対し、『社会科学の基礎』（一九四四年）の最後に登場する船の譬えを通して表現された、ホーリスティックで歴史的に進化する知識像の参照を求めた――船の比喩自体は一九一三年からノイラートのテクストに繰り返し登場しているが、後に哲学者クワイン（Willard Van Orman Quine）の紹介によって広く知られるようになった

「ノイラートの船」である。

遠く離れた海上で、円型から魚型へとその不格好な形状を変えていく船の船乗りたちを想像してみよ。かれらは旧い構造の梁に加え浮遊する木材を利用しながら、船の骨組みや船体を改良してゆく。しかし船をドックに戻してゼロから出発するということはできない。かれらは作業の間も旧い構造のなかに留まり、強風とすさまじい波に対処する。船を改良しつつ危険な漏出が起こらないよう注意する。新しい船は旧い船から少しずつ生まれてくる。船はまだ建設の途上にあるが、船乗りたちはすでに新たな構造についていて考えをめぐらしている。つねにお互いがそれに合意しているわけではないが。目下、予測できない仕方で全事態が進んでいくだろう。これがわれわれわれの運命なのである。*37

「ノイラートの船」はそれ自体ラプラスの魔の否定である。それが意味するのは、すべての事象を透明に見渡して基礎づける超越的視点を持つことの不可能性にほかならない。科学的知識は社会的・歴史的・集団的なプロセスの只中で進化するものであり、抽象的なある単一の知性に与えられるようなものではありえない。「新しい概念を真に考えうるのは、一人の個人ではなく、諸集団ないし諸世代全体をとおしてである」。*38 カートライトたちが評したとおり、ノイラートは、「知識の傍観者理論」、つまり社会の外側に立ってこれを制御する知性の破壊者たろうとした。*39 四五年の草稿のなかで、社会生活が厳密な仕方では論証できない暗黙的なルールや慣習に依存していることについてのハイエクの洞察を高く評価したが、確かにそれはノイラート自身の知識像とも一致するのである。ハイエクへの書簡においてこう述べる。「私は、コミュニティの生活が、一つの科学的解決にではなく、厳密な仕方で証明することのできない事柄の結果である、一定のルールを共通に受容することによって支えられているという点について、〔…〕ハイエク教授に完全に合意する」[*40]。

　こうした反合理主義的な知識像はノイラートの統一科学運動にも独自の性格を与えている。社会工学の実践と統一科学運動との関係を描いた科学哲学者J・キャットやN・カートライトたちの研究によれば[*41]、ノイラートにとっての統一科学は、カルナップの『世界の論理的構築』（一九二八年）に見られるような、「センス・データ」についての言明（プロトコル文）を基礎に構築された首尾一貫した矛盾なき「科学体系 THE SYSTEM」を構築するプログラムを目指すものではなかった。ノイラートは「絶対的価値をもったひとつの体系を構成しようとする傾向は、論理経験主義を脅かす深刻な危険の一つである」[*42]ことを強調し、コントの「諸科学の階梯」やオーストヴァルトのエネルゲティークなど、科学的「ピラミッド主義 Pyramidism」や「物理学法則を生命やその集団に適用する」物理学還元主義を否定した。これらに対しノイラートが統一科学のモデルとして打ち出すは不断に変動する「知の暫定的な集積」としての「百科全書 Encyclopedia」である。

統一科学と社会科学の双方にとって、分割された諸部門から構成されたピラミッドを構築することは避けるべきである。科学的経験主義の少なからぬ友人が、この態度を体系主義（systematism）の欠如として批判するだろう。しかし、重なり合うことのない諸科学の主要部門と下位部門から成るピラミッドへの期待は、諸科学の自由な進化を妨げてしまう。われわれは社会科学を、きわめて多様な仕方で結合させることのできる、非常に多くの科学的ユニットの集積体として見なすべきである。それこそ統一科学運動における真の「百科全書主義 Encyclopedism」なのである。[*43]

ここには社会改革の「実践」における知識の統一という統一科学運動に賭けられていたノイラートの意図が深くかかわっている。「諸科学のオーケストレーション the orchestration of the sciences」。すなわち「一回的な統一」ではなく、社会変革の手段として実践的な行為レヴェルにおいて不断に科学的知識の横の連携を図ることに主眼が置かれる。たとえば、土壌や水の質と密接に関わりをもつ農業経済では、要素的な個別資源に関する知識だけでなく、「土地、樹木、人間および動物に潜在する力が、多様な技術的・生物学的・化学的方法を応用することで、いかに生活条件の多様な要素を創り上げるに至るのか、そして土壌や沼沢地、樹木等々の諸条件が変化することで何が生じるのか」[*44]について総合的な知識の動員が求められる。経済が自然的な諸条件に埋め込まれている以上、純粋に経済的な現象というものは存在しない。そこでは熱学的、生化学的、生物学的な現象や過程が同時的に展開している。そのようなものとしての〈経済〉の統治には「連結可能で、論理的に両立可能なあらゆる諸法則のストック」としての統一された全体知が要請されることになる。言い換えるなら、科学的知識の協働は自然界の相互依存関係も含むいわば〈シヌシア〉の統治という実践の認識論的条件なのである。[*45]

三　経済的寛容と多元主義の原理——*societas societatum*

機能的社会主義

自然計算と統一科学運動を通じた知識の社会的協働は、自由主義的な市場経済に抗する社会主義的な経済の統治の問題と一体のものであったが、ノイラートはそれが機能するためのさらなる条件をつけ加えている。それは経済制度の形態にかかわる。ここにカタラクシーとしての市場秩序を擁護するハイエクに対して、ノイラートが具体的にいかなる社会構想をもって応えようとしていたのかを探る手がかりがある。ノイラート自身の議論に立ち入る前に、同じく二〇年代に独自の社会主義の構想をもってミーゼスに対抗したカール・ポランニーの中央計画批判という補助線を引いておこう。[*46]興味深いことに、中央集権的な計画経済に関しては、ハイエクの知識論と類似した批判がかなり早い段階でポランニーによって提起されていた。ウィーン時代、ポランニーがオーストリア学派の主観主義に強い関心をもったことから見て、この類似はおそらく偶然ではないと思われる。

ポランニーはオーストリア社会民主党の機関紙『闘争 *Der Kampf*』に掲載された論考「われわれの理論と実践についての新たな検討」（一九二五年）において、これを「見通し Übersicht」問題として提示している。ポランニーによれば、中央集権的な管理経済の支持者は経済をもっぱら物理的・物質的な過程（人間とモノの配置）として捉えるため、統計によって見通し問題を容易に解決可能なものと考えている。しかし、統計が解決するのはせいぜい問題の半分でしかない。というのも、「普遍的統計」を用いる指令経済的解決では、物的で有形な生産手段の配置を捉えることはできても、個々人の欲求や期待、労働者が感じる労苦、といった「内面的な精神的事象」を見通すことはできないからである。*47 後者はある種の共感能力、つまり他者の状況を想像し、かれのニーズや苦境を想像することによってしか理解することができない。経済の「内面的見通し inneren Übersicht」は、統計が描出する経済の「外観」とは全く異質なものである。中央集権型の計画経済をこう批判したうえで、ポランニーは社会主義的調整を有効に機能させるために分権的な「組織」が果たす役割の重要性へと論を進める。

ポランニーによれば、既存の経済的、政治的、協同組合的な組織や地方自治体は、消費者、労働者、あるいは農業労働者等々という多様な役割において、消費者のニーズと労働者の労苦に対する見通しを与え、計画者に伝達する、いわば経済の内観器官として機能する。つまりそれらは中央計画経済とは異なり、「内から外へ向かう」労働者自身の内発的な発展であり、社会の民主的な監視能力を構成するものであった。これらの自発的なアソシエイションは、「権力原理」や「強制原理」、あるいは「抽象的な法的原理」ではなく、「協同組合原理 Genossenschaftsprinzip」や「対等な者の結合の原理」に基づいている。ポランニーはこれら下からの自発的な組織を通して初めて、統計では捉えられない経済の内的透明性が確保されると主張した。*48

こうした二五年のポランニーの議論は、『社会科学・社会政策アルヒーフ』に寄稿された「社会主義的計算」（一九二二年）および「機能的社会理論と社会主義計算問題」（一九二四年）での議論を下敷きにしている。これらの論考でポランニーが擁護した「機能的社会主義」は、ミーゼスが支持する「資本主義的な自由市場」と、「市場のない社会主義的な集産主義的国家社会主義」の双方から区別され対立せられるべき、G・D・H・コールなどイギリスのギルド社会主義の伝統にその基礎を持つものであった。*49 ポランニーは、社会主義の目標を、生産の領域における「最大生産性」と、主に分配の領域における「社会的公正」ないし社会的権利の実現としたうえで、この目標に応じて「生産者アソシエイション（ギルド）」と「消費者アソシエイション」そして「コミューン」という相互に制約し合う三つの異なる機能集団・組織によって構成されるような経済制度を構想した。機能的社会主義は、経済問題が経済的領域のみならず社会的・政治的領域との相互関係において、複数の機能的諸組織に基づく多元的な意思決定過程によって分権的に決定される可能性を提起するものであった。

ポランニーの構想は、経済行為を行う人間の内面的な精神的事象の問題から集権的な計画経済の限界を示し、そのうえで自発的なアソシエイションという市場とは異なる分権的な組織に基づく経済制度の重要性を指摘したものと評価できる。かれは自由市場とも中央計画とも異なる分権的な社会主義の可能性を示唆して、ミーゼスに反批判を試みたのである。これに対しハイエクは、「分権的な社会主義体制」の可能性について、「経済活動の合理的な指令のためのメカニズムをなんら備えていない」[*50]としてまともに取り上げていないが、ポランニーの議論は経済の主観的な評価についての知識形成ないし伝達ために市場外的な制度が担いうる役割を指摘したものとして興味深いと言える。

ただしこのポランニーの構想が、オーストロ・マルクス主義の旗手O・バウアーの「レーテ(=労働者評議会)」を一つのモデルとしていたように、分権的な非市場型の経済秩序の可能性はポランニー以前にもすでに部分的に論じられていたものであった。ポランニーはおそらく素朴な中央集権論者とだけ見ていたが、ノイラートはその可能性を追求した一人であった——もっともかれは知識の問題よりも、とくに生き方の多様性という視点からそれを求めたのであるが。ノイラートが構想する「自然経済 Naturalwirtschaft」は、ポランニーやハイエクと同様、すぐれて「制度的」な問題として論じられている。「自然計算は計算の一つの類型を示しており、自然経済は社会の制度的秩序を示すものである」[*51]。ハイエクは、知識の分業や価値の多元性という前提から、行為の相互調整の制度として市場秩序《カタラクシー》を擁護した。もちろんここには、知識の分業と結びついた「自由」が賭けられていたが、しかし資本主義の限界が露呈し、ファシズムの脅威が高まるなかで、自由の防衛はノイラートにとっても同様に深刻な問題であった。では改めて、ノイラートが擁護する「社会の制度的秩序」としての自然経済とは何であったか。またそこで自由はいかに論じられていたのか。

経済的寛容

ミーゼスやハイエクが取り上げた一九一九年の論文集に収められたテクストは、そのほとんどがバイエルン革命期以前、またはその渦中に書かれている。この時期、ノイラートは自らが追求する自然経済を実現する経済制度を「行政的経済 Verwaltungswirtschaft」と呼んだ。それはミーゼスやポランニーが否定した「中央集権的指令経済」の表象とおおよそ一致するものと見られている。だがここでもやはり、「自由 対 計画」の二分法がそうであるように、「中央集権化と分権化」、「トップダウンとボトムアップ」、「集産主義と個人主義」といったステレオタイプの二分法そのものが、自由主義者によって戦略的につくられたカリカチュアという面を多分にもっていることは注意を要する。ヴォスギアンやオニールが指摘するように、ノイラートが思い描く制度構想は、当初からそのような二項対立的な思考を容易には受けつけないもう少し複雑な性格をもっていた。[*52]

とくに注目されるのは、ノイラートが資源採取から消費に至る経済過程の社会的制御を意味する

「社会化 Sozialisierung」を、生産手段の法的な所有関係の変革を指す「国有化 Vergesellschaftung」から慎重に切り分けていたということである。社会化と国有化が一致しない以上、「行政＝統治」なるものが国家のなかに吸収し尽くされる必然性は存在しない。かれが「行政的経済」と「国家社会主義 Staatssozialismus」との混同を批判したゆえんもここにある。「行政なるものは、国家に担われる必要はない。「行政的経済」と「国家社会主義」という言葉は互換的なものではない」[*53]。

それでは行政的経済はどのような制度上の形態や特徴をとるのか。ここで注目されるのは、バイエルン革命期の社会化論で一貫して重視されている、「宗教的寛容」とのアナロジーで論じられる、「経済的寛容 wirtschaftlichen Toleranz」なる原理である。ノイラートによれば、「市場」という制度は人びとの生のあり様に中立的な、したがってどのような社会でも移植可能な計算装置ではない。むしろそれは人びとの意識や動機、行為を深く規定していく一つの特殊な慣習である——特に資本主義的なそれは、人びとの間に「敵対者間の民主主義 Demokratie unter Feinden」の関係をつくり出す。ノイラートはこうした見方に立って、市場という特殊な制度の論理が他の社会領域に浸透し、生活や労働の様式、労働時間を均質化・同質化していく傾向を「市場経済の不寛容」として批判した[*54]。

市場の不寛容についてノイラートは次のような例を挙げている。健常な青年と精神的にハンディキャップを抱えた青年がいたとする。二人の労働を比較すれば、どうしてもその成果（すなわち生産性）には大きな差がつく。資本主義的な市場経済のもとでは、苛烈な競争を通して労働者はかれが従事する労働に最適な能力をもつ人材であるかを日々試されており、そうである以上ハンディキャップを抱えた少年は失業するか、あるいは不当な賃金しか受け取ることができずに経済的に社会から排除されてしまう。他方、経済的寛容の原理からすればどうか。もちろん最低限の生存を保障して仕事をさせずにおくこともできるし、利潤の観点から見ればその方が合理的であるに違いない。しかし少年にふさわしい「人間の尊厳」という視点からすれば、かれの肉体的・認知的な能力が許す範囲で仕事をすることができる協同組織を立ち上げることも可能である。たとえそれによって社会全体の生産性に損失が生じるとしても、それは生産活動への従事を通して少年を社会的に包摂するために払われるべき対価として認められなければならない。*55 ノイラートにとって社会化の狙いの重要な要素は、貨幣を価値や物事の判断、意思決定の基準とする市場経済のもとで進行する生き方の均質化に対抗することであり、それは何より「自由交換経済においてよりも広範な生活様式の多様性」を可能にするものでなければならなかった。もっとも経済的寛容は単に理念的なものではなく、現実の社会的・経済的制度に具体化されてはじめて実現される。換言すれば、それは生き方の多様性を実現するための秩序原理にほかならない。

社会化はそれが人間の多様性を尊重し新たな従属を強いることがない限りおいて、真に持続的なものになりうる。しばしば表明される世界革命の理念は専制的な性質を帯びている。社会主義的な専制であっても、専制はすぐに打破されてしまうだろう。中国、インド、中央アフリカは、本当に一つの同じ社会主義を獲得すべきなのだろうか。異なる生活秩序についての比較研究によれば、自由な市場社会を非常に憎まれるべきものとしたのと同じ仕方で、あらゆる文明の経済を組織化する傾向が存在した。社会主義が解放をもたらすべきとすれば、それは寛容によって結びつけられ、文明の差異を正当に認めなければならず、それぞれ独自のやり方で経済計画や行政的経済へと統合させなければならない。[…] 共同体的なもの(Gemeinschaftswesen)、ギルド的なもの(Gildenwesen)、社会的なもの(Gesellschaftswesen)はそれぞれ歴史の段階を特徴づけるものであるが、それらは共存することも可能であり、さまざまな人間類型に即した満足を生み出すのである。*56

このように経済的寛容によってまず要請されるのは、共同体やギルド、協同組合など多様な形態をとる非資本主義的な生産組織や社会関係を保護し発展させることで、市場化された社会の内部に多元的な制度的秩序を徐々に立ち上げることであった。*57 こうした異なる生活様式・経済形態の共存という主題は自然計算に基づく経済の合理化と並んで、バイエルン革命期のノイラートの社会化構想に繰り返し登場している。とくにミーゼスの一九二〇年の論考の直後に『社会科学・社会政策アルヒーフ』に発表された「社会化の体系」や同年の『完全社会化』というパンフレットでは、普遍的統計に基づく物質とエネルギーのフローの統一的把握が担保される必要がある一方、行政的経済は、「経済的寛容」に基づいて多様な経済組織——農村コミューンや、手工業者、消費者が形成する団体や協同組合といったアソシエイション——を積極的に共存させることで、「非資本主義的な生活様式を涵養[58]」すべきであるとされる。

現存している非資本主義的な小・中規模の諸組織を保護し、商業と農業を統合する、反都市的（großstadtfeindlicher）な地域コミューンを創造することが、こんにちきわめて重要であり、十全な人間の潜勢力の発展や労働の統一を高める将来に向けた企てに適っている。社会化が農民や職人の文化を破壊し、新しいコミューンを妨げようとすれば、強大な抵抗に直面するばかりか、現代の社会工学がうまく対処し回避してきた新たな対立への道を舗装することになろう。単純な多数決（Majorisierung）は、非資本主義的な経済の諸形態の共存を可能にする経済的寛容に道を譲るであろう[59]。

ノイラートにとって重要であったのは、新旧中間層の結集による多様な経済形態の組織化を通した、生産と消費の統合、農業と工業の直接的な結びつきの強化、分裂した都市と農村の再統合を図ることであった。そのため包括的な経済計画による経済過程の枠づけが必要とされる一方、小規模な組織・協同体の自律性が確保されなければならず、意思決定の集権化も不要だとされている。

社会化にとって本質的なことは経済計画に即した多様な生活条件の分配である。このことは、計画の指示に沿った生活基礎の利用を前提としている。だが、原料と資源のフローが計画に応じて統御されることは、計画の詳細が万人に知られていることを意味しない！　自らの土地を利用する農民は、その行為が共同経済の新たな計画を満たす限り、旧い慣習に従って、自分自身のニーズの確保のために生産し続けることができる。中央当局は集権化した意思形成を追求する必要はない。経済計画からの逸脱が回避され、不足が補償されれば、それで十分である。[*60]

経済計画は経済が統一されることを求める。しかしこれは多くの社会民主主義者が望むように、あらゆる決定が集権化されることを意味してはいない。中央当局はさまざまな経済集団による独立した決定が一般的計画に合致し、この計画のために多少の変更がもたらされることを確保すれば十分である。たとえば手工業者の協同組合（Genossenschaft）は産業連合体（Industrievereinigung）とともにその存続が認められる必要があろう。唯一求められる要件は、個々の手工業者が経済計画の実施にかかわる組織（Verbande）に属しているということである。この組織が管理するのは、各手工業者の協同組合が、あてがわれた原材料から生産された生産物を、経済計画の全体と一致するよう、人びとに還元するかどうかだけである。[*61]

ノイラートの見るところ、社会化の課題は慣習や伝統の上に形成されたギルドや共同的な組織、農村のコミューンを解体させることなく、それらをいかにして経済計画の大枠に取り込めるかということにあった。これは自然計算をベースとした自然経済を高度かつ複雑な文化と合致するものと見る『古代経済史』で示された観点とも一致している。何よりノイラートが「マンチェスター学派の自由主義」、つまり一九世紀的な自由放任政策を批判するのは、それが「全面的な都市の伸張」を擁護し、コミューンやギルド運動など前近代的な社会関係や複雑な所有形態を一掃しようとしていたためである。またこの点は社会化の実現を「大経営と国有化」の方向のなかにしか見ようとしない同時代の社会民主主義政党に対する批判でもあった。経済史家の田村が指摘したように、ノイラートの社会化構想では、「経済全体の計画化に決定的重点が置かれて」おり、「その限りで、大経営中心の社会化理論とは異なって、手工業者・農民などの中間層の問題が、「社会化」の視野に取り入れられて」いたといえる。[*62] 従来ノイラートが「一国一工場体制」の典型的な論者と位置づけられてきたことからすれば、かれが労働に対する自律性の観点から、大都市生活や大工業化の体制に抵抗する時代の趨勢や社会勢力の意義を強調している点はかなり興味深い事実である。

社会主義は巨大な労働体制に向けた現在の傾向を加速させるものだ、という広く共有された意見を受け入れてはならない。われわれは大都市生活や魂なき工場生活に対する抵抗の拡大を目撃している。仕事における生のあり様は、消費財とともに生活条件の構成要素と考えなければならない。より小規模な諸集団の共同社会（Siedlungen）、農業と工業との結合に対する願望は、［…］われわれの時代の特徴である。来たるべき将来はリヴァイアサン的世界組織（Leviathan Weltorganisation）の統治によってではなく、協調的であって専制的ではない、より高次なレヴェルで統一される、小規模な諸集団や諸組織の活気ある活動によっていっそう特徴づけられていくだろう。*63

バイエルンでの革命政権の崩壊の後、ウィーンに帰国したノイラートは下から徐々に改革を推し進める「ギルド社会主義」へと計画と社会化の方向性をいっそう加速させていくことになる。*64この変化はおもに、かれが赤いウィーン時代に主導したさまざまな社会運動（住宅ギルド、社会経済博物館運動、アイソタイプによる民衆教育など）をとおして、取り組むべき対象そのものが変化したことによるが、同時にポランニーの機能的社会主義にも影響を与えたコールを中心とするギルド社会主義について理解を深めていったという背景が存在していたと思われる。*65統一科学運動を本格的に開始した一九二〇年代末以降も、ノイラートは生き方の自由を可能にする社会化の可能性について思索を続けたが、コールの影響から、市場の権力と並んで「国家のピラミッド主義」が批判対象としてよりはっきりと意識されるようになる。ただし、国家を社会と同一視し、集権的な国家が社会のあらゆる側面を包摂し尽くす事態を批判するギルド社会主義の理念に惹かれながらも、ノイラートはそれが計画の単位を依然として国民国家に縛りつけすぎている点を批判して、将来における越境的な組織形成の可能性を探っていった。[*66] 一九三四年のウィーンのナチス侵攻と、オランダ、イギリスへの二度にわたる亡命の後に書かれた、より晩年のテクストでは、こうした問題意識がよりはっきりとした像を結んでいる。

モニズムへの対抗

コールの援助によってオックスフォードの地に落ち着いた晩年のノイラートは、一九四二年に「自由のための国際的計画」を書き、第二次大戦後の平和の建設について論じている。このテクストは、「戦時経済」と未来社会の連続性を説いた点では、『戦時経済を通して自然経済へ』を彷彿とさせるものであるが、ここではむしろ自由主義者の全体主義批判が明らかに意識されており、社会計画やそれに基づいて創設された制度構造がいかにして「幸福の諸条件」を、とりわけ「自由の条件」を育くむことができるのか、という問題に照準が移っている。ノイラートは、「ビジネスの効率性」によって「自由の効率性」を評価する見方を批判したうえで、「自由」を「諸行為の一定の多様性と不均衡によって特徴づけられる、気質（習慣）やふるまいの様式」として定義し、「ある社会が、ある単一の国家が、あるいは一つの世界共和国が、どのようにしてこの自由のパターンを「産出する」ことができるのか[*67]」と問う。

民主的な国家の「自由」とは、たとえば家族、地域共同体、職業、政党、教会、個々人が属する集団、国際的な運動、そしてかれの祖国への忠誠など、各成員が一つ以上の忠誠心をもつことが認められている事実によって表現することができるだろう。民主的な国家では、市民がこれら多様な忠誠にうまく対処し、それらをさまざまな仕方で結びつける作法を身に付けていると期待されるのである。*68

自由が育まれるためには、「各成員が一つ以上の忠誠心をもつことが認められる」制度的な条件が備わっていなければならない。逆に「一、唯一ひとつの、あらゆる他のものを「のみ込む」忠誠への強い傾向」はそれ自体「自由」の敵対物となる。ここでも自由とその制度的条件との関係が問われるが、ノイラートにとって重要なことは、自由な社会と敵対する「一」への傾向（monism）は、市場の前提を成す契約関係や市場の規範が社会生活へ外延的に拡張し内包的に深化する際にも、国家権力の強化を伴って生じてきたという事実であった。この点はハイエクの『隷従への道』に対するノイラートの批判の中核をなしていた論点である。*69 かれは『隷従への道』の短い書評のなかで、論証や議論に開かれることなく、少数者によって決定された「計画」を独裁的なもの見ることについてはハイエクに合意する一方、同時に独裁が「貨幣秩序」の全面化――それに伴う多様な目的をもつ非契約的な組織・社会関係の解体――のなかから生まれる可能性にも言及している。これは、先に見た「多数決」としての民主主義に対するノイラートの批判的な意識にもかかわっている。

われわれは、新しい全体主義的指導力を獲得する新たな手段として計画を志向する人びとがいること、そして計画の原理を促すことで無意識にファシズムを支持している人びとがいることについてハイエク氏に同意する。しかし、あらゆる計画をこのカテゴリーへ追いやってしまうハイエク氏の主張には同意できない。

これらの問題を真剣に議論するためには、歴史的に実在した事例だけでなく、ありうるさまざまな社会的パターンについても分析すべきである。特に「多様な生き方のオーケストレーション the orchestration of ways of living」の研究を検討する必要がある。たとえば、いくつかの代表組織を通じて、その成員のさまざまなニーズの調和的な総合に基づいた原料や食糧の取得および分配を行う社会を構想することは可能である。より小規模な集団の幸福に重大な影響を与える諸事情にあっては、かれらの権利が保護されるだろう。〔…〕もちろん、そのような社会秩序の可能性についての議論は、市場社会の特異性の一つである伝統的な「費用」「便益」の計算ではなく、「実物での計算」によって始めなければならない。

ハイエク教授は、市場競争の自由か、「計画家の」無制限な全体主義か、という二者択一を迫ることで、自らの主張を誇張している。〔…〕ちょうど今日のように、民主主義が危機にあるとき、民主主義をマイノリティを抑圧する独裁的な多数派のルールと同一視すべきではない。

民主主義は自由に受容された社会秩序における不服従（nonconformism）の承認として捉え返されるべきなのだ。[*70]

「自由の生産」を市場か計画かという単純な二項の対立図式へと解消するのは、経済的自由主義が作為的に採った戦略であった。これに対しノイラートは、市場経済の外部にさまざまな目的と形態をもった複数のアソシエイションを制度的に共存させるなかで、市場と国家の支配に対する不服従の承認としての民主主義を回復し、そこに計画を通じた自由な生き方の実現を求めていた。「ハイエク教授は、計画をもっぱら独裁的なものと考えているが、私にはその理由が分からない。私は「自由のための計画」のなかで、計画が先例のないほどの個人の抑圧に結びつき得ること、しかし同時に、先例のないほどの自由をもたらしうることを強調しようと試みた。「自由」、すなわちそれは計画された諸制度によって支えられる可能なる生き方の多様性にほかならない」。[*71]もちろん、問題はそのような制度をいかに複雑な社会関係に開かれる形で構想し、人間の多様な生の条件にできるかである。

ノイラートが自由の条件となる国際的な社会秩序として——きわめて抽象的ではあるが——展望したのは、「中世」ヨーロッパの社会構造に範を採った分権的・多元的な制度的構造を備える“*societas societatum*”、すなわち「多様なアソシエイションからなるアソシエイション」としての「民主的な社会主義 democratic socialism」[*72]であった。そこでは、国民国家の境界線に縛られず、国際河川のような地理的条件、言語や慣習など、文化的背景や社会問題、あるいは資源や関連する技術や職業をベースに、多種多様な規模と技能を備えた機能的な組織、集団、計画ユニットの創出が期待されていた。そして、これらの諸組織のなかでとくに重視されているのは、「主要な自然資源の管理に責任を持つ国際組織」の設立であった。[*73]ノイラートは、「貨幣秩序のインターナショナリズム」に代わって、これらの「折り重なり合う諸制度 overlapping institutions」を通じた、経済の基礎部分（自然資源、食糧、原材料等）の計画的組織化によって、市場秩序と人間の具体的な生活の再生産との社会的緊張が緩和され、またこれをとおして「さまざまな生き方のオーケストレーション」が可能となると見ていた。経済の基礎部分の社会化・計画化を自由の本質的条件と見る視点には、「一般的扶養義務」の制度化を求めたポパー＝リンコイスの自由論が重ね合わせられているとみてよい。このユートピア構想にあって、機能的な計画ユニットに基づく基礎的な生活資料の社会的制御は、意識決定や知識の集中を回避するだけでなく、むしろハイエクが求めた「人びとが最も重要だと考えることを追求する自由」を確保し創造するための基底的な社会条件であった。かれは「自由のための国際的計画」を次のような言葉で結んでいる。「社会工学者は、ビジネスの効率性によって自由の効率性をテストするのではなく、食糧、住居、教育、健康、そして自由を生産するその能力によって、社会秩序とその諸制度を評価しなければならない。これが重要である」と。[*74]

四　社会化と自由の生産

これまで意識的に焦点を当ててきたのは、世紀転換期の社会主義経済計算論争に遡及的に見いだされる〈経済〉をめぐる認識・問いの多様性であった。論争では、後の二〇世紀の経済学の主流を強く規定していくことになる、「目的に対する手段の希少性」（ロビンズ）としての合理的選択とはおよそ異質な問題が――ときに当事者にすら十分意識されることなく――論じられていた。一九二〇年代初頭のミーゼスやウェーバーの社会主義批判が主として狭義の経済合理性、すなわち計算合理性の欠如に向けられたのに対し、三〇年代に論争に加わったランゲやテイラーなど市場社会主義者は、一般均衡理論の社会主義経済への適用可能性を探ることでこの批判に応戦した。他方、ハイエクの社会主義・社会工学批判は、統治者の社会経済現象についての完全な知識を誤って仮定することから生じる、社会主義の統治合理性の限界を俎上に載せていたといえるだろう。ハイエクは、人びとの主観に断片化し分散している不完全な知識から出発して、いかにして国家による恣意的な強制なしに市場を存立させ秩序づけ機能させるか、という自由主義的な統治様式の原理を練り上げることを目指した。ハイエクの経験主義的な立場は、かれが一般均衡理論の枠組みでしか問題を見ない市場社会主義者のみならず、ミーゼスの「人間は行為する」というアプリオリな前提から演繹された「人間行為学《プラクシオロジー》」からも乖離していくことを意味していた。

だが、これらとはいずれも異なる論を立てていたのが、ノイラートやポランニーといったオーストリアの社会主義者であった。ノイラートは多様な自然事物との複雑な絡み合い、相互依存関係のなかにある人びとの社会的・物質的な生活条件を、いかにして持続可能な仕方で生産・再生産できるか、という問いを解かれるべき経済問題の核心として捉えた。またノイラートは失業や貧困による生活条件の剥奪、あるいは資源枯渇や自然破壊として現れる社会問題を、市場の拡大に伴う実質合理性に対する形式合理性の圧倒的な優位ないし支配として分析した。このような視点はポランニーやカップにつながる「実質経済学」のコアを形成するものといえるだろう。

しかし、ノイラートにとって、社会関係が自然的諸条件と緊密に結びついているということは、生産力の発展によって経済過程がますます複雑化すればするほど、高度な科学的知識を前提とした社会工学が人間の物質生活の組織化に大きく関与せざるをえないこととの不可逆性を意味してもいた。そして経済的自由主義が持ち出す〈自由と計画〉の分極的な二分法に対抗するため、ノイラートは次のような問いを自らに提起することになる。すなわち社会工学や計画化をとおして、複雑な自然的・社会的な相互依存関係の透明性を可能なかぎり高め意識的に調整しながら、かつそれが「自由の破壊」ではなく「自由の生産 production of freedom」ないし「自由な生き方のオーケストレーション」を導くとすれば、そこにはどのような条件が必要なのか、という問いである。これに対するかれの回答は次の三点に要約されるだろう。

第一に、人間の生存に直結する経済の基礎部分（サブシステンス）の社会化である。社会化そのものが自由の条件となるというのは、一見逆説的であるが、自然資源を含む生存基盤の社会的・集団的な統制が個々人の自由な生の前提条件となるというのは、「一般的扶養義務」をとおした困窮と不必要な強制からの自由を掲げるポパー＝リンコイスのユートピア思想から引き継がれたノイラートの社会化の構想に一貫した問題意識である。ノイラートは経済の安定を意図した自由市場に対する規制が「個人の能力開花にとって本質的なインセンティブを取り除いてしまう」という自由主義者の立論を批判し、むしろ「経済的に安定した生活や窮乏の除去」によって可能となる経済外的な領域での個々人の自由な創意による文化的発展に期待をかけるのである。*75

第二に、科学者や専門技術者が果たすことのできる役割の制限である。統治実践としての社会工学は、人間の知識が抱えている本質的な限界ゆえに、社会を設計し尽くすことなど不可能であり、実現されるべき単一の経済計画を決定することもできない。ノイラートは「人間の運命を決定づける」「歴史的必然性」といった決定論も、理性によって未来の社会秩序を完全に予測し制御できるという合理主義も、ともに斥ける。「将来の社会構造を議論する場合には、どのようなものであれ、歴史的に与えられた資料の収集は有益であろう。けれども新たな生き方の構想も何らか重要なものである――一種の創造的「社会工学」ないし「科学的ユートピア主義」。ただしわれわれは新たな可能性を創り出すことはできても、すべてを創れるわけではない。というのも、創造もまた今日の世界を形成していない他の社会的要素と相互に結びついているからである」。*76 社会工学に残される可能性は現実的なもの、すなわち「地上 earthly plane」のなかに留まりつつ、そのなかから「多様なる未来 Plurifuture」（生活秩序）を意識的に醸成しようとする努力のうちにある。それは経済を組織化する際の方向を一定の範囲に限定するものであっても、一義的に決定づけるものではない。

そして第三に、「経済的寛容」に基づく異質な生活秩序・経済様態の積極的な共存である。多元的なアソシエイションの存在を、生き方の多様性を支える制度的条件として捉え、またそれらを国家や市場との緊張関係のなかで確保するという問題意識がノイラートのテクストには存在している。近代社会におけるオイコノミアの再建は単純な「家政経済」の拡大ではありえない。そのため社会工学は、意志決定の中央への集中を招くものではなく、むしろ多様な規模や機能をもつ自発的組織の自律性や非契約的な社会関係を保護し促進するものでなければならない。経済的寛容は、民主主義が「マジョリティの支配」ではなく、「マイノリティの不服従」の承認を実質的に確保するための組織原理であった。この点につけ加えて言えば、ハイエクもまた自由な社会において特定の目的を共有する中間団体や自発的組織の連合が果たす役割の重要性を説いたが、*77 ノイラートはそれらが拡張する市場の諸力と容易に両立しうるものとは考えていなかった。むしろそれらから切り離されることで、意識的・計画的に組織化されまた維持されるべきものと見ていたのである。

ノイラートの社会工学は、ハイエクが否定したような社会を俯瞰することのできる統治者の超越的な視点を前提としたものではまったくないし、技術者の知性や青写真に沿って社会全体を設計できるといった設計主義的な信念と結びつくわけでもない。一九二〇年の論考でミーゼスは、社会主義経済を無数の経済的諸関係の大海原で羅針盤を喪失してもがき苦しんでいる〈船〉に喩えた。*78 しかしノイラートにとってそれは伝統や慣習が行為の正当性の確たる源泉ではなくなってしまった近代社会の避けがたい運命であったのかもしれない。「ノイラートの船」のメタファーに表現されたように、ノイラートにとって〈経済〉すなわちオイコノミアの統治は、自然的な事象や事物との複雑な絡み合いのなかにあって、不可逆性と不確実性に満ちた広大な海のなかを、理性による洞察の限界を引き受けながら、その形態を不断に再構築しながら進む船の舵取りのようなものであったからである。

結び

本書はこれまで、世紀転換期から両大戦間期にかけてヨーロッパで形成されていた経済思想――〈経済〉の存立条件を自然の物質的な相互依存関係にまで掘り下げてトータルに把握することに挑んだ思想――の系譜を、自由主義的な政治経済学との対抗を主軸に考察してきた。ウェーバーやハイエクなど社会科学者の直接的な批判対象となった数少ない例に言及しえただけであるが、社会エネルギー論はハイエクが批判するようなタイプの素朴な科学主義には還元できないより複雑な性格をもち、古典力学に似せた理論体系を構築することでその厳密性を誇ろうとする限界革命以降の経済学に対してときに明確な批判を含んでいた。物質文明の枯渇性資源への依存の問題に留まらず、文明とエネルギーの利用効率の関係（オストヴァルト）、歴史と自然環境の有機的な結合としての都市（ゲデス）、物質的な富の性質と資本主義的な貨幣制度との矛盾（ソディ）、市場社会において満たされざる本質的ニーズ（ホグベン）など、個々の論者の関心を反映して多様な論点が提起されながら、そこには基本的な生存を再生産してゆくための〈経済〉の存立を、外部環境との物質とエネルギーの不断の交流において捉える視点が確実に存在していた。それは〈経済〉に対する自然の意味を、「土地」や「資源」など商品を生産するための生産要素として一面化し形式的に理解してきた経済学のメインストリームとは根本的に異なる認識に立っている。

そして物理主義《フィジカリズム》の思想家オットー・ノイラートもまた、熱力学の進展が引き起こした力学的自然観の崩壊という事態を深刻に受け止めた思想家の一人であった。古典古代の経済史の研究から出発したノイラートは、市場経済の歴史的・地域的特殊性を重視したドイツ歴史学派の流れを汲みつつも、そこにエルンスト・マッハから引き継いだ反力学的な認識論や方法論を接ぎ木して、市場現象の分析に純化する経済学の偏狭なパースペクティブの独自の乗り越えを試みていた。その先に開かれたのは、具体的な人間の生存の成り立ちを、社会関係や制度だけでなく、自然生態系によって形づくられる物質的な相互依存関係の次元にまで遡って把握する多元的でホーリスティックな視点である。ノイラートが晩年までこだわった「自然計算」と「社会化」は、人間の生存基盤を市場の価格機構へと包摂し尽そうとする経済的権力への対抗にほかならず、そこでは貨幣による価値計算では解決不可能な自然資源の再生産や世代を通じた富の分配の問題が意識的に論じられていた。ここで取り上げた科学者や思想家たちにとって、自然科学と社会科学の統一というプロジェクトは、自然の物質性を免れえない人間が生存を組み立てる基本的な場としての

〈経済〉、〈オイコス〉を組織化していくという、きわめて実践的な問題と結びつく形で登場したことは留意されてよいだろう。

さて、こうした二〇世紀初頭の〈オイコノミア〉の再建を目指す動きに対して、自由主義の思想家ハイエクは一貫した批判者・敵対者として現れている。ハイエクは社会エネルギー論やノイラートの統一科学を還元主義的ものとして批判するだけでなく、そこにエネルギーフローのような「自然の力」のみならず、人間の創意や工夫など「社会のさまざまな諸力」をも意識的に制御し組織化できると見る「工学型の精神」、「サン＝シモン主義」の支配を見いだした。社会関係の外部に立って統治する知の存在を前提することこそ、個人の自由を踏みにじり圧殺する全体主義やファシズム、独裁にいたる道を開くものにほかならない。だからこそハイエクは、「カタラクシー」としての市場秩序が、「エコノミー」とはまったく異質な原理で働くものであることを強調したのである。

ではこのサン＝シモン主義批判にノイラートはどう応じたのか。この論点を考えるために、これまでの本書の考察を補完する意図を込めて、ノイラートが亡くなるその年にハイエクに宛てた書簡のなかにある文章に言及しておきたい。ノイラートはそこで、〈科学〉の名のもとで唯一絶対の最適解が導出されうると考える「似非合理主義者」が全体主義へと反転する危険について語りながら、ハイエク自身の立場について次のような疑念を投げかけている。

あなたは全体主義が直接的に擁護される事態を論じていますが、間接的には、あらゆることがらがときに全体主義の成功を支えることができてしまいます――そして私が示そうとしたのは、あなたの極端な反 - 全体主義の思想さえも間接的には全体主義を支持できてしまう、ということです。*1

興味深い指摘である。ちなみにこの書簡は『隷従の道』の書評とともに同封されたものである。よく知られているように、第二次大戦中に刊行された『隷従の道』は、社会主義のみならず、所得再分配など福祉国家的な介入ですら、ついには全体主義――すなわち独裁――に行き着いてしまうことを警告した書物である。計画論者ノイラートが懐疑するのはやはり、一方の極に全体主義的なもの一式（計画・介入、社会福祉、組織等々）を、そしてもう一方の極に自由主義を対置するハイエクの「あれかこれか」の論法である。そこでノイラートはこう問い返すのである。なぜ自由主義のみが例外的に全体主義への道、「隷従への道」を免除されるのか、自由主義もまた全体主義に対し十分に両義的なものではないのか、と。ここでノイラートがハイエクの自由主義を正しく理解しているかどうかはさしあたり問題ではない。むしろ重要なのは、いかなる局面において自由主義は全体主義へと反転してしまうと想定されるのかである。ノイラートは経済合理性が貨幣による計算合理性と同一視される事態、すなわち収益性や生産性に基づいて経済が一元的に組織化される事態に、経済的自由主義の全体主義への反転を見ていたといってよいだろう。

ではこの危惧は今日の市場と自由主義をめぐる議論に何らかの意味をもちうるだろうか。ハイエクを含め、本書で取り上げた多様な思想が形成された背景には、それぞれに複雑な歴史性や知的地層が存在するのであって、それらを捨象して安易に現代の問題との接点を探ることは、多くの場合不毛であろう。だがそれを自覚したうえで、あえて最後にこのノイラートの問いかけを引き継いで、今日の自由主義的な統治の問題について若干の考察を付け加えておきたい。

アメリカの作家ウィリアム・オフュルスは、すでに四〇年近く前になるが、およそ自由主義と結びついた価値や哲学、一連の諸制度は、大航海時代の新大陸（＝広大な資源のフロンティア）の発見を前提するものであり、自然の課す物質的な制約から一時的に免除された（かのように思われた）「例外的な時代」の所産にすぎないと書いて、一部の環境論者のあいだで物議を醸した。土地や資源の際限ない「豊饒 abundance」こそが一八世紀以来の自由主義の支配を可能にした物質的条件であって、この条件が喪失した「生態学的な希少性」の時代には、市場を主軸とする自由主義的な経済体制は存立不可能な、時限つきのものでしかない[*2]、とかれはいう。オフュルスの分析は直観的にすぎ、精細な論証を欠くとはいえ、「自由主義の物質的条件」への着眼はそれ自体興味深いテーマに触れている。環境的・物質的なコンテクストが変化すれば、自由や生存を成り立たせる諸条件も自ずと変容を被るというのは当然である。かつてカール・ポランニーは、市場が――組織化された介入や統制・規制の範囲を飛躍的に拡大させつつ――その外部にあって自らの前提としていた社会の実体（土地・労働力・貨幣）をもシステム内部に包摂する「自己調整的市場」の自己崩壊の様相を二〇世紀に生じた「大転換」（社会主義・ファシズム・ニューディール）として描いたが、現代の環境と経済の複合的危機もまた、早晩、市場とその外部との関係にかなり根本的な転換を不可逆的に招来させるであろう。

ただし注意を要するのは、そうした事態の含意と帰趨を捉えようとする際、「自由 対 権力」、「市場 対 国家」というような「短い二〇世紀」（ホブズボーム）を生き延びた常識的な二分法は、何ら有効な視点を示さないばかりか、認識の障害にすらなる、ということである。ポランニーが二〇世紀初頭の経済的自由主義の転換を分析した際、市場の形成と維持における権力の役割に絶えず注意を払っていたことは今なお重要である。かれは市場という制度の登場が権力や政治、あるいは強制なき社会の実現を可能にするのだという見方を、自由主義のユートピア性や欺瞞として批判した。ましてや厖大な資源とエネルギーの採取と開発、その帰結として生じる外部環境への廃棄という、いわば経済活動の〈ネガ〉の局面を視野に収めたとき、そこに浮かび上がるのは、自由と等価性（equivalence）を原理とするグローバルな自由主義経済と、その裏返しとしての「略奪経済 Raubwirtschaft」（フリードリヒ・ラッツェルが用いた森林や鉱物資源の経済的収奪を指す概念）とが共存する世界である。近年の環境史の成果が明らかにしてきたように、等価交換と経済的自由が実現する場としての〈市場〉は、歴史的に、その外延に置かれた社会集団の生物／無生物資源に対する暴力的な介入や統治の実践をその背景に抱え込んできたのである――通常それは価格メカニズムによってブラックボックス化されてきたのであるが。[*3]

現在、このような事態は変わっていないというよりむしろ強化され大規模化している。『緑の帝国 *Imperial Nature*』の著者マイケル・ゴールドマンは、九〇年代以降、世界銀行が作り上げてきた環境保護と開発という二つの異なる理念から構成された開発レジームを、「グリーン・ネオリベラリズム」体制として特徴づけている。かれによれば、この開発レジームの下では世銀と国家機関、そして多様な民間組織が一体となって形成する「ハイブリッド型の国家」が、途上国の自然環境に直接介入し、共同体の管理下にあった自然資源の大規模な市場化＝資本化を推し進めてきたという。なかでも、「貧困国は水の値段を上げなければならない」という論理に基づいて推進された、水資源の民営化に向けた攻撃的介入は、途上諸国の人びとのサブシステンスを多国籍企業の利潤機会へと開放し、かれらの生活を危機的状況に陥らせてきた、[*4]と批判している。〈成長と環境の両立〉が人類共通のアジェンダとして設定されて以来、自由な市場の形成の名のもとで、土地、森林、鉱物資源、水、大気、そして人間の身体（臓器）に至るまで「自然」の資本化に向けて動員されてきた権力介入は、決して小規模のものではない。専門家集団（経済学者）によって、自然資源（自然資本）の非合理的な濫用は、もっぱら環境や資源のアクセス権の適正な経済的価値評価（＝価格）の欠如によるものとされ、自然資源が取引される――擬似的あるいは現実の――市場の創設が資源の合理的使用のための処方箋として与えられてきたのである。ミーゼスがノイラートの自然経済を批判した時に用いたのとまったく同一の論法がここでもまた持ち出されるのである。

ここでは、市場の外延に対して行使される権力や規律は、つねに「市場の自由」に寄り添う形で登場しているのであって、自由と権力を素朴に対立させる見方では事態の核心を掴むことは不可能となるし、まさにノイラートがハイエクに危惧を示した自由主義の全体主義化という契機を見過ごすことになる。自由主義的な国家や政府はその正統性の少なからぬ部分を経済活動の維持と発展から引き出してきた。そしてハイエクが嫌悪したはずの、国家全体が生産組織となり、経営体となる事態（サン＝シモン主義）は自由主義においても存在し、あるいは――現存社会主義などより――いっそう強化されることも十分にありうる。そうであるとすれば、自由と国家権力を二元論的に対立させるのではなく、市場経済の形成と維持のために働く介入や権力の性質に注視することで、自由主義に内在するその介入的側面を批判的に捉えていくこともまた重要であるだろう。市場の広がりとともに、外部環境への物質的な依存の構造が深まれば深まるほど、経済領域を自由な商品交換の空間として擬制化することによる対価は、あまりに巨大なものとなる。

ポール・ラザフォードたちは、フーコーの統治性研究を参照しつつ、一九七〇年代以降、「人口‐富」問題から派生した、資源、食糧、自然環境、汚染の規制・統御をめぐって生じる知の形成や権力作用を、「エコロジー的統治性 ecological governmentality」の出現と捉えている。[*5] かつての貧困や恐慌、失業といった社会問題の場合のように、国境を越えて広がるグローバルな汚染や公害、資源収奪として現れた現代の経済と環境の複合的危機もまた、そのような権力を不可避的に招来するであろうし、国家も問題解決に向けた積極的な行動を迫られている。このような新たな統治の領野が出現したこと自体は、必ずしも否定されるべきことではないだろう。人間の生存の問題を突き詰めてゆけば、その生存基盤たる資源やエネルギー、またこれらを可能にする生態系の健全性が統治の射程に入ることは当然であるからである。

問題はその先である。社会の基底的な存立基盤としての自然界にまで及ぶに至った統治実践はつねに両義性を孕む。人間の生存基盤に及ぶ統治の権力は、人間の物質的生存の必要が保障される場を維持する方にも働きうるが、ハイエクが批判した科学主義や設計主義にすり替わる可能性も同時に存在する。すでに述べたように、多様な自然資源への攻撃的な経済介入は、その表向きの意図とは反対に、自然資源の巨大市場を暴力的につくり出し、「南」の生活世界（＝コモンズ）に破壊的な影響をもたらしてきた。[*6] 介入主義は必ずしも市場制限的なものとして機能するわけではないのである。

しかしまた逆に、社会から自律性を恣意的なやり方で奪うのではない権力や規制、計画のあり方もさまざまにありうる（またありえた）はずである。市場と自由との関係が自明でないのと同じ程度に、計画と自由との関係もまた複雑である。ジョージェスク＝レーゲンは、経済（学）の対象を、財とサービスの生産・消費という狭義の経済過程から、熱力学の原理を踏まえて、そのような経済過程を存立させる再生産可能な条件・過程（かれはⅡ部門と呼ぶ）をいかにして将来にわたって維持し、また創出するか、という問題へと展開させる必要性を指摘したが、[*7] 社会主義経済計算論争で争われた、自由か計画かあるいは市場か国家か、といった極端に単純化された問題もまた、こうした経済の基底的な存立条件を含む広義のパースペクティブのなかに位置づけ直され、論じ直される必要があるだろう

複雑な自然的・社会的な相互依存関係の透明性・見通しを高めながら、それが個々人の自由や差異の破壊ではなく、「自由の生産」、人びとの「自由な生き方のオーケストレーション」につながるとすれば、そこにはどのような条件が必要なのか。統治のもつ両義性を踏まえて、〈生物種としての人間〉の自由とその複雑な条件をどのように論じ直すことができるのか。*8 これらについて具体的に思考するためのゆたかな想像力が、本書に登場した科学者や思想家のテクストにはさまざまに見いだされる。人間と人間の関係のみならず、固有の合理性や物質性を備えたモノと人間との関係を見据えて、経済世界の複雑な成り立ちを根本から再考することは、かれらの問いであるとともに、われわれの問いでもある。

注

序

＊1 Worster 1985; Schabas 2005; 麻生 2010 を参照。

＊2 Schabas 2005, ch.2; 隠岐 2011.

＊3 Schabas 2005, p.5.

＊4 Mirowski 1989.

＊5 Schabas 2005, p.16.

＊6 Georgescu-Roegen 1977b, p.95. 邦訳一六一頁。

＊7 Martinez-Alier 1987/1990.

＊8 Georgescu-Roegen 1971, p.3. 邦訳三頁。

＊9 Georgescu-Roegen 1979, p.1043. 邦訳二七四頁。

第一章

＊1 Soddy 1922, p.32. 傍点は引用者。

＊2 山本 2009b, 第三四章。

＊3　この矛盾を古典力学的な運動法則に再び解消しようとしたのが、後の分子統計力学による熱力学の基礎づけである。だが山本2009bは、一九世紀の熱力学の意義はなによりも地球の理解、つまり地球における物質循環をそのもとにある熱循環を通して解明すること、巨大な熱機関としての地球全体の活動性の根拠と制約を同時に明らかにすることに求められるべきだとし、その意義は二〇世紀の統計力学への発展・統合に解消されるものではないと指摘している。ちなみにジョージェスク＝レーゲンも巨視的レベルでの物質の重要性を指摘して、この動きを痛烈に批判した（Georgescu-Roegen 1977a）。分子統計力学的な熱力学の解釈の問題点については横山1986; 玉井1985も参照。

＊4　Georgescu-Roegen 1971, p.3. 邦訳三頁。

＊5　Clausius 1865, p.365.

＊6　Clausius 1885, 邦訳九九-一〇〇頁。

＊7　Clausius 1885, 邦訳一〇六頁。

＊8　Planck 1908, 邦訳五〇頁。

＊9　Soddy 1934, p.5. 傍点は引用者。

＊10　本書で触れる余裕はないが、「エコロジー」という語の同時代のもう一人の提唱者として、アメリカの女性化学者エレン・スワロー（Ellen Swallow, 1842-1910）がいる。スワローはマサチューセッツ工科大学の最初の女性卒業者にして最初の女性教員として「ホーム・エコノミクス」を創始した。当初「エコロジー」という用語を用いようとしたが、この語の先取権はヘッケルにあるとして、使用を禁じられたのである。スワローのエコロジーについてはClarke 1973を参照。

＊11　Bramwell 1989は、ヘッケルの全体論的生物学やそれに基づく社会改革の実践を現代のエコロジー思想の決定的な淵源と評価する。「ヘッケルとエコロジーとの関係は、かれがその言葉を発見したという言語上のことに限定されない。概念的手段としてのエコロジーは、その初めから規範的な使用の核心となる意味を含む言葉であった。[…]かれの政治と科学の研究は、ともに現在のエコロジストたちの基本的な関心と関連をもつのである」(p.53. 邦訳八六頁)。ちなみにヘッケルの思想は『自然創造史』(一八六八年)、『宇宙の謎』(一八九九年)、『生命の不可思議』(一九〇四年)といった一般向けの啓蒙書を通して、本国ドイツにのみならず英語圏の国々でもかなりの反響を呼び、後に英国の「土壌協会 soil association」や「大地へ帰れ運動」にも少なからぬ影響を及ぼしたと言われる。しかし他方で現代のエコロジストがヘッケルの思想を表立って評価しないのは、かれの一元論が優生思想を強く孕んでおり、ドイツ・ナチズムにも何がしかの影響をもったとの疑念が払拭されないためである。なおヘッケルの優生思想については佐藤 2000 に詳しい検討がある。

＊12　Haeckel 1878b, 邦訳一四二-一四三頁、および Haeckel 1904 を参照。なおヘッケルの「エコロギー」については佐藤 2001 に周到な分析がある。

＊13　佐藤 1999 によれば、一元論同盟は国民を教会から離脱させることを中心的な目標とする社会運動であり、ジョルダーノ・ブルーノやガリレオ、ケプラーに対する教会の激しい弾圧行動に始まる、教会と科学の闘いの歴史の末端に位置するものであった。オストヴァルトが議長を務めた時期には、同盟は四一の地域に支部をもち、五〇〇〇人もの加盟者を抱えていた。また一九一三年には、オストヴァルトが議長を務めたドイツ一元論同盟は、社会主義者カール・リープクネヒト率いる社会民主主義グループと連携して「国教会に反対する大衆ストライキ」を開催、ベルリンにはおよそ四〇

○○人もの人びとが集まったという。しかし第一次世界大戦の勃発によって、同盟は実質的に解体を余儀なくされていった。

＊14 Ostwald 1913, 邦訳四五九頁。Solokin 1928 も参照。

＊15 Ostwald 1907, S.160. 邦訳二二二頁。

＊16 Ostwald 1907, S.165-166. 邦訳二二八-二二九頁。

＊17 Weber 1909, p.50.

＊18 Weber 1909, pp.40-41.

＊19 イリイチ 2012 もまたオストヴァルトを「エネルギー神秘論者」と揶揄する。イリイチは、エネルギーという言語的シンボルの出現によって、自然が希少性の前提によって支配される領域と解釈され、人間存在もまたつねに自然を欠いた＝自然を必要とする貧しい顧客として定義されるようになったと指摘する。かれの議論は、「エネルギー」という言葉を通したモダニズムそのものへの批判であり、ハイエクのそれと重なりつつも、やはり少しずれている。いずれにせよ原子論が感覚的世界を抽象的で無味乾燥な原子運動に還元するのに対し、エネルゲティークは、還元主義的な性格をもつとはいえ、現実の光や熱といった巨視的領域の現象と結びついた理論構成をもっている点で、原子論と決定的に異なっていることは押さえておく必要がある。

＊20 Georgescu-Roegen 1976; 1977a; 1979.

＊21 Renwick 2010, pp.153-155.

＊22 Adams 1938; 1945.

＊23 安藤 1991; 1998; Sato 1998; 2004; Studholme 2007. なかでも安藤 1998 は、複雑に錯綜したゲデ

スの思想のコンテクストと全体像をきわめて丹念に追って分析した大作であり、管見のかぎり国外の研究と比べても群を抜いて質の高いゲデス研究である。

＊24 Welter 2002, p.18.

＊25 ソディについては、経済成長を批判し「定常状態の経済 steady-state economy」への移行を説くハーマン・デイリーが、一九八〇年の論考において、その独自の意義を紹介したことを契機に関心を集めてきた（Daly 1980）。経済学の研究としては、Myers 1940; Martinez-Alier 1987/1990; Merricks 1996a; 1996b が重要である。日本でも、ソディのエネルギー論的な貨幣論については、室田 1979 がいち早くその意義を評価し、近年でも工藤 2002; 泉 2004; 藤堂 2006 などの論考がある。また二〇〇八年のサブプライム・ローンに端を発する金融危機に際しては、『ニューヨーク・タイムズ』に、'Mr. Soddy's Ecological Economy' と題する記事が書かれ、ソディの金融制度批判が紹介された（Zency 2009）。

＊26 Soddy 1922, p.11.

＊27 寺尾 1948, 一五四頁；Mirowski 1988a, p.21.

＊28 Pomeranz 2000; ポメランツ 2003; 雨宮 2010 を参照。

＊29 Jevons 1865/1906, p.163.

＊30 「蒸気機関の改良は行われるごとに、新たな石炭消費が加速される。あらゆる産業の部門が新たな刺激を受け、人力はいっそう機械の動力にとって代わられ、しかもより費用のかかる蒸気動力では商業的に不可能な、さらに大規模な仕事が開始されうるのである」（Jevons 1865/1906, pp.152-153）。ジェヴォンズのパラドックスについては、Alcott 2005; Mayumi2009 を参照。

＊31 Jevons 1865/1906, p.164. なおジェヴォンズの代替動力源については、室田 1979, 一八-二二頁に詳しい考察がある。
＊32 Keynes 1972, p.117. 邦訳一五七頁。
＊33 Geddes 1884b, p.27.
＊34 Geddes 1926, p.5.
＊35 Ruskin 1862, p.156. 邦訳一五八頁。
＊36 Ruskin 1862, pp.144-145. 邦訳一四六-一四七頁。
＊37 「『価値がある』ということは、『生に対して役に立つ』ということである。したがって、真に価値があるか、あるいは役に立つものは、その全効力をもって生につうずるものである」(Ruskin 1862, p.118. 邦訳一二〇頁)。
＊38 Ruskin 1872/1905, pp.153-154. 邦訳二九三-二九四頁。
＊39 Ruskin 1872/1905, p.165. 邦訳三〇八頁。
＊40 Ruskin 1872]/1905, p.155. 邦訳二九五頁。ちなみにラスキンの経済思想を正面から論じた最近の成果として、伊藤 2011; および塩野谷 2012 を参照。
＊41 Geddes 1949, pp.216-217.
＊42 Campbell 1983.
＊43 Meller 1990, pp.34-38. ル・プレーは、ナポレオン三世の統治にかかわり、一八五五年のパリ万国博覧会では総責任者となったフランスの社会改良家である。社会調査に基づく労働者に関するモノグラフィー『ヨーロッパの労働者』(一八五五年)を執筆し、社会問題の理解に大きく貢献した。

かれの関心は、現実のさまざまなコミュニティや産業の実態をとくに地理的分布や環境上の要因から解明することであった。ちなみに、ゲデスは、一八七八年から一年間、フランスへ留学しており、この時期にフランスの社会科学から多くの影響を受けたと思われる。ル・プレー学派については廣田 1992 に詳しい。

＊44 ゲデスの思想の生物学的な背景については Meller 1990, ch.1; 安藤 1998 を参照。

＊45 Geddes 1915, ch.4; cf. Geddes 1906, pp.170-171.

＊46 Geddes 1884b, pp.36-37. ただし安藤 1998 によれば、ラスキン本人は自らが提起した経済学の問題を「ダーウィン主義」や「進化」の問題と結びつけるゲデスの生物学的論法をほぼ全面的に拒絶したという（二三一頁）。

＊47 Walras 1965, pp.794-796.

＊48 Mumford 1948, p.679.

＊49 Geddes 1881, p.304.

＊50 Fischer-Kowalski 1998, p.65.

＊51 Geddes 1884a, p.951. なお生物学者であったゲデスの「物理学原理」の認識は、エディンバラ大学の自然哲学の教授を務めた物理学者ピーター・ガスリー・テイト（1831-1901）に由来するものと見られる。

＊52 Geddes 1884a, p.953.

＊53 Geddes 1884a, p.955.

＊54 Geddes 1884a, p.958.

＊55 なおゲデスとデュルケームとの比較についてはStudholme 2007に考察がある。

＊56 Geddes 1881, pp.316-317.

＊57 Geddes 1905; 1906.

＊58 Sato 1998はゲデスの思想を「生命地域主義bio-regionalism」の系譜として考察している。

＊59 ゲデスの都市学とゴルトンの優生学との関係については、皆吉2005が示唆に富む。なおこの論考で皆吉はゲデスとゴルトンの差異が両者の科学観の違いとしても現れると指摘している。

＊60 Walter 2002, pp.13-24.

＊61 Geddes 1926, pp.10-11.

＊62 マンフォードは、旧技術の秩序から新技術の秩序への移行というゲデスの図式をはっきりと引き継いでいる。なおマンフォードのエコロジー思想については、Luccarelli 1995を参照。

＊63 ソディの貨幣改革運動へのかかわりについては、Merricks 1996a, ch.6,7に詳しい。なお社会クレジットとは、ダグラスが過少消費説に基づいて提起した「国民配当」のことであり、思想史的には現在のベーシック・インカムにつながる系譜に位置づけられる。

＊64 Myers 1940, p.71.

＊65 Knight 1927. ナイトの書評は一見かなり好意的なもので、とくにソディの貨幣論については一九二二年の『デカルト派経済学』からの飛躍的な前進を称賛している。しかし貨幣論の前提となっている肝心の富の物理学的な定義については、まったく検討に値しないものとして無視されている。またもう一つの例外として、一九二〇年代から三〇年代の貨幣改革を扱ったMyers 1940では、ソディが、ゲゼルやダグラスとともに論じられている。

＊66　Soddy 1926, p.28.

＊67　Trenn 1979, p.269.

＊68　「われわれをとりまくすべての物体のもつ力や作用を、職人のさまざまな技能を知るようにはっきり知って、同じようにしてそれらの物体をそれぞれの適当な用途にあてることができ、こうしてわれわれをいわば自然の主人にして所有者たらしめることである」（デカルト 1997, 八二頁）。

＊69　Soddy 1934, pp.135-136.

＊70　Soddy 1922, p.5.

＊71　Soddy 1922, p.28.

＊72　Soddy 1922, p.9. cf. Soddy 1926, pp.24-25.

＊73　Soddy 1922, p.6.

＊74　Soddy 1926, p.25.

＊75　Soddy 1934, pp.8-9.

＊76　Soddy 1922, pp.12-13. なお、この文章には次のような注釈がついている。「カール・マルクスが、もし近代エネルギー理論が確立される以前にではなく、以後に生きていたとすれば、鋭敏で博学なかれが、社会諸科学においてそれがもつ重要性を容易に把握していたであろうことは、ほとんど疑いえない。公正を期して、かれは富の真の性質を解決しようとはせず、その貨幣的な等価物、つまり使用価値ではなく交換価値の問題に専ら集中していたといわれなければならない」(p.13)。

＊77　Soddy 1926, p.108.

＊78　Soddy 1926, pp.117-119.

＊79 Soddy 1926, pp.93-94.

＊80 Soddy 1926, p.109. ボルシェビキの理論家ブハーリンは、主観主義や消費の観点によって特徴づけられるオーストリア学派の経済学は「ブルジョア金利生活者」の心理的特性に対応すると論じていた。

＊81 Soddy 1926, p.113. ただしソディは、マルクスが自然が富の源泉の一つであると認識していたことに言及して、マルクス主義一般からは区別している。なおこの点についてはよく指摘されるように、マルクスが『ゴーダ綱領批判』において展開したラッサール派への批判が注目される。マルクスは、「労働はすべての富の源泉ではない。自然もまた労働と同じ程度に、使用価値の源泉である。（そして、物的富は、たしかにこれらの使用価値からなりたっているのだ！）そして、労働そのものも一つの自然力すなわち人間労働力の発現にすぎない」と述べ、「人間があらゆる労働用具と労働対象との第一の源泉たる自然にたいして、はじめから所有者としてたいし、この自然を人間の所有物としてあつかう」ラッサール派を、「ブルジョワ的な」と批判している（マルクス1954, 三六頁）。ここでは土地の自然力は、人間の自然力（＝労働）とともに、いわば「協同して生産する主体」として積極的・明示的に捉えられている。

＊82 Soddy 1922, pp.21-24. cf. Soddy 1926, pp.61-62.

＊83 Soddy 1926, p.62.

＊84 Soddy 1922, p.20.「私の見解は、ある意味でラスキンがはるか以前に到達していたものと非常によく似ているが、私はこの主題につき、ラスキンの著作を知ることもないまま、倫理学の原理ではなく、熱機関の原理から引き出していた」。cf. Soddy 1926, p.94.

＊85　Soddy 1934, pp.24-25.

＊86　Soddy 1926, p.70.

＊87　Soddy 1931, p.28.

＊88　Soddy 1926, p.106.

＊89　Soddy 1926, p.30.

＊90　Soddy 1926, ch.15; Daly 1980. なお、商業銀行による信用創造を原因とした経済変動の増幅を削減することを目的とした一〇〇%準備制度は、ソディによって初めて提示されたものではなく、後にフォン・ミーゼスやアービング・フィッシャー、ミルトン・フリードマンなどによっても提案されている。

＊91　ゲゼルは、物理的世界における使用価値と貨幣との非対称性に「基礎利子」の起源を求め、これを解除する手段として、貨幣の流動性に課税するため、時間の経過とともにその価値を減少させてゆく「自由貨幣」（スタンプ付貨幣）の導入を構想した。この発想は、現在でも一部の地域通貨の運動に継承されている。ゲゼル 2007 を参照。ソディとゲゼルの理論的な類似性と異同については、泉 2004, 二五‐三二頁に考察がある。また Merricks 2006a も、歴史的な視点から当時の貨幣改革論におけるソディの位置について詳細に論じている。

＊92　たとえば Soddy 1926, pp.70-74.

＊93　Seccareccia 1997, p.125.

＊94　Martinez-Alier 1987/1990, p.202. 邦訳三三七頁。

＊95　Hayek 1942-44, pp.13-14. 邦訳一二頁。

＊96 Hayek 1942-44, p.48. 邦訳五〇頁。

＊97 Hayek 1942-44, p.50. 邦訳五二頁。

＊98 Hayek 1942-44, p.51. 邦訳五三頁。

＊99 Hayek 1942-44, p.31. 邦訳三一 -三二頁。

＊100 Hayek 1942-44, pp.26-27. 邦訳二六 - 二七頁。

＊101 Hayek 1942-44, p.24. 邦訳二二頁。

＊102 Hayek 1942-44, p.30. 邦訳三一頁。

＊103 Hogben 1938, p.41. なおホグベンはＬＳＥに人口・資源学部の設置を求めたと言われている（Martinez-Alier 1987/1990, p.152. 邦訳二五九頁）。

＊104 Hayek 1942-44, p.52. 邦訳六五頁。

＊105 橋本 1994 は、社会科学方法論を、資本主義／社会主義という体制選択をめぐる思想闘争においてそれらが果たす「機能」（＝方法の思想負荷性）に着目して論じている。

＊106 Hayek 1942-44, p.94. 邦訳一〇一頁。

＊107 Hayek 1942-44, p.91. 邦訳九七頁。

＊108 Hayek 1942-44, p.88. 邦訳九四頁。

＊109 典型的なのはフィリップ・ミロウスキーのエネルギー論批判である（Mirowski 1988b; 1989）。ミロウスキーはゲオルク・ヘルムやオストヴァルトに象徴されるように、社会エネルギー論は一様に、経済的価値とエネルギーを混同する還元論であり、かつもっぱら「エネルギー保存則」（第一法則）を重視して、「エントロピー法則」（第二法則）を無視したため、経済過程の不可逆性の問題

を見過ごす結果となったと論じ、ジョージェスク＝レーゲンの「生物経済学」との断絶を強調している。しかし、これはテクストのかなり恣意的な読解と引用に基づいている。たとえば、ソディはエントロピー増大則から、経済過程における物理的な富の不可逆的な散逸の問題を執拗に論じているにもかかわらず、ミロウスキーはその点にまったく触れていない。

＊110　ハイエクは後に、システム・ダイナミクスの手法を用いて全地球的な人口と資源・エネルギー消費の幾何級数的な成長の臨界点を予測したローマクラブの『成長の限界』（一九七二年）に対しても、社会エネルギー論に対して行った合理主義批判を繰り返したのであるが（Hayek 1978）、いわゆる「持続可能性の科学」には、ハイエクとほとんど同型の批判が現在に至るまで絶えず投げかけられてきたのである。たとえばSachs 1992; Gorz 1993などがそうである。

＊111　オストヴァルトほど過激ではなくとも、エネルゲティークやまたこれに近い発想が同時代あるいはその後の社会科学に繰り返し登場したのであるが、それらの多くは科学主義的な色彩を帯びていた。たとえば、一九二〇年代にはオストヴァルトの関心を引き継いだアルフレッド・ロトカは、『物理生物学の原理』（一九二五年）において、エネルギーを「経済学の生物学的基礎」として位置づけ、世界全体を非線形のダイナミクスを示す一つのシステムとして捉える視点を打ち出すが、このロトカの研究はまずは人類学者レズリー・ホワイト（Leslie A. White, 1900-1975）に影響を与え、社会の進化もまた「一人当たり一年間の支配できるエネルギー量の増大、もしくは、エネルギーを有効化する道具的手段（テクノロジー）の効率性の増大」として数的に記述可能だというあからさまな還元論を生み出した（White 1949 p.366. cf. White 1943）。さらに生態学の分野でロトカのアプローチを引き継いだユージン・オダムやハワード・オダムは、生態系を構成する有機体と無機物

のみならず、貨幣や経済の領域をもエネルギーフローによって総合的に捉えるシステム論を展開したが、ここには自然生態系という巨大機械のエンジニア・管理者たろうとしたテクノクラティックな楽観主義が影を落としているという指摘もある（Taylor 1988）。これらの諸点については別途検討したい。

＊112 アメリカのテクノクラシー運動についてはAkin 1977に詳しい考察がある。
＊113 Hayek 1942-44, p. 96. 邦訳一〇三頁。
＊114 Hayek 1942-44, p.219. 邦訳二六六頁。
＊115 Hayek 1994, p.50. 邦訳二二二頁。

第II章

＊1 Neurath 1919, S. 230, p.154.
＊2 Caldwell 2004, pp.113-119も参照。
＊3 Hayek 1948, chapter 9を参照。
＊4 Shumpeter 1942; Bergson 1948.
＊5 Hayek 1937.
＊6 Lange 1936-37.
＊7 Lavoie 1981; 1985. ラヴォアの代替的解釈については、橋本1994と塚本2002に要を得た整理がある。
＊8 Lavoie1985, p.24. 邦訳二五頁。

＊9　Lavoie1985, p.49. 邦訳五七頁。

＊10　ラヴォアは、ミーゼスとハイエクの連続性、あるいはハイエクに対するミーゼスの先駆性を強調している。「ミーゼスによって説明された経済計算の議論は、標準的な見解とは対照的に、その後ハイエクによって論ぜられた見解と実質的には同じである。〔…〕知識や競争に関するハイエクの後の貢献の多くの要素を社会主義の下での競争の問題に関するミーゼスの本来の陳述に未発達の状態で発見することができる」（Lavoie1985, p.50. 邦訳五八頁）。もちろん、両者には連続する面がないわけではないが、ミーゼスは『ヒューマン・アクション』（一九四四年）に至るまで、アプリオリに合理的な行為主体から市場の優位を導出するため、市場社会主義の急所を突くことに十分成功していない。この点は後にハイエク自身によって批判されている。

＊11　Lavoie 1985, ch.4. 西部 1996, 一六-一七頁。もっとも、ラヴォアが言うほどミーゼスが論争当初から新古典派と自らの市場認識の違いに自覚的であったかについては疑問が残る。ミーゼスのみならずハイエクもまた論争に加わり、新古典派に依拠する市場社会主義者たちと対峙するなかで、互いが前提している市場像の差異に自覚的になっていったという見方も成り立つだろう。この点については、Kirzner 1988; Caldwell 1988; 西部 1996 を参照。ちなみに、コールドウェルの論考「ハイエクの転換」は、ハイエクが一般均衡論から乖離した決定的な契機が、計算論争への参加にあったとするもので、後のハイエク「転換論」の嚆矢となった。これに対し松原 2011 は、ハイエクが二〇年代から三〇年代の初期の貨幣論や資本理論の研究から一貫して新古典派とは異質な市場理論、経済観をもっていたことを指摘し、「転換論」を支持する従来のハイエク研究とは異なる見方を提示している。

＊12　計算論争におけるオーストロ・マルクス主義者の議論については、Chaloupke 1990; 2007を参照。

＊13　ジョンストン 1986, 二九三頁。「関心領域の広さという点では今世紀に並ぶものはいない。かれのように物理学、数学、論理学、経済学、社会学、古代史、政治理論、ドイツ文学史、建築、グラフィック等の分野で、それぞれ独創的な研究成果を挙げた人物が他にいるだろうか。この点では数あるオーストリアの博学家たちでも右に出る者はいない」（二九七頁）。

＊14　Uebel 1991, p.8.

＊15　塩沢 1993, 一七二頁、一七七頁。

＊16　幸い、そのような課題に取り組むための研究環境が、近年、急速に整いつつある。一九七三年の『経験主義と社会学 *Empricism and Sociology*』の出版によってノイラートの社会科学関連の主要論文の英訳が開始され、八三年には『哲学論集 *Philosophical Papers*』が、さらに二〇〇四年には『経済論集 *Economic Writings*』の刊行が果たされたことで、英語圏を巻き込んで社会科学史上のノイラートの経済思想の位置づけを試みる研究が、以前に比して相当に活性化しつつある。『経済論集』の出版を契機に、〇七年には、ウィーンで催されたノイラートの経済思想に関する国際会議の成果として、『オットー・ノイラートの経済学 *Otto Neurath's Economics in Context*』も出版されている。また国内に目を移せば、重要な例外として塩沢 1993、より最近の研究動向を踏まえたものとして鈴木 2006、小林 2007がある。また、「エコロジー経済学 ecological economics」の系譜へのノイラートの位置づけを試みた最初の仕事は、Martinez-Alier 1987/1990 であるが、この研究は「自然計算」と「統一科学」の意義に触れているだけでノイラートの経済思想への内在的な掘り下げは不十分なものに留まっている。この点では、科学哲学者トマス・ユーベル（Thomas Uebel）や、経済

哲学者ジョン・オニール（John O'Neill）の貢献が顕著であり、本書のノイラート論もかれらの研究成果に多くを負っている。その他、エコロジー問題との関係でノイラートを再評価するものとして、Martinez-Alier 2002; 2009; O'Neill 1999; 2003; 2004; Deblonde 2001; Uebel 2005a; Greenwood 2006; Nemeth et al. (eds.) 2007 等がある。

＊17 ノイラートの伝記的情報については、Neurath 1973 所収の「ノイラートの回顧」（pp.1-83）に加え、Nemeth and Stadler (eds.) 1996; 小林 1998 などを主に参照した。

＊18 Neurath 1909. cf. 田村 1976, 五〇 - 五一頁。

＊19 Cartwright et al. 1996, p.20.

＊20 この短命に終わった革命政権にはアナーキズムの『資本論』とも評された『自然的経済秩序』の著者シルビオ・ゲゼルも大蔵大臣として参加していた。ゲゼルのバイエルン・レーテ共和国政権での活動については、ゲゼル 2007 の訳者（相田愼一）解説に詳しい。

＊21 ノイラートの赤いウィーンでの活動については、小林 1998; 1999; 2001 を参照。また住宅運動については、伊原 1998; Vossoughian 2007; 田口 2008 第Ⅲ部も併せて参照されたい。

＊22 Vossoughian 2007 p.19.

＊23 伊原 1998, 七七 - 七八頁。

＊24 Haller 1988, pp.36-37, 邦訳四五頁。

＊25 Dvroak 1996, p.234; 後藤 2000a, 三二六 - 三二八頁。

＊26 Neurath 1932b, pp.91-92.

＊27 カルナップ自身が次のように告白している。「学団の皆が、社会的・政治的進歩に強い関心を

持っていた。私自身を含め、多くの者が社会主義者であった。しかし、自らの哲学研究を政治的な目的から切り離し続けた。［…］ノイラートは、この中立的な態度を痛烈に批判した。かれの意見では、そのような態度は社会的な進歩を妨げるものであった」（Carnap 1963, p.23)。

＊28 Nemeth 2007, p.17.

＊29 Neurath 1917, S.161, p.244.

＊30 ミーゼスの回顧録には、ベーム＝バヴェルクのゼミナールに参加するノイラートに対するかれの人格的嫌悪について書かれている。「不幸なことに、ベーム＝バヴェルクがすべての参加者に認めていた行きすぎた発言の自由は、ときに思慮を欠いた人間によって悪用された。とくに私を苛立たせたのは、オットー・ノイラートの狂信的な熱情からくるたわごとであった」(Mises 1978, p.40)。

＊31 Neurath 2004, p.294.

＊32 Neurath 1910. cf. Uebel 2004, p.21; Nemeth 2007; 2013; Cat 2010.

＊33 Mach 1933/1969, 邦訳一頁。

＊34 Neurath 1920b, S.33, p.395.

＊35 Neurath 1910, S.28, p.270.「新旧の文献における大部分が、貨幣と交換にかかわっていることはとりわけ顕著であり、ここからも交換の経済学が独自の主題として切り分けられてきたことが理解できる。この主題を「政治経済学 Nationalökonomie」と呼ぶか、「カタラクティク Katallaktik」と呼ぶかどうかは、純粋にターミノロジーの問題であるとしても、しかし、政治経済学において明瞭かつ正確に表象できるあらゆる事柄が、交換の経済学にのみ還元できると考える場合には、もはや言葉の問題では済まない」。

＊36　Neurath 1910, S.32, p.274.「このホモ・エコノミクスは、旧い重商主義の政治経済学が知ることのなかった、そして現在もなお十分な定義のないもの、つまり経済的な善を、かれの行為の対象として与えられた。この対象を愛し欲望するために、ホモ・エコノミクスはまた経済的動機なるものまで賦与されたのであるが、しかしそれは心理学では馴染のないものであり、また将来においてもそのようなものに留まり続けるであろう」。

＊37　シュンペーター 1983, 一一二頁。

＊38　よく知られるように、シュンペーター自身はその後、理論と歴史の協同を視野に入れ、『経済分析の歴史』（一九五四年）では経済分析の方法を①歴史、②統計、③理論、④経済社会学に区分した。このうち経済社会学は歴史を一般化した新しい理論体系を目指すものであった。

＊39　Neurath 1917b, S.171, p.258.

＊40　Neurath 1917a, S.103, p.312.

＊41　Neurath 1917a, S.110, p.319. また別の個所では、「多様な形態の経済がより高次の多元性において対等な構成要素となりうる新たに再構成された経済理論」と言い換えられている（S.129, p.341）。

＊42　Neurath 1917a, S.128, p.340.

＊43　Neurath 1916, S. 175, pp.300-301.

＊44　各概念には差し当たりこれらの訳語を当てておくが、ノイラートの意図を一言で的確に表現するのは非常に困難である。たとえば Lebensstimmung などは「暮らし向き」などとした方が意図が的確に伝わるかもしれない。また Lebensboden も文字どおり「生の基盤・土壌」などと訳出することも可能である。

＊45 Neurath 1912, S.52, p.119.

＊46 Neurath 1917a, S.116, p.326.

＊47 Neurath 1931a, S.125, p.401.

＊48 Neurath 1920b; 1925. ゲデス研究者のヘレン・メラーによれば、労働者の生活実態を調査したル・プレーの『ヨーロッパの労働者』では、所得と生活水準はつねに一致するものではなく、労働や家族の文化的・環境的なコンテクストが労働者の低賃金をある程度相殺しているという事実が指摘されていた（Meller 1990, p.35）。

＊49 Neurath 1937. アルトオート・レスマンは、ノイラートのフェリシトロジーとアマルティア・センやマーサ・ヌスバウムのケイパビリティ・アプローチとの類似性を指摘している（Leßmann 2008; 2009）。レスマンによれば、①効用の可測性や個人間比較の研究から問題を立て、人間の生を分析する新たな概念の構築に進んだ点、②所得や効用といった情報的基礎を批判し、人間の福祉の多元性を重視した点など、両者のアプローチには多くの類似性が見られる。レスマンはこのうえで、「生活条件」とセンの「機能」を比較分析している（Leßmann 2008, p.121）。

＊50 Stöltzner 2001, pp.117-118 に収録された一九一五年頃に書かれたとされるマッハ宛のノイラートの書簡。

＊51 Neurath 1937, pp.141-142.

＊52 アイソタイプと政治経済学との思想的関係については、Leonard 1999; Nemeth 2011 を参照。

＊53 たとえば、Putnum 2002 を参照。

＊54 O'Neill and Uebel 2008, p.385. ノイラートの経済学および統一科学における倫理の位置について、

従来の見方を覆すような研究が出てきている。とくに注目すべき論考としてStuchlik 2011を挙げておく。

＊55　Little 1957, p.66.

＊56　Neurath 1913 p.3, 邦訳76-77頁。

＊57　Neurath 1917b, S.172, p.260.

＊58　Neurath 1919, S.230, p.154. 傍点は引用者。

＊59　Neurath 1931a, S.112, 114, pp.392-393.

＊60　ただしシュタインメッツラーによれば、ラッツェルはオストヴァルトのエネルギー一元論に与していたわけではない。ラッツェルの人類地理学およびその思想形成については、シュタインメッツラー1983のとくに後半部を参照。

＊61　ラッツェル2006、一頁。

＊62　ラッツェル2006、九頁。

＊63　Neurath 1931a, S.117, p.395.

＊64　Neurath 1931a, S.123, p.399.

＊65　環境思想史上のエルトンの『動物生態学』の位置づけについては、Worster1985が立ち入った検討を行っている。オースターは、エルトンが生態学に経済学的な記述――生産者、消費者、分解者――を導入、一般化し、生態学を「生物 - 経済学」への道に差し向けたと批判的に論評しているが、この批判についてはなお慎重な検討が加えられる必要があろう。

＊66　ノイラート自身も触れているように、ビューズの『人類生態学』には『ホーリズムと進化』（一

九二五年）の著者で南アフリカの政治家であったヤン・スマッツが序文を寄せており、イギリス帝国による植民地統治や人種間の分業、経済的な階級構造を生態学的に根拠づけ正当化する内容を多分に含んでいた。ビューズを含めイギリス帝国の植民地統治と、植物から動物、人間、経済へと拡張された生態学的な知との関係についてはAnker 2001を参照。

＊67 Neurath 1944a, p.20.

＊68 Neurath 1944a, p.8.

＊69 Neurath 1928, S.285, p.288.

＊70 Nemeth 2007; 2013.

＊71 一九二〇年代のノイラートとポランニーの経済思想の類似性と差異については、Becchio 2007に考察がある。また小林2010はノイラートとポランニーの経済思想にウェーバーの経済社会学の批判的継承を見ている。Uebel 2004, p.72も参照。

＊72 Polanyi 1957, pp.243-244, 邦訳三六一－三六三頁。

＊73 Polanyi 1957, p.270, 邦訳四〇七頁。

＊74 Neurath 1944a, p.13.

第三章

＊1 Hayek 1978, p.34.

＊2 Neurath 1925a, S.25, p.414.

＊3 Neurath 1917b, S.167, p.253.

＊4　Neurath 1919, S.216-217, pp.145-146.

＊5　Martinez-Alier 1987/1990, ch.13,14; Uebel 2004, p.41.

＊6　Popper 1976, 邦訳上巻一二頁。

＊7　「ポパー＝リンコイスを訪問した青年アインシュタインは、「気高く予言的な人物」といい、マッハは「自由な思考の天才」と呼んだ。またカール・ポパーは、名前を間違われることもしばしばであったが、かれはそれを自身が受けた最大の光栄であると述べた」(Haber 1995, xi)。

＊8　Popper-Lynkeus 1910, p.1.

＊9　Wachtel 1955, p.93. ポパー＝リンコイスの『一般的扶養義務』(一九一二年)は八〇〇頁を超える大著であるが、Wachtel 1955 にかれの社会・経済哲学の要約・抄訳がある。また同書にはA・アインシュタインの手による序論が付されている。

＊10　この点については、Bramwell 1989 および Martinez-Alier 1987/1990, ch.13. に詳しい検討がある。なおノイラート自身は、一九二八年の『個人的生活と階級闘争』のなかでポパー＝リンコイスの提案を詳しく検討している。またブラムウェルによれば、ドイツ緑の党が「社会賃金」――昨今ではむしろベーシック・インカムとしても知られる――を提案したとき、この考えの創始者とされたのがポパー＝リンコイスであったという(Bramwell 1989, p.134)。もっとも、かれの提案では、相当な労働時間短縮を伴うとはいえ、社会的必要労働の就業が普遍的に義務づけられている点で、無条件のベーシック・インカムとは言えない。むしろポパー＝リンコイスの構想は、所得保障と並行した社会的必要労働の分配(ワークシェア)を説くアンドレ・ゴルツの参加所得論(participation income)と酷似しており、実際ゴルツはポパー＝リンコイスの「一般的扶養義務」をたびたび参

照している。なお、労働時間短縮と普遍的な所得保障とを結びつける参加所得論は、A. Gorz 1989 や Littele 1998 など、「脱生産主義 post-productivism」を擁護する現代のエコロジストの議論に見られる。脱生産主義については福士 2009 も参照。

＊11 ノイラートは当時ポパー゠リンコイスに宛てて、弟子としての喜びと傾倒ぶりを示す電報を打ち、レーテ（労働者評議会）によってポパー゠リンコイスの計画が実行されようとしていること知らせていた（Neurath 1973, p.51）。この点は Uebel 2004, pp.43-44 も参照。

＊12 Neurath 1920a, S.58, p.357。

＊13 田村 1976, 四九一頁；Chaloupek 1990 を参照。

＊14 中山 2001, 一四頁。

＊15 この立場は後期の主著『ヒューマン・アクション』まで一貫している。「現実の人間は［…］かれが達成しようとしていることが現状と比較して改善であるか、また計画中のプロジェクトが、現存の手段を使用したならば実行できなくなる他の技術的に実行可能なプロジェクトを実行したときに期待される利点と比較して、改善であるか否かを知らなければならない。このような比較は、貨幣価格を利用して初めて可能である」（Mises 1949, p.208. 邦訳二三五頁）。

＊16 Mises 1920, pp.104-105.

＊17 たとえばミーゼスは「一個の人間一人の頭脳では――如何なる天才であるとしても――高次の無数の財貨の一つ一つの重要性を把握することができる程強くはあり得ない。ただ一人ではいかなる人も無数の生産的可能性のすべてを支配し、何らかの計算組織の助けなしに直接に明確なる価値判断を形成しうるということは決してあり得ない」と述べている（Mises 1920, p.102）。

＊18　ミーゼスは、貨幣計算を商品交換の場を越えて、社会関係の発展についての歴史研究、交換領域外の財の価値測定手段、さらには国富や国民所得の基準として用いることに対して、強く批判している。

＊19　一九二〇年時点のミーゼスの社会主義批判については、西部 1996 の第一章を参照。ただし一九二二年に出版された『共同経済』において、ミーゼスはすでに、ありうる市場社会主義的な構想に関して詳しい批判的検討を加えている。この後も、一九四九年の『ヒューマン・アクション』に至るまで、ミーゼスの市場理論は段階的に変化していった。後者のテクストでは、予見不可能な不確実性や人間の無知を出発点とする、市場プロセスの理論が彫琢され、事実上均衡理論とは相容れない認識に立っている。しかしこの市場理解そのものが、ミーゼスのアプリオリズムと両立しうるかについては、依然として疑問が残る。これらの点は森岡 1995 に詳しい。

＊20　Weber 1921/1972, 邦訳三三一頁。ちなみに形式合理性は次のように規定されることからも、計算合能性とほぼ同義と見てよい。「一つの経済行為は、すべての合理的な経済に固有な「事前の配慮」が、量的に、つまり「計算可能 rechenhaft」な熟慮というかたちで表示され得、またじっさいそのように表示される度合いが高ければ高いほど形式的に「合理的」と呼ばれるべきである」（邦訳三三一頁）。

＊21　Weber 1921/1972, 邦訳三六三頁。

＊22　Lippincott (ed.) 1938.

＊23　Barone 1908, p.287. バローネ論文の解釈について、ハイエクは次のようにシュンペーターを批判している。「シュンペーターはまた、パレートとバローネが社会主義経済計算の問題を「解決し

た」という神話の原作者でもあると私は信じている。パレートやバローネその他多くの人びとが行ったことは、資源の合理的配分が満たされなければならないであろう諸条件を提示し、これらの諸条件は競争市場の均衡条件と本質的には同じものであるということを指摘したに過ぎない。このことは、これらの諸条件を満足させる資源の配分が、いかにして現実に見いだされうるかを示すことは、まったく異なる事柄である。パレート自身は、この現実の問題を解決したとは決して主張してはいないのであって、それどころか、市場の助けを借りることなくこの問題が解決されうるということを、はっきりと否定している」(Hayek 1945, p.91. 邦訳一二八頁)。

＊24　Taylor 1929; Lerner 1934; Lange 1936-37.

＊25　Lange 1936-37, p.60. 邦訳七二頁。

＊26　ランゲは計算価格を現実の競争過程において形成される市場価格に取って代えることが可能と考えていたが、こうした見方は特殊な貨幣観を前提にしなければ成り立たない。このような貨幣観についてウェーバーは早くから批判していた。「価格はもともと人間と人間の闘争をつうじてつくり出されるという性質のものなのであって、「貨幣」をこの価格の性格から原則的に切り離さないまま人がいつでも意のままに変えうるかのような人畜無害な「不確定な効用サーヴィスの指示器」のように考えるのは間違っている。そうではなくて、貨幣というものは何よりもまず闘争手段であり闘争価格なのである。貨幣は計算手段ではあるが、それは利害の闘争の機会を量的に見積もった表現形態としてのみ、そうであるにすぎない」(Weber 1921/1972, 邦訳三五九頁)。

＊27　マイケル・ポランニーは次のような皮肉を述べている。「その支持者も批判者も共に気付かないのだが、商業の原理を採用する現代社会主義は、暗黙に社会主義の主要な主張——つまり工業生産

の集中的指令――を放棄しているのだ。オスカー・ランゲは、自分の主要経済当局を集中的計画化委員会と呼ぶことを除けば、本来の意味の計画化には何も言及していない」(Polanyi 1951, p.125. 邦訳一五八頁)。

＊28　Romer 1994 のとくに第五章を参照。

＊29　Lange 1967, p.158. 邦訳一九一‐一九二頁。

＊30　ハイエクは後に、一九三〇年代後半からの「経済学と知識」にかかわる一連の論文が実質的にミーゼス批判であったことを認めている。「ミーゼスの公準――もしわれわれが厳密に合理的であり、すべての基礎的〔社会制度〕を〔合理的に〕決定するなら、社会主義が間違いであると理解することができる――は誤っています。もしわれわれが厳密な意味で合理主義者、功利主義者であり続けるなら、それは、われわれがすべてを自分の快にしたがって配置することができる、ということを意味します。だから、ミーゼスは、理性は何事をも単なる習慣よりよく行えるのだ、というわれわれがみんなその中で成長した基本的哲学から、決して自由になることができなかったのです。彼はそれから自分を解き放つことができませんでした。私はかれの社会主義批判をほとんど全部受け入れるのですが、この点で、それがなぜ全面的に有効でなかったのかを、今や理解することができるのです。その理由は、かれの場合、それ〔社会主義批判〕は依然として、合理主義と社会主義に配置する知的能力をもっているのだ、というもので、これは今や〔当初の〕言明と矛盾をきたすのです――かれはある箇所では、われわれにはそんなことなどできない、と言い、他の場所では、合理的人間としてわれわれはそれを試みねばならない、と論じるのです」(Hayek 1994, p.73. 邦訳六一‐六二頁)。

＊31 Hayek 1937, p.50. 邦訳六八 - 六九頁。

＊32 Hayek 1946, p.92. 邦訳一三〇頁。

＊33 Hayek 1940, p.188. 邦訳二五三頁。

＊34 Hayek 1942-44, p.97. 邦訳一〇四 - 一〇五頁。

＊35 Hayek 1942-44, p.98. 邦訳一〇五頁。

＊36 Hayek 1942-44, p.96. 邦訳一〇三頁。傍点は引用者。

＊37 Hayek 1942-44, p.95, 邦訳一〇二頁。ちなみに、ハイエクはこの技術者的態度を、ドイツ人の工学技師エルンスト・アベなる人物の言葉を借りて説明している。以下に引用したアベの工学なるものの説明とマルクスの大工の労働過程の説明との類縁性に留意されたい。「工学技士が実行に着手する前に、ただ製図鉛筆やペンを頼りにそのアイディアを固定化し、すでに建造物を心のなかで完成させているのと同じように、複雑な形象のガラスや金属もまた純粋に理性的に、すなわち、純粋に精神的な労働のなかであらゆる部分の作用を理論的に精査しながら、依然とこれらの部分が物体として作製される前に、すべての要素について極限まで決定された形で組み立てられなければならない」(Hayek 1942-44, p.219, 邦訳二六六頁)。これは、ハイエクが批判するのは工学者が体現する設計主義的な精神であるが、興味深いのは、この批判はマルクスの労働過程論において仮定された人間の合理的な変形力への過信に対するエコロジー的批判と非常に近い性格を持っているということである(cf. Benton 1989)。この点でハイエクの合理主義批判と、緑派の合理主義批判とは奇妙な類似性を示す。

＊38 Hayek 1944, p.57. 邦訳七四 - 七五頁。

＊39　Hayek 1944, p.65. 邦訳八四頁。

＊40　Mises 1962, 邦訳五〇 - 五一頁。

＊41　フーコーによれば、スミスの政治経済学はただ単に重商主義がいかに技術的な間違いないし理論的な間違いであったかを示すだけでなく、重商主義という政治的企図の総体から価値を剥奪するものであると指摘している。そのためフーコーは、「全体性なしの学問分野」、「統治すべき国家の全体に対する主権的視点、主権者の視点が、ただ単に不要であるばかりでなく不可能でもあるということを表明し始める学問分野」としてスミスの政治経済学を特徴づける（フーコー 2008, 邦訳三四七頁）。この指摘は、経済的自由主義において、その生誕から「知識と統治との関係の転換」が問われていたことを示唆するものとして興味深い。

＊42　Hayek 1942-44, p.99. 邦訳一〇六頁。

＊43　Hayek 1960, p.155. 邦訳三三頁。

＊44　Hayek 1944, p.18. 邦訳二五頁。

＊45　Hayek 1944, p.17. 邦訳二四頁。

＊46　古典的な新自由主義の形成と内実については、権上（編著）2006; 雨宮 2006; フーコー 2008 などを参照されたい。とくに新自由主義が欧米の自由主義者たちのあいだで市民権を獲得する契機となったのは一九三八年の「ウォルター・リップマン・シンポジウム」（パリ）と、一九四七年の「モンペルラン・カンファレンス」（スイス）であった。この二つの国際会議については、先の権上（編著）2006 所収の権上論文（第一章）に詳しい検討があり、両会議を通じた新自由主義の性質の変化やハイエクとオルド学派の相違が丹念に考察されている。

＊47 ただし社会的市場経済の概念に確たる定義はなく非常に多義的である。なおオルド自由主義については差し当たり、山脇 1992, 1999; Tribe 1995; フーコー 2008; 雨宮 2009 を参照。

＊48 Hayek 1976, p.108. 邦訳一五〇頁。

＊49 Hayek 1968, p.183. 邦訳一九二頁。

第四章

＊1 Neurath 1919, S.229, p.151.

＊2 O'Neill 1998, p.120. 西部も同様に、「経済計算論争」という呼び方が妥当するのは、論争の主題が社会主義経済における財の価格づけと資源の最適配分であるとする新古典派的な見地に立つ限りにおいてである、と指摘している（西部 1996, 一一頁）。

＊3 Tribe 1998, p.168. 邦訳二一一頁。ちなみにトライブは、ウェーバーが一九一九年の一〇月にノイラートに宛てた書簡の次の文章に注目している。「「計画経済」の構想は素人芸で、客観的にはまったく無責任な、はなはだ軽率なわざだと思います。こうしたことは、「社会主義」の信用を今後一〇〇年間は失墜させるかもしれないし、さらに今ならあるいは巧くゆくかもしれないことでも、すべて馬鹿げた反動の底知れぬ深みに引きずり込むことになるでしょう。残念ながらこの反動が姿を現すのを私は見ておりますが、ここに貴兄と私の違いがあります。私が惧れているのは、貴兄がとんでもない過小評価をなさっているこの危険を促進するのに、御自身手を貸されるのではあるまいかということです」（ウェーバー 1982, 六六七 - 六六八頁）。

＊4 Uebel 2004, p.3. またこれに近い見解を示す近年の研究として、Haller 1988; Nemeth and Stadler (eds.) 1996; Cartwright et al. 1996; Deblonde 2001; Okruhlik 2004; O'Neill 2007; Cat 2010a; 2010b; Stuchlik 2011 などがある。なお、ウィーン学団におけるノイラートの異端ぶりにいち早く着眼していた人物に鶴見俊輔がいる。鶴見はノイラートがジョン・デューイに『統一科学国際百科全書』への寄稿を依頼した際のエピソードを交えて、次のように述べている。「『社会科学の基礎』〔ノイラートの一九四四年の著書〕を見ると、ノイラートの方法上の立場は、事実上デューイから遠くない。科学言語を基礎に、単純な経験記述命題をおくことができるということは、程度の問題であり、単純な経験命題がくりかえし、うたがいの対象になるということが、ノイラートの視野にとらえられていた。カルナップやファイグルなどとちがって、ノイラートの関心は早くから、社会科学の基礎にある流動的な民衆の経験にむかっていた」。さらに、「ノイラートが仲間の論理実証主義者からはなれて、意味の流動性に着眼したことがあった。その着眼は、つきつめてゆけば、ただ、技術文明にとって役に立つもう一つの能率的なコミュニケーション技術をもたらすだけでなく、技術文明を根本から疑うことをも教える。古代人・未開人から学ぶということは、ヨーロッパの技術文明の目標を変える方向を指している」と指摘している（鶴見 1973, 一五頁および一六頁）。さらに物理学史家の後藤邦夫はノイラートの反合理主義的な啓蒙主義に近代と反近代双方を超える思想的傾向性を指摘している（後藤 2000a; 2000b）。

＊5　Neurath1913, pp.7-8, 邦訳八一頁。傍点は引用者。

＊6　Neurath 1935a.

＊7　Neurath 1935b, pp.93-94.

＊8　Hayek 1942-44, p.92. 邦訳九八頁。

＊9 Neurath 1945b, p.7.

＊10 たとえば Cartwright et al. 1996.

＊11 Neurath 1925a, S.52, p.430.

＊12 Neutath 1925a, S.26, p.415.

＊13 Neurath1925b, S.394, pp.470-471.

＊14 Neurath and Schumann 1919, S.13-14, 15-16.

＊15 Bottomore 1990, p.26.

＊16 Neurath 1925b, S.392, p.468.

＊17 Mises 1920, pp.99-101; Mises 1949, ch.12.2. ミーゼスは貨幣計算の正当な機能領域に対して明確に限定を課している。少くともこの点に限定するならミーゼスは自然環境の貨幣評価によってその価値を測定する現代の環境経済学者に比べてむしろ謙虚であるといえる。

＊18 カップはこの学位論文の中でポランニーに直接言及することはなかったが、後のポランニーへの書簡で、ポランニーの一九二二年のテクストにおけるミーゼス批判から大きな影響を受けたと伝えている。カップとポランニーの関係については、Berger 2008b; 中山 2010b を参照。

＊19 Kapp 1969, p.347, 邦訳一五八頁。

＊20 Kapp 1965, p.297, 邦訳一六一頁。なおカップの社会的費用と新古典派の外部性との差異については、寺西 2002 を参照。

＊21 Kapp 1970, p.843. 邦訳一四頁。

＊22 Kapp 1963, p.206. 一一九‐一二〇頁。カップの社会的費用論と実質的合理性の理解、およびカッ

プの思想形成については、山根 2009 が示唆に富む。

*23 Kapp 1963, p.201. 邦訳一一三頁。

*24 Kapp 1963, p.205. 邦訳一三一頁。この箇所でカップはウェーバーの議論をノイラートに対してかなり好意的なものと（おそらくは意識的に）解釈している。「マックス・ウェーバーは、オットー・ノイラートの自然計算の主張が批判されやすいと考えたが、その提案を「鋭く」「刺激的」だとみなして、「自然計算」が合理的な手法になりうるということを否定しなかった。実際、かれは、人口の一定部分を差別することなく客観的に規定された社会的最低限を維持することが計算の基準となるかぎり、実質的方法は形式的最適の基準を実際に満たすであろう、と明白に述べた」。この点については、Kapp 1974 も参照。

*25 Kapp 1963 p.204. 邦訳一一七頁。傍点は引用者。

*26 Polanyi 1971. ポランニーとカップとの書簡を丹念に追った Berger 2008b によれば、一九六〇年に書かれたカップへの書簡のなかで、ポランニーはメンガーの『経済学原理』第二版の重要性を示唆していた。ただしカップは一九三六年の時点ですでにメンガーの『原理』第二版（とくに第三章「社会的需求」の項目）から、市場がいかに購買力を欠いた貧困層の切迫した需求を排除するかという論点を引き出していた。つまりカップもまた学位論文以来、メンガーの欲望理論の強い影響下にあった。バーガーは、こうしたことから、「メンガーが実質経済学の「父」の一人と考えることができる」と結論づけている。なお、カップがポランニーに直接言及したのは一九五四年の「経済学と行動科学」というテクストがおそらく初めてである。「具体的な歴史的・制度的諸条件の下での現実的な諸関係や事象の流れを解釈することにふさわしくあるためには、経済学は、人間の現

実的なニーズや、人間の自然的・社会的環境への依存や相互作用から出発するという意味で「実質的」でなければならない（K・ポランニー）。そうした「実質的な」経済学の経験科学は、その基本的前提の形成のなかで行動科学の発見を利用しなければならない」(Kapp 1954, p.207)。

＊27　「多中心的な調整」という用語はマイケル・ポランニーの『自由の論理』（一九五一年）による。

＊28　Neurath 1942, pp.426-427.

＊29　Neurath 1928, S.228, p.249.

＊30　Neurath 1942, p.427.

＊31　O'Neill 2007 pp. 86-88.

＊32　Neurath 1928, S.231, p.252.

＊33　Neurath 1920, S.9-10, pp.378-379; S.20-30, pp.392-393.

＊34　Neurath 1942, pp.426-427.

＊35　Neurath 1931a, S.129-132, pp.404-406.

＊36　Neurath 1931a, S.131, p.406.

＊37　Neurath 1944a, p.47.

＊38　Neurath 1928, S.289, p.293.

＊39　Cartwright et al. 1996, p.253.

＊40　Neurath 1945b, p.9.

＊41　Cartwright et al. 1996; Cat et al. 1996.

＊42　Neurath 1936, p.145.

＊43　Neurath 1939, p.432.

＊44　Neurath 1917a, S.109, p.318.

＊45　Neurath 1944a; Cat 2010b, p.14. マルチネス＝アリエやオニールは、農業史や農業経済の例に適用してノイラートの統一科学の意義を論じている。たとえば、農業において合成化学肥料を用いるべきか、あるいは有機農業に転換すべきかどうかの判断について、生化学者は生物学的な過程は終局的にみな化学的である以上、両者に差異はないと判断するかもしれない。その判断は生化学者としての知見に基づいた判断であり、かれらが用いる知識が異なる農業形態の採択について「関連する知識」の一つであることは間違いない。しかし異なる農業形態についての判断には、生化学者の権威が及ぶ範囲以上の知識、たとえば土壌についての生物学や生態学の知識も必要となる。さらには、農業という社会的な実践が行われる制度的・社会的文脈についての知識も不可欠である。今日ではもはや農薬や肥料の選択ひとつとっても、経済的・社会的・倫理的な判断と切り離して、自然科学的な知見に還元することは難しくなっている（O'Neill 1999, p.136.）。ノイラートが抽象的なレベルではなく、行為の点での諸科学の統一が必要となると考えたのは、こうしたメタレベルでの社会計画の構築に必要な関連する知識の連携を図るためであった。

＊46　一九二〇年代のポランニーの経済思想や計算論争への関わりについては、丸山 1987; Mendell 1990; Polanyi-Levitt 1994; 西部 1996; Becchio2007; 中山 2010b; 若森 2011 にそれぞれ興味深い分析がある。

＊47　Polanyi 1925, S.442. 邦訳九頁。

＊48　Polanyi 1925, S.446-447. 邦訳一五頁。

＊49 Polanyi 1924, S.219. 邦訳一四二頁。若森 2011 によれば、ポランニーは社会主義的福祉政策を次々と試みる赤いウィーンにおいて、資本主義の徹底した破壊と機能不全から社会主義へと自動的に転じるという楽観的な社会主義論の立場から大きく距離をおき、資本主義からの漸進的な社会主義的改良を支持したコールやトーニーのイギリス社会主義思想に関心を抱いた。ポランニーの機能的社会主義の制度モデルについては、同書の第二章に詳しい考察がある。

＊50 Hayek 1948, p.113. 邦訳一八四頁。

＊51 Neurath 1916, S.177. p.304.

＊52 Vossoughian 2008, p.11; O'Neill 2003.

＊53 Neurath 1919, S.209, p.136; Neurath 1920b; Cartwright et al.1996, p.234.

＊54 Neurath 1919, S.261, p.145; Nakayama 2002 も併せて参照。

＊55 Neurath 1925a, S.99-100, pp.454-455

＊56 Neurath 1920b, S.41-42, p.402.

＊57 Neurath 1919, S.216, p.145.

＊58 Neurath 1920a, S.46, p.346.

＊59 Neurath 1920a, S.55, pp.354-355.

＊60 Neurath 1920a, S.54, p.354.

＊61 Neurath 1920b, S.23. p.388.

＊62 田村 1976, 五六頁。

＊63 Neurath 1920b, S.41, p.401. 傍点は引用者。なお、一九二〇年当時、大都市的なものに対するノ

イラートの嫌悪は、かれが私淑したフェルディナンド・テンニエスの影響によるものであったと思われる。ノイラートにとってテンニエスは、公私ともに、父ヴィルヘルム・ノイラートと比肩するほど影響力の大きな人物であった（Vossoughian 2008, pp.17-29）。テンニエスとの最初の出会いは一九〇三年のことであったが、それ以後、ノイラートは『ゲマインシャフトとゲゼルシャフト』の熱心な読者となった。ノイラートはテンニエスの勧めでウィーン大学からベルリン大学へ移ったが、シュモラーやマイヤー、ジンメルといった第一級の歴史家・思想家から大きな知的刺激を得られた一方、当時急速に拡大する大都市ベルリンの雰囲気に馴染めず、終始疎外感を感じていた。再度テンニエスの勧めに応じて、中世的な雰囲気の残るオイティーン（Eutin）で休暇を過ごし、さらにスイスのベルン（Bern）へ移り住んだ。

＊64　Faludi 1989.

＊65　Nemeth 2008, p.17; O'Neill 2003. ちなみに小林 1999 は一九二〇年代のウィーンでのノイラートのギルド運動を検討し、「実物計算に基づく完全社会化の論理を堅持しつつ、イギリス労働者運動の中から生じたギルド論をオーストリアの運動に適用したこのギルド社会主義論は、ヴィーンですでに経験をつかんでいたこの時期のノイラートにして独自に構想しえたものであった」と評している（一二頁）。この分権的なギルド社会主義へのコミットメントは、晩年にはいっそう表面化するが、その一端は、行政単位の分権化と民主的な参加の強化を訴えたイングランド中部のウォルヴァーハンプトン近郊のビルストン再開発の記録からも窺える（Neurath 1973, pp.75-79）。

＊66　Neurath 1928, S.247, p.271. O'Neill 2003, p.193 も参照。

＊67　Neurath 1942, p.431.

＊68 Neurath 1942, p.429.

＊69 Neurath 1945c. もっともこの点はポランニーの『大転換』における自由主義批判にとって、決定的な視点であった。ポランニーは労働市場の形成の前提となる「契約の自由の原理」が、非契約的な忠誠を破壊するような攻撃的な国家干渉によって実現されたと指摘している。「経済的自由主義は、契約自由の原理を非干渉的な原理であると説明するのを常としていたが、実はそれは、ある特定の干渉、すなわち個人間の非契約的関係を破壊し、そうした関係の自生的な再形成を妨げるような干渉を好ましいとする根深い偏見の表明にほかならなかった」(Polanyi 1944/2001, p.171, 邦訳二九七頁)。

＊70 Neurath 1945c, p.546.

＊71 Neurath 1945b, p.10.

＊72 Neurath 1942; 1944a.

＊73 Neurath 1942, p.433.

＊74 Neurath 1942, p.440.

＊75 Neurath 1917b, S.162, p.246.

＊76 Neurath 1944b. p.539.

＊77 たとえばHayek 1976, ch.11の「自発的な連合の重要性」の節を参照。

＊78 ちなみにフーコーは一九七〇年代のコレージュ・ド・フランス講義において、統治術がつねに船の隠喩と結び付いてきたことを指摘している。この場合、「統治するgovern」の語源は、ラテン語の「操舵するgoubernare」であり、さらにこのラテン語はギリシア語の「船kybernaō」に由来す

る。

結び

＊1　Neurath 1945a, 11th January, 45.
＊2　Ophuls 1992.
＊3　Hornborg 2001; Martinez-Alier 2002.
＊4　Goldman 2005, pp.234-235. 邦訳二一六頁によれば、二〇〇〇年三月のフィナンシャル・タイムズに掲載された同名の記事には次のように書かれていたという。
「水不足と環境問題に対処するために、開発途上国において水の価格が実質的に上昇することは必至であるという報告書が昨日発表された。世銀と国連の協力を得て、世界水委員会 World Commission on Water が作成した報告書は、世界で最も貧しく、恵まれない地域への給水に対する補助金制度を抜本的に変えることが必要であると示唆する。また、水の需要増加に応えるため、給水施設への年間投資を現在の七〇〇〜八〇〇億ドルから二倍に増額し、二〇二五年までには上水設備のない一〇億世帯、公衆衛生設備のない三〇億世帯を三億三〇〇〇万世帯にまで削減する。しかし、途上国政府は莫大な公共投資予算の確保が難しい状況から、現在開発途上国都市部の五％の住民に水を供給するにとどまっている民間を活用し、重要増加に対応してゆかなくてはならない。民間資金活用をするためには刺激策として、「フルコスト原理による水の利用とサービスの価格設定」という新しいしくみを導入する必要がある［…］フルコスト原理による価格設定をしなければ

水の浪費、非効率なサービス、貧困層への水の供給の欠如という悪循環は今後も続くであろう」

＊5 Ratherford 1997; 1999を参照。なお、Ratherford 1999が収められているDarier (ed.) 1999は、ミシェル・フーコーの生権力・生政治を、資源・環境・生態系をめぐる思想・政策の分析に活かす試みである。

＊6 開発推進型の介入には、途上国では環境資源の経済的評価が歪んでいるために間違った非効率な仕方で利用されており、ゆえに市場価格を反映させなければならないという一致した認識がある。欧米の新古典派の環境経済学は、こうした知／権力の最大の源泉ともいえる。

＊7 Georgescu-Roegen 1971, p.275. 邦訳三四七頁。cf. Mayumi 2009, p.1246.

＊8 自由主義とは異なる「自由」の論じ方については、たとえば一九世紀の産業化を背景とする初期社会主義思想（エミール・デュルケーム、ルイ・ブラン、シャルル・フーリエ、ピエール‐ジョセフ・プルードン）における自由を論じた森1995を参照。

あとがき

本書は、二〇一三年三月に東京大学大学院総合文化研究科国際社会科学専攻で受理された博士（学術）学位審査論文「エコロジー経済学と自由主義をめぐる思想史的研究——二〇世紀両大戦間期における社会エネルギー論、ノイラートおよびハイエク」を全面的に改稿したものである。

本書は一人の経済学者や思想家の思想・生涯の全貌を論じたものではない。現代社会が直面する環境と経済の危機への視点から、経済学の歴史のなかでは顧みられることなく忘却された〈経済〉をめぐる思考の潜勢力を、現在を相対化するもう一つのあり得た知の可能性として照らし出すことを試みたものである。複数の、しかも特定の学問領域に限定されない論者を扱うという、ともすると思想史研究の正統的手法からは逸脱した、こうした方針で博士論文を書き上げるのは、当初は無謀な賭けのように感じられた。しかし二〇一一年三月に日本を襲った複合的災厄は、その存在を知りながらも、十分に咀嚼できずにいた社会エネルギー論やノイラートの思想を根本から再考する強力な動因となった。ソディの「核エネルギーと貨幣」についての洞察が今ほどアクチュアリティをもつ時代はないかもしれない。もとより、かれらの思想の可能性を現代世界へと接続してゆく作業は筆者の今後の課題である。

本書をまとめるまで、大変多くの方々の有形無形の力に支えていただいた。博士論文の審査は、指導教官であった山脇直司先生（現東京大学名誉教授）を始め、丸山真人先生、森政稔先生、松原隆一郎先生、および科学史科学哲学研究室の廣野喜幸先生に引き受けていただいた。博士論文の構想をご理解いただき、研究を後押ししてくださった先生方の寛容さと自由な精神に恵まれなければ、この研究を完成させることは到底不可能であった。また東京経済大学の福士正博先生、昨年度千葉大学を退官された工藤秀明先生もまた学部、修士時代から現在に至るまでつねに自由な研究を激励し続けてくださった。先生方にはこの場を借りて心よりのお礼を申し上げたい。

大学院時代には、所属学会に加え各種の自由な研究会や勉強会で研究報告の機会を得て、経済思想・学史研究の諸先達の方々から重要な学問的刺激と着想を与えていただいた。とくにハイエクとの出会いのきっかけを与えて下さった北海道大学の橋本努先生、ノイラート研究を先導して下さった立教大学の小林純先生からは折にふれ適確な示唆と助言を頂戴した。小樽商科大学の江頭進先生にはハイエクとノイラートの書簡を快く提供していただき、オランダのハームレムにあるノイラートの未発表草稿の入手にあたっては、マンチェスター大学のジョン・オニール教授にアドバイスをいただいた。そしてなによりゼミや研究会で出会った先輩方や研究仲間との交流のなかで触発され培われた視点や問題意識は、研究を遂行する上で決定的な役割を果たした。たとえ専門を異にするとしても、同時代について問題意識を共有し、自由な討論を重ねた経験はなにものにもかえがたい財産である。紙幅の制約上、一人ひとりのお名前を記すことはかなわないが、お世話になったすべての方々に心より深謝する。

最後に、本書が刊行されるきっかけを作っていただいた、東京外国語大学の中山智香子先生と西谷修先生（現立教大学）、そして出版を引き受けてくださった以文社の社主、勝股光政さんに心より感謝申し上げねばならない。両先生はご多忙のなか提出したばかりの博論を読んでくださり、研究報告の機会を与えていただいたうえ、著作としての出版を以文社に勧めて下さった。そして勝股さんは厳しい出版事情のなか、とくに実績もない私にチャンスを与え、大変な熱意で本作りの道案内役を務めて下さった。粗削りであった博士論文をなんとか一冊の本にまとめることができたのは、ひとえに勝股さんの卓越した導きと寛大さのおかげである。

なお本書は私にとって初めての著書である。自由に道を歩むことを許してくれた父と母に感謝するとともに、私の研究の何よりの励みであった妻、香織と娘の翠子に本書をささげたい。

二〇一四年六月

桑田　学

——既刊書より

経済の未来——世界をその幻惑から解くために

金融危機に象徴される資本主義の危機の真相は，市場万能主義という神話に基づいたパラドキシカルな帰結である．経済が政治の位置を簒奪していることへの文明論的な警鐘．
ジャン＝ピエール・デュピュイ 著
森元庸介 訳　　四六判 280 頁　本体価格：3000 円

金融危機をめぐる 10 のテーゼ——金融市場・社会闘争・政治的シナリオ

2008 年の金融危機は，大量で，多様な金融商品が乱舞する，いわば〈信用創造の民営化〉に起因する〈クラウド・ソーシング〉であり，われわれの生活全般への危機である．
A・フマッガリ＆S・メッザードラ 編
朝比奈佳尉・長谷川若枝 訳　　A5 判 272 頁　本体価格：3200 円

功利的理性批判——民主主義・贈与・共同体

経済のみならず，文化など無意識の内奥に至る実存のあらゆる領域のなかで支配する〈計算〉という利益の公理系．その支配に抗した「一般社会科学」と民主主義の提唱．
アラン・カイエ 著
藤岡俊博 訳　　四六判 272 頁　本体価格：2800 円

フクシマの後で——破局・技術・民主主義

人間が制御できないまでに肥大化した，技術的・社会的・経済的な相互依存の複雑性を〈一般的等価性〉という原理から考察した，現代哲学界の第一人者による文明論的考察．
ジャン＝リュック・ナンシー 著
渡名喜庸哲 訳　　四六判 208 頁　本体価格：2400 円

聖なるものの刻印——科学的合理性はなぜ盲目なのか

グローバルに拡張された核エネルギー，IT，ナノ・バイオなどの先端技術が発展途上国を巻き込んで資源の開発・乱獲に拍車をかけ，地球上の汚染を深刻化させて文明を破滅の淵に突進させようとしている．ディピュイ思考の集大成としての〈賢明な破局論〉．
ジャン＝ピエール・デュピュイ 著
西谷修・森元庸介・渡名喜庸哲 訳　　四六判 352 頁　本体価格：3200 円

著者紹介

桑田　学（くわた まなぶ）

1982年生まれ．東京大学大学院総合文化研究科博士課程修了．

博士（学術）．現在，東京大学大学院総合文化研究科特任研究員

および東洋大学ほか非常勤講師．

おもな論文：

「自然——経済にとって自然とは何か」橋本努編『現代の経済思想』（勁草書房，近刊）

「自然の有限性と自由主義の転回」宇野重規・井上彰・山崎望編『実践する政治哲学』（ナカニシヤ出版，2012年）

「持続可能性の規範理論の基礎——福祉・代替・資本」（『歴史と経済』208号，2010年），ほか．

経済的思考の転回

世紀転換期の統治と科学をめぐる知の系譜

2014年7月10日　初版第1刷発行

著　者　桑田　学

発行者　勝股光政

発行所　以　文　社

〒101-0051 東京都千代田区神田神保町 2-12

TEL 03-6272-6536　FAX 03-6272-6538

http://www.ibunsha.co.jp

印刷・製本：シナノ書籍印刷

ISBN978-4-7531-0320-1

事項索引

さ行

た行

な行

は行

ま行

や行

ら行

人名索引

ま行

や行・ら行・わ行

参考文献

＊欧語文献に関しては著者名のアルファベット順、邦語文献に関しては著者名の五十音順に表記した。

欧語文献

Adams, Charles C. [1938] "A Note for Social-minded Ecologist and Geographers," *Ecology* 19/3: 500-502.

—— [1945] "Patrick Geddes: Botanist and Human Ecologist," Ecology 26/1: 103-104.

Akin, William E. [1977] *Technocracy and the American Dream,* Berkley: University of California Press.

Alcott, Blanke [2005] "Jevons' Paradox," *Ecological Economics* 54: 9-21.

Anker, Peder [2001] *Imperial Ecology: Environmental Order in the British Empire 1895-1945*, Cambridge: Harvard University Press.

Arendt, Hannah [1958] *The Human Condition,* University of Chicago Press（志水速雄訳『人間の条件』ちくま学芸文庫, 1994年）.

Barone, Enrico [1908] "The Ministry of Production in the Collectivist State," in F.A. Hayek, ed., *Collectivist Economic Planning,* London: Routledge & Son, 1935, 245-290.

Becchio, Giandomenica [2005] "Two Heterodox Economists: Otto Neurath and Karl Polanyi," *Trino, Cesmep (Working paper series)*, 11/2005: 1-21.

—— [2007] "The Early Debate on Economic Calculation in Vienna (1915-1925), The Heterodox Point of View: Neurath, Mises and Polanyi," *Storia del Pensiero Economico* 2: 133-144.

Benton, Ted [1989]"Marxism and Natural Limits: An Ecological Critique and Reconstruction," *New Left Review* 178: 51-86.

Berger, Sebastian [2008a] "K. William Kapp's theory of Social Costs and environmental policy: Towards political ecological economics," *Ecological Economics* 67: 244-252.

—— [2008b] "Karl Polanyi's and Karl William Kapp's Substantive Economics:

Important Insights from the Kapp-Polanyi Correspondence," *Review of Social Economy* 66/3: 381-396.

Bergson, A. [1948] "Socialist Economics," in H.S. Ellis, ed., *A Survey of Contemporary Economics*, Richard Irwin, 412-448（山田雄三訳「社会主義経済理論」都留重人監修『現代経済学の展望――政策編』岩波書店, 1951 年).

Bews, J.W. [1935] *Human Ecology*, London: Oxford University Press.

Boardman, Philip [1978] *The Worlds of Patrick Geddes: Biologist, Town planner, Re-educator, Peace-warrior*, London: Routledge & Kagan Paul.

Bonaiuti, Mauro. ed., [2011] *From Bioeconomics to Degrowth*, London: Routledge.

Bottomore, Tom [1990] *The Socialist Economy: theory and practice*, Harvester Wheatsheaf.

Bramwell, Anna [1989] *Ecology in the 20th CENTURY A History*, Yale University Press（金子務監訳『エコロジー』河出書房新社, 1992 年).

Caldwell, Bruce [1988] "Hayek's transformation," *History of Political Eocnomy* 20/4: 513-541.

―― [2004] *Hayek's Challenge: An Intellectual Biography of F.A. Hayek*, Chicago: University of Chicago Press.

Campbell, Elisa K. [1983] "Beyond Anthropocentrism," *Journal of the History of the Behavioral Sciences* 19: 54-67.

Carnap, Rudolf, Hahn Hans, Neurath Otto [1929] *Wissenschaftliche Weltauffassung. Der Wiener Kreis*, transl. "Scientific World Conception. The Vienna Circle," in Neurath [1973] *Empiricism and Sociology*, Dordrecht: Reidle, 299-318.

Carnap, Rudolf [1963] "Carnap's Intellectual Autobiography", in P. A. Schilpp, ed., *the Philosophy of Rudolf Carnap*, La Salle, Illinois: Open Court.

Carnot, Sadi [1824] "Réflexions sur la Puissance Motorice du Feu"（広重徹訳『カルノー・熱機関の研究』みすず書房, 1973 年).

Cartwright, Nancy et al., [1996] Otto Neurath: *Philosophy between Science and Politics*. Cambridge: Cambridge University Press.

Cat, Jordi [2010a] "Otto Neurath," *Stanford Encyclopedia of philosophy*, http://plato.stanford.edu/entries/neurath/ (First published Sun Aug 15, 2010).

―― [2010b] "Supplement to Otto Neurath, Political Economy: Theory,

Practice, and Philosophical Consequences," *Stanford Encyclopedia of philosophy*, http://plato.stanford.edu/entries/neurath/political-economy/ (First published Sun Aug 15, 2010).

Cat, Jordi. et al. [1996] "Otto Neurath: Politics and the Unity of Science," in P. Galison, D. J. Stump, eds., *The Disunity of Science*, Stanford: Stanford University Press.

Chaloupek, Günther [1990] "The Austrian debate on economic calculation in a socialist economy," *History of Political Economy* 22/4: 659-675.

—— [2007] "Otto Neurath's Concepts of Socialization and Economic Calculation and his Socialist Critics," in E. Nemeth et al. eds., *Otto Neurath's Economics in Context*, 61-76.

Clarke, Robert [1973] *Ellen Swallow : The Woman Who Founded Ecology*, Follett Publishing Company（工藤秀明訳『エコロジーの誕生――エレン・スワローの生涯』新評論，1994 年）.

Clausius, Rudolf [1850] "Ueber die bewagende Kraft der Wärme und die Gesetze, welche sich daraus für die Wärmelehre selbst ableiten lassen," transl. *The Mechanical Theory of Heat with its Applications to the Steam-Engine and to the Physical Properities of Bodies*, London: Macmillan, 1879.

—— [1865] "Ueber verschiedene für die Anwendung bequeme Formen der Hauptgleichungen der mechanischen Wärmetheorie," transl. *The Mechanical Theory of Heat with its Applications to the Steam-Engine and to the Physical Properities of Bodies*, London: Macmillan, 1879.

—— [1885] *Über die Energiievorräte Natur und ihre Verwerthung zum Nutzen der Menschheit*, Bonn: Verlag von Max Cohen & Sohn（河宮信郎訳「自然界のエネルギー貯蔵とそれを人類の利益のために利用すること」小野周他編『熱学第二法則の展開』朝倉書店，1990 年）.

Cleveland, Cutler J. [1987] "Biophysical Economics: Historical Perspective and Current Research Trends," *Ecological Modeling* 38: 47-73.

—— [1999] "Biophysical Economics: from Physiocracy to Ecological Economics and Industrial Ecology," in K. Mayumi and J.M. Gowdy, eds., *Bioeconomics and Sustainability: Essays in Honor of Nicholas Georgescu-Roegen*, Edward Elgar.

Collier, Andrew [2003] *In Defence of Objectivity and Other Essays*, London:

Routledge.

Cordato, Roy E. [1992] *Welfare Economics and Externalities in an Open Ended Universe: A Modern Austrian Perspective*, Kluwer Academic Publishers.

Costanza, Robert. et al., [1997] *An Introduction to Ecological Economics*, St. Lucie Press and ISEE.

Creath, Richard [1996] "The Unity of Science," in P. Galison, D. J. Stump, eds., *The Disunity of Science*, Stanford: Stanford University Press.

Daly, Herman E. [1977] *Steady-State Economics*, San Francisco: W.H.Freeman.

—— [1980] "The Economic Thought of Fredrick Soddy," *History of Political Economy* 12/4: 469-488.

Darier, Eric. ed., [1999] *Discourses of the Environment*, Malden, Mass: Blackwell.

Deblonde, Marian [2001] *Economics as a Political Muse: Philosophical Reflections on the Relevance of Economics for Ecological Policy*, Dordrecht: Kulwer Academic Publishers.

Dickinson, H.D. [1933] "Price Formation in a Socialist Community," *Economic Journal* 43: 237-250.

Dobson, Andrew [2013] "Political Theory in a Closed World: Reflections on William Ophuls, Liberalism and Abundance," *Environmental Values* 22/2: 241-259.

Dvroak, Johann [1996] "Otto Neurath, 'Proletarian Democracy' and Social Planning," in E. Nemeth, F. Stadler, eds., *Encyclopedia and Utopia*, Kluwer Academic Publishers.

Faludi, Andreas [1996] "Otto Neurath and Planning Theory," in E. Neurath and F. Stadler eds., *Encyclopedia and Utopia*, Kluwer Academic Publishers.

Fischer-Kowalski, M. [1998] "Society's Metabolism: The Intellectual History of Materials Flow Analysis, Part 1, 1860-1970", *Journal of Industrial Ecology* 2/1: 61-78.

Fleck, Lola [1991] "Otto Neurath's Contribution to the Theory of the Social Sciences," in T. E. Uebel ed., *Rediscovering the Forgotten Vienna Circle*, 203-208.

Geddes, Patrick [1881] "The Classification of Statistics and its result,"

Proceedings of the Royal Society of Edinburgh 11: 295-322.

—— [1884a] “An Analysis of the Principles of Economics,” *Proceedings of the Royal Society of Edinburgh* 12: 943-980.

—— [1884b] *John Ruskin, Economist*, W. Brown, Edinburgh.

—— [1905] “Civics: As Applied Sociology Part 1, ” *Sociological Papers 1904*, 103-118, London: Macmillan.

—— [1906] “Civics: As Concrete and Applied Sociology,” *Sociological Papers 1905*, 57-111, London: Macmillan.

—— [1915] *Cities in Evolution*, London: Williams & Norgate（西村一郎他共訳『進化する都市』鹿島出版会，1982 年）.

—— [1926] “Introduction: A National Transition,” *Sociological Review*, 18 (Symposium on Coal): 1-16.

—— [1949] *Cities in Evolution*, new and revised edition, London: Williams & Norgate LTD.

Georgescu-Roegen, Nicholas [1966] *Analytical Economics*, Cambridge, MA: Harvard University Press.

—— [1971] *The Entropy Law and The Economic Process*, Cambridge: Harvard University Press（高橋正立・神里公他訳『エントロピー法則と経済過程』みすず書房，1993 年）.

—— [1976] *Energy and Economic Myths: Institutional and Analytical Economic Essays*, New York: Pergamon Press.

—— [1977a] “Matter Matters Too,” in Wilson K.D. ed., *Prospects for Growth: Changing Expectations for the Future*, 293-313.

—— [1977b] “The Steady State and Ecological Salvation: a Thermodynamic Analysis,” *Bioscience* 127, repr in Bonaiuti, ed., *From Bioeconomics to Degrowth*, London: Routledge, 93-101（「定常状態と生態学的救済」小出厚之助他編訳『経済学の神話』東洋経済新報社 , 1982 年）.

—— [1977c] “Inequality, Limits and Growth form a Bioeconomic Viewpoint,” *Review of Social Economy* 135/3: 361-375.

——[1979] “Energy Analysis and Economic Valuation,” *Southern Economic Journal* 144/4: 1023-1058（「エネルギー分析、経済的価値評価、およびテクノロジー・アセスメント」小出厚之助他編訳『経済学の神話』東洋経済新報社，1982 年）.

Goldman, Michael [2005] *Imperial Nature: The World Bank and Struggles of Social Justice in the Age of Globalization*, Yale University Press（山口富子監訳『緑の帝国——世界銀行とグリーン・ネオリベラリズム』京都

大学学術出版会, 2008年).

Gordon, Colin [1991] "Governmental Rationality: an Introduction," in G. Burchell. C. Gordon and P. Miller, eds., *The Foucault Effect: Studies in Governmentality*, Hemel Hempstead: Harvester Wheatscheaf, 1-51.

Gorz, Andre [1989] *Critique of Economic Reason*, London: Verso.

—— [1993] "Political Ecology : Expertocracy and Versus Self-Limitation,' *New Left Review* 202: 55-67.

Greenwood, Dan [2006] "Commensurability and Beyond: from Mises and Neurath to the future of the socialist calculation debate," *Economy and Society* 35/1: 65-90.

Haber, J.G. [1995] "Josef Popper-Lynkeus: A Biographical Introduction," in *The Individual and the Value of Human Life*, Roman & Littlefield Publishers.

Haeckel, Ernst [1878a] "Ueber die Entwicklungstheorie Darwin's" (「ダーウィンの進化学説について」八杉龍一編訳『ダーウィン論集』岩波文庫, 1994年).

—— [1878b] "Ueber die heutige Entwicklungslehre im Verhältnisse zur Gesammtwissenschaft," (「総合科学との関係における現代進化論について」八杉龍一編訳『ダーウィン論集』岩波文庫, 1994年).

—— [1904] *Der Moistenbund. The senzur Organisation des Monismus* (齋藤光他訳「E. ヘッケルによる一元論同盟綱領」,『生物学史研究』48: 15-20, 1986年).

Haller, Rudolf [1988] *Questions on Wittgenstein*, London: Routledge (林泰成訳『ウィトゲンシュタイン研究』晃洋書房, 1995年)

Hayek, F.A. ed., [1935] *Collectivist Economic Planning*, George Routledge & Sons (追間真次郎訳『集産主義計画経済の理論』実業之日本社, 1950年).

—— [1937] "Economics and Knowledge," in *Individualism and Economic Order*, London: Routledge & Kegan Paul, 33-56.

—— [1939] *Freedom and the Economic System*, Public Policy Pamphlet No.29, University of Chicago Press (「自由と計画体制」尾近裕幸訳『社会主義と戦争』春秋社, 2010年).

—— [1940] "Socialist Calculation: The Competitive 'Solution'," in *Individualism and Economic Order*, London: Routledge & Kegan Paul, London, 181-208.

—— [1941a] "The Counter-Revolution of Science," *Economica*, 8, 9-36,

119-50, 281-320, reprinted with revisions in *The Counter-Revolution of Science: Studies on the Abuse of Reason*, The Free Press.
―― [1941b] "The Economics of Planning," *The Liberal Review,* Vol.1（「計画化の経済学」尾近裕幸訳『社会主義と戦争』春秋社, 2010年）.
―― [1941c] "The Facts of Social Sciences," in I*ndividualism and Economic Order*, London: Routledge & Kegan Paul, London, 57-76.
―― [1942-44] "Scientism and the Study of Society," *Economica* 9, 267-91; 10, 34-63; 11, 27-29, reprinted with revisions in *The Counter-Revolution of Science: Studies on the Abuse of Reason*, The Free Press.
――[1944] *The Road to Serdom*, Chicago: University of Chicago Press（一谷藤一郎・一谷映理子訳『隷従への道』東京創元社 , 1992年）.
―― [1945] "The Use of Knowledge in Society," in *Individualism and Economic Order*, London: Routledge & Kegan Paul, 77-91.
―― [1946] "The Meaning of Competition," in *Individualism and Economic Order*, London: Routledge & Kegan Paul, 92-106.
―― [1948] *Individualism and Economic Order*, London: Routledge & Kegan Paul（嘉治元郎・嘉治佐代訳『個人主義と経済秩序』春秋社, 2008年）.
―― [1949] "The Intellectuals and Socialism," in *Studies in Philosophy, Politics and Economics*, Chicago: University of Chicago Press, 178-194（「知識人と社会主義」尾近裕幸訳『社会主義と戦争』春秋社, 2010年）.
―― [1952] *The Counter-Revolution of Science: Studies on the Abuse of Reason*, Glencoe: The Free Press（渡辺幹雄訳『科学による反革命』春秋社, 2011年）.
―― [1960] *The Constitution of Liberty*, London: Routledge and Kegan Paul（気賀健三・古賀勝次郎訳『自由の条件』春秋社, 2007年）.
―― [1964] "The Theory of Complex Phenomena," in *Studies in Philosophy, Politics and Economics*, Chicago: University of Chicago Press, 22-47（「複雑現象の理論」島津格監訳『哲学論集』春秋社, 2010年）.
―― [1967] *Studies in Philosophy, Politics and Economics,* The University of Chicago Press.
―― [1968] "Competition as a Discovery Procedure," in *New Studies in Philosophy, Politics, Economics and the History of Ideas*, London: Routledge and Kegan Paul, 179-190（「発見手続きとしての競争」古賀勝次郎監訳『経済学論集』春秋社, 2009年）.
―― [1973] *Law, Legislation and Liberty, Volume 1: Rules and Order,*

Chicago: University of Chicago Press（矢島鈞次・水吉俊彦訳『法と立法と自由 I ルールと秩序』春秋社，2007 年）.

—— [1976] *Law, Legislation and Liberty,* Volume 2: The Mirage of a Social Justice, Chicago: University of Chicago Press（篠塚慎吾訳『法と立法と自由 II 社会主義の幻想』春秋社，2008 年）.

—— [1978] *New Studies in Philosophy, Politics, Economics and the History of Ideas*, London: Routledge and Kegan Paul.

—— [1983] "Two Pages of Fiction on Socialist Calculation," *Journal of Economic Affairs* 2/3, London, April（「社会主義計算論争とはなんだったのか——フィクションの 2 ページ」尾近裕幸訳『社会主義と戦争』春秋社，2010 年）.

—— [1994] *Hayek on Hayek, Edited by Stephen Kresge and Leif Wenar*. Chicago: Chicago University Press（島津格訳『ハイエク、ハイエクを語る』名古屋大学出版会，2000 年）.

Hogben, Lancelot [1931] "The Foundations of Social Biology," *Economica*, February 31: 4-24.

—— ed., [1938] *Political Arithmetic: A Symposium of Population Studies*, London: Allen & Unwin.

——[1939] "The Creed of a Scientific Humanist," in *Dangerous Thoughts*, London: George Allen & Unwin.

Hornborg, Alf [2001] *The Power of the Machine: Global Inequalities of Economy, Technology, and Environment,* AltaMira Press.

Jevons, W. Stanley [1865/1906] T*he Coal Question: an Inquiry Concerning the Progress of the Nation, and the Probable Exhaustion of our Coal-Mines*, reprint of the 3rd edn, London: Macmillan and Co., Limited.

Kapp, Karl William [1954] "Economics and the Behavioral Sciences," *Kyklos* 7/3: 205-225.

——[1963] "Social Costs and Social Benefits: A Contribution to Normative Economics," in Beckerath, E.v., Giersch, H. eds., *Probleme der normative Ökonomik und der wirtschaftspolitischen Beratung, Verein für Sozialpolitik*, Duncker & Humbolt, Berlin, 183-210（「社会的費用と社会的便益」柴田徳衛・鈴木正俊訳『環境破壊と社会的費用』岩波書店，1975 年）.

—— [1965] "Social Economics and Social Welfare Minima," in T. K. N. Unnithan, et al. eds., *Towards a Sociology of Culture in India*, New Delhi: Prentice Hall of India, 297-309（「社会経済学と社会的厚生の必

要最低限」『環境破壊と社会的費用』岩波書店，1975年）.

—— [1969] “On the Nature and Significance of Social Costs,” *Kyklos* 22/2: 334-47（「社会的費用の意味と性格」『環境破壊と社会的費用』岩波書店，1975年）.

—— [1970] “Environment Disruption and Social Costs: A Challenge to Economics,” *Kyklos* 23/4: 833-48（「環境破壊と社会的費用」『環境破壊と社会的費用』岩波書店，1975年）.

—— [1974] *Environmental Policies and Development Planning in Contemporary China and other Essays*, Paris/The Hague: Mouton.

Kenny, Michael. and Meadowcroft, James. eds., [1999] *Planning Sustainability*, London: Routledge.

Keynes, John. M. [1972] *Essays in Biography, The Collected Writings*, Vol. 10.（大野忠男訳『人物評伝』東洋経済新報社，1980年）.

Kirzner, Israel [1988] “The economic calculation debate: lessons for Austrians,” *The Review of Austrian Economics* 2（日向建訳「経済計算論争——オーストリア学派への教訓」『社会科学研究』21, 1997年）.

Knight, Frank [1927] “Review of Wealth, Virtual Wealth and Debt,” *Saturday Review of Literature*, April 16: 732.

Lange, Oskar [1936-37] “On the Economic Theory and Socialism,” in Lippincott, ed., *On the Economic Theory of Socialism*, Minnesota University Press, 1938, 57-143（土屋清訳『計画経済理論』社会思想研究部出版部，1951年）.

—— [1967] “The Computer and the Market,” in C.H. Feinstein, ed., *Socialism, Capitalism and Economic Growth*, Cambridge: Cambridge University Press,（「計算機と市場」水田洋他訳『社会主義・資本主義と経済成長成長』筑摩書房，1969年）.

Lavoie, Don [1981] “A Critique of the Standard Account of the Socialist Calculation Debate”（日向健訳「社会主義経済計算論争の標準的解釈への批判」『山梨学院大学経営情報学論集』4: 161-198, 1998年）.

—— [1985] *Rivalry and Central Planning: The Socialist Calculation Debate Reconsidered*, Cambridge: Cambridge University Press（吉田靖彦訳『社会主義経済計算論争再考』青山社，1999年）.

Leonard, Robert J. [1999] “‘Seeing Is Believing’: Otto Neurath, Graphic Art, and the Social Order,” *History of Political Economy* 31(supplement): 452-478.

Lerner, A.P. [1934] “Economic Theory and Socialist Economy,” *Review*

of Economic Studies 2: 51-61.
Leßmann, Ortrud [2007] "A Similar line of Thought in Neurath and Sen: Interpersonal Comparability," in E. Nemeth et al. eds., *Otto Neurath's Economics in Context*, Springer, 115-130.
—— [2009] "Conditons of Life, Functionings and Capability: Similarities, Differences and Complementary Features," *Journal of Human Development and Capabilities* 10/ 2: 279-298.
Lippincott, B. E. ed., [1938] *On the Economic Theory of Socialism*, Minnesota University Press（土屋清訳『計画経済理論——社会主義の経済学説』社会思想研究部出版部 , 1951 年）.
Little, Adrian [1998] *Post-Industrial Socialism: Towards a New Politics of Welfare*, London: Routledge.
Little, I.M.D. [1957] *A Critique of Welfare Economics*, 2nd edition, Oxford: Oxford University Press.
Lotka, Alfred. J. [1924] *Elements of Physical Biology*, Baltimore: Williams and Wilkins.
Luccarelli, Mark [1995] *Lewis Mumford and the Ecological Region: The Politics of Planning*, London: the Guilford Press.
Mach, Ernst. [1883/1933] *Die Mechanik in ihrer Entwicklung historisch-kritisch entwickelt*（伏見譲訳『マッハ力学』講談社, 1969 年）.
——[1885/1918] *Die Analyse der Empfindungen und das Verhältnis des Physischen zum Phychischen von Dr. E. Mach 7*（須藤吾之助・廣松渉訳『感覚の分析』法政大学出版会, 1971 年）.
——[1896/1923] *Die Principien der Wärmelehre historisch-kritisch entwickelt*（高田誠二訳『熱学の諸原理』東海大学出版会, 1978 年）.
Martinez-Alier, Juan with Schlüpmann, Klaus [1987/1990] *Ecological Economics: Energy, Environment and Society*, Oxford: Blackwell, with new introduction（工藤秀明訳『エコロジー経済学——もうひとつの経済学の歴史』新評論, 1999 年）.
Martinez-Alier, Juan [1992] "Ecological Economics and Concrete Utopias," *Utopian Studies* 3/1: 39-52.
—— [2002] *The Environmentalism of the Poor: A Study of Ecological Conflicts and Valuation*, Cheltenham: Edward Elgar.
—— [2009] "Social Metabolism, Ecological Distribution Conflicts, and Languages of Valuation," *Capitalism, Nature, Socialsim* 20/1 :58-87.
Mayumi, Kozo [2009] "Nicholas Georgescu-Roegen: His Bioeconomics

Approach to Development and Change," *Development and Change* 40/6: 1235-1254.

McRobbie, Kenneth. and Polanyi-Levitt, Karl. eds., [2006] *Karl Polanyi in Vienna* 2nd edition, Montréal: Black Rose Books.

Meikle, Scott [1995] *Aristotele's Economic Thought*, Oxford: Oxford University Press.

Meller, Helen [1990] *Patrick Geddes: Social Evolutionist and City Planner,* London: Routledge.

Mendell, Marguerite [1990] "Karl Polanyi and Feasible Socialism," in K. McRobbie, ed., *Humanity , Society and Commitment,* Montréal: Black Rose Books.

Merricks, Linda [1996a] *The World Made New: Frederick Soddy, Science, Politics, and Environment,* Oxford: Oxford University Press.

――[1996b] "Frederick Soddy: Scientist, Economist, and Environmentalist," *Capitalism, Nature, Socialism* 7/4: 59-78.

Mirowski, Philip [1988a] *Against Mechanism: Protecting Economics from Science,* New Jersey: Rowman & Littlefield.

―― [1988b] "Energy and Energetics in Economic Theory," *Journal of Economic Issues* 22/3: 811-830.

―― [1989] *More heat than light, Economics as social physics: Physics as nature's economics*, Cambridge: Cambridge University Press.

―― [1992] "Nicholas Georgescu-Roegen," in W.J. Samuels, ed., *New Horizons in Economic Thought,* Aldershot: Edward Elgar.

Mises, Ludwig von [1920] "Die Wirtschaftsrechnung im sozialistischen Gemeinwesen," *Archiv für Sozialwissenschaft und Sozialpolitik,* Bd.47, 86-121, transl. "Economic Calculation in the Socialist Commonwealth," in F.A. Hayek, ed., *Collectivist Economic Planning*, London: Routledge & Son, 1935（追間真次郎訳『集産主義計画経済の理論』実業之日本社 , 1950 年）.

―― [1949] *Human Action: A Treatise on Economics,* Yale University Press, 3rd edition, 1966, Contemporary Books（村田稔雄訳『ヒューマン・アクション――人間行為の経済学』春秋社 , 2008 年）.

―― [1962] *The Ultimate Foundation of Economic Science*（村田稔雄訳『経済科学の根底』日本経済評論社 , 2002 年）.

―― [1978] *Ludwig von Mises, Notes and Recollections*, Libertarian Press.

―― [1981] *Socialism: An Economic and Sociological Analysis*, Liberty

Fund, Indianapolis.

Mooslechner, Peter. [2007] "Neurath on Money: Some Reflections on Neurath's Monetary Thought in the Historical Context of the Birth of Modern Monetary Economics," in E. Nemeth et al. eds., *Otto Neurath's Economics in Context*, 101-114.

Mumford, Lewis. [1948] "Patrick Geddes, Victor Branford, and Applied Sociology in England: The Social Survey, Regionalism, and Urban Planning," in H. E. Barnes, ed., *An Introduction to the History of Sociology*, Chicago: University of Chicago Press.

Myers, Margarete. [1940] *Monetary Proposals for Social Reform*, New York: AMS Press.

Nagel, Ernest. [1952] "Review of The Counter-Revolution of Science," *The Journal of Philosophy* 49/17: 560-565.

Nakayama, Chikako. [2002] "An Investigation of Hayek's criticism of central planning," in J. Birner, P. Garrouste, T. Amiar, eds., *F.A. Hayek as a Political Economist: Economic Analysis and Values*, London: Routledge.

Nemeth, Elisabeth [1991] "The Unity of Planned Economy and the Unity of Science," in T. Uebel ed., *Rediscovering the Forgotten Vienna Circle*, 275-283.

—— [1996] "Otto Neurath's Vision of Science between Utopia and Encyclopedia," in E.Nemeth / F. Stadler, eds., *Encyclopedia and Utopia*, 7-14.

—— [2007] "Freeing up One's Point of View: Neurath's Machian Heritage Compared with Schumpeter's," in E. Nemeth et al. eds., *Otto Neurath's Economics in Context*, Springer.

—— [2011] "Scientific Attitude and Picture Language: Otto Neurath on Visualisation in Social Sciences," in R. Heinrich et al. eds., *Image and Imaging in Philosophy, Science and the Arts*, Vol.2, 59-83.

—— [2013] "The Philosophy of the "Other Austrian Economics" ," in H. Andersen et al. eds., *New Challenges to Philosophy of Science: The Philosophy of Science in a European Perspective* 4, 339-350.

Nemeth, Elisabeth and Stadler, Fridrich. [1996] *Encyclopedia and Utopia: the Life and Work of Otto* Neurath *(1882-1945)*, Dordrecht: Kluwer Academic Publishers.

Nemeth, E., Schmitz, S.W., and Uebel, T., eds., [2007] *Otto Neurath's Economics in Context*, Dordrecht: Springer.

—— [2007] "Introduction," in *Otto Neurath's Economics in Context*, Springer.

Neurath, Otto [1909] *Antike Wirtschaftsgeschichte*, 2nd revised, 1918, transl. "Economic History of Antiquity [Excerpts]," in Neurath [2004] 120-152.

—— [1911] "Nationalökonomie und Wertlehre, eine systematische Untersuchung," in *Zeitschrift für Volkwirtschaft, Soziapolitik und Verwaltung*, 20: 52-114.

—— [1910] "Zur Theorie der Sozialwissenschaft," repr. in *Gesammelte philosophisch und methodologiscge Schriften*, Vienna: Hölder-Pichler-Tempsky, 23-46, transl. "On the Theory of Social Science" , in Neurath [2004] 265-291.

—— [1912] "Das Problem des Lustmaximums," repr. in *Gesammelte philosophisch und methodologiscge Schriften*, Vienna: Hölder-Pichler-Tempsky, 47-56, transl "The Problem of the Pleasure Maximum," in Neurath [1973] 113-122.

—— [1913] "Die Verirrten des Cartesius und das Auxiliarmotiv," repr. Gesammelte philosophisch und methodologiscge Schriften, Vienna: Hölder-Pichler-Tempsky, 57-68（小林純訳「デカルトの迷子たちと予備的動機」『立教経済学研究』64/4, 2011 年）.

—— [1916] "Die Naturalwirtschaftslehre und der Naturalkalkul inihren Beziehungen zur Kriegswirtschftslhre," repr. in *Durch die Kriegswirtschaft zur Naturalwirtschaft*, S.174-182, transl. "Economics In Kind, Calculation in Kind and Their Relation to War Economics," in Neurath [2004] 299-311.

—— [1917a] "Das Begriffsgebäude der Wirtschaftslehre und seine Grundlagen," repr. in *Gesammelte philosophisch und methodologiscge Schriften*, Vienna: Hölder-Pichler-Tempsky, 103-130, transl. "The Conceptual Structure of Economic Theory and its Foundations," in Neurath [2004] 312-341.

—— [1917b] *Die Wirtschaftsordnung der Zurkunft und die Wirtschaftswissenschaften*, repr. in *Durch die Kriegswirtschaft zur Naturalwirtschaft*, S.159-173, transl. "The Economic Order of the Future and Economic Science," in Neurath [2004] 241-261.

—— [1919] *Durch die Kriegswirtschaft zur Naturalwirtschaft*, transl. "Through War Economy to Economy in Kind", in Neurath [1973] 123-

157.

—— [1920a] "Ein System der Sozialisierung," *Archiv für Sozialwissenschaft und Sozialpolitik* 48, 44-73, transl. "A System of Socialization", in Neurath [2004] 345-370.

—— [1920b] *Vollsozialisierung*, Diederichs, Jena, transl. "Total Socialization," in Neurath [2004] 371-404.

—— [1925a] *Wirtshtsplan und Naturalrechnung*, Laub, Berlin, transl. "Economic Plan and Calculation In Kind: On the Socialist Order of Life and the Human Beings of the Future", in Neurath [2004] 405-465.

—— [1925b] "Sozialistsche Nützlichkeitsrechnung und kapitalistische Reingewinnrechnung," *Der kampf* 18, 391-395, transl. "Socialist Utility Calculation and Capitalist Profit Calculation", in Neurath [2004] 466-472.

—— [1928] *Lebensgestaltung und Klassenkamph*, repr. in *Gesammelte philosophisch und methodologiscge Schriften*, Vienna: Hölder-Pichler-Tempsky, 227-293, transl. "Personal Life and Class Struggle," in Neurath [1973] 249-298.

—— [1931a] *Empirische Soziologie*, Vienna: Springer, transl. "Empirical Sociology: The Scientific Content of History and Political Economy," in Neurath [1973] 319-421.

—— [1931b] "Physicalism: The Philosophy of the Vienna Circle," in Neurath [1983] 48-51.

—— [1932a] "Soziologie im Physikalismus," repr. in *Gesammelte philosophisch und methodologiscge Schriften*, Vienna: Hölder-Pichler-Tempsky, 533-562, transl. "Sociology in the Framework of Physicalism," in Neurath [1983] 58-90.

—— [1932b] "Protokollsätze", *Enkenntnis* 3: 204-214（竹尾治一郎訳「プロトコル言明」『現代哲学基本論文集 I 』勁草書房，1986 年）.

—— [1935a] "Pesudorationalismus der Falsifikation," *Enkenntnis* 5: S.353-365, transl, "Psedorationalism of Falsification," in Neurath [1983] 121-131.

—— [1935b] *Was bedeutet rationale Wirtschaftsbetrachtung?*, Gerold, Vienna, transl. "What is Meant by Rational Economic Theory?," in B. McGuinness, ed., [1987] , *Unified Science*, Kluwer, Dordrecht, 67-109.

—— [1936] "L'encyclopédie comme 'modé le,' *Revue de Synthése*, Tome 12, No.2, 187-201, transl. "Encyclopedia as 'Model' ," in Neurath

[1983] 145-158.
—— [1937a] "Inventory of the Standard of Living," *Zeitschrift fur Sozialfirschung* 6: 140-151.
—— [1937b] "The Departmentalization of Unified Science,' *Erkenntuis (Journal of Unified Science)* 7: 127-148.
—— [1937c] "Prognosen und Terminologie," in *Gesammelte philosophisch und methodologiscge Schriften,* Vienna: Hölder-Pichler-Tempsky, 787-794.
—— [1938] "Unified Science as Encyclopedic Integration,' *International Encyclopedia of Unified Science*, Vol.1 No,1, Chicago: The University of Chicago Press, 1-27.
—— [1939] *Modern Man in the Making*（高山洋吉訳『現代社会生態図説』慶応書房 , 1942 年).
—— [1939] "The Social Sciences and Unified Science," *Erkenntuis (Journal of Unified Science)* 9: 430-433.
—— [1942] "International Planning for Freedom," *The New Commonwealth Quarterly*, repr. in Neurath [1973] 422-440.
—— [1943] "Planning or Managerial Revolution" , *The New Commonwealth,* repr. in Neurath [2004] 527-538.
—— [1944a] *Foundations of Social Sciences,* The University of Chicago Press, repr, in O. Neurath, R. Carnap, and C. Morris(eds.), *Foundations of the Unity of Sciences: Towards an International Encyclopedia of Unified Science. Vol.2*, University of Chicago Press, 1970.
—— [1944b] "Ways of Life in a World Community," *The London Qurterly of World Affairs,* repr. in Neurath [2004] 539-545.
—— [1945a] Neurath-Hayek correspondence, 1945, Hoover Institute, Hayek Archives, BOX40, FILE7.
—— [1945b] "Physicalism, Planning and the Social Sciences: Bricks, prepared for a discussion von Hayek-Neurath," 26th July, 1945 *The Otto Neurath Nachlass in Haarlem* 202 K.56.
—— [1945c] "Alternatives to Market Competition (Review of F. Hayek The Road to Serdom)," *The London Quarterly of World Affairs*, in Neurath [2004] 546-548.
—— [1945d] "Visual Education: humanization versus popularization," in E. Nemeth and F. Stadler, eds., *Encyclopedia and Utopia,* 245-335.
—— [1946a] "After Six Years," *Synthese* 5: 77-82.

—— [1946b] "The Orchestration of the Sciences by the Encyclopedism of Logical Empiricism," in Neurath [1983] 230-242.

—— [1973] *Empiricism and Sociology*, edited and trancelated by M. Neurath and R.S. Cohen, Dordrecht: Reidle.

—— [1981] *Gesammelte philosophisch und methodologiscge Schriften*, R. Haller, and H. Rutte, eds., Vienna: Hölder-Pichler-Tempsky.

—— [1983] *Otto Neurath: Philosophical Papers 1913-1946*, edited and translated by R.S. Cohen and M. Neurath, Dordrech: Reidel.

—— [1991] *Gesammelte bildpädagogische Schriften*, R. Haller, and R. Kinross, eds., Vienna: Hölder-Pichler-Tempsky.

—— [2004] *Economic Writings: Selections, 1904-1945*, edited by T.E. Uebel and R.S. Cohen, translated by R.S. Cohen, M. Neurath, C. Schmit-Petri, and T.E. Uebel, Dordrecht: Kluwer.

Otto, Neurath and Schumann, Wolfgang [1919] *Können wir heute sozialisieren? Eine Darstellung der sozialistischen Lebensordnung und ihres Werdens*, Leipzig: Klinkhardt.

Neurath, Paul [1991] "Sociological Thought with Otto Neurath," in T. E. Uebel, ed., *Rediscovering the Forgotten Vienna Circle*, 209-222.

Okruhlik, Kathleen [2004] "Logical Empiricism, Feminism, and Neurath's Auxiliary Motive," *Hypatia* 19/1: 48-72.

O'Neill, John [1993] *Ecology, Policy, Politics: Human Well-being and Natural World*, London: Routledge.

—— [1998] *The Market: Ethics, Knowledge and Politics*, London: Routledge.

—— [1999] "Ecology, Socialism and Austrian Economics," in E. Nemeth and R. Heinrich. eds., *Otto Neurath: Rationalität, Planung, Vielfalt*, Weiner Reihe, Vienna.

—— [2003] "Socialism, Associations and the Market," *Economy and Society* 32/2: 184-206.

—— [2004] "Ecological Economics and the Politics of Knowledge: the debate between Hayek and Neurath," *Cambridge Journal of Economics* 28/3: 431-447.

—— [2006] "Knowledge, Planning, and Markets: A Missing Chapter in the Socialist Calculation Debates," *Economics and Philosophy* 22: 55-78.

O'Neil, John and Uebel, Thomas [2004] "Horkheimer and Neurath: Restarting a Disrupted Debate," *European Journal of Philosophy* 12: 75-

105.

—— [2008] "Logical Empiricism as Critical Theory? The Debate Continues," *Analize & Kritik* 30: 379-398.

Ophuls, W. with Stephen A. Boyan Jr. [1992] *Ecology and the Politics of Scarcity Revisited : the unraveling of the American dream*. WH Freeman and Company, NewYork.

Ostwald, Wilhelm [1907] "The Modern Theory of Energetics," *The Monist* 17/4: 481-515.

—— [1908/1912] *Die Energie*, Leipzig : J.A. Barth（山県春次訳『エネルギー』岩波書店，1938年）.

—— [1913] *Die Philosophie der Werte*, Leipzig : Alfred Kröner（大日本文明協会訳『価値の哲学』大日本文明協会，1914年）.

Phillipson, John.[1966] *Ecological Energetics,* London: Edward Arnold.

Planck, Max [1908] "Die Einheit des phhysikalischen Weltbildes,"（浜田貞時訳「物理学的世界像の統一」『現代物理学の思想』上巻 法律文化社，1971年）.

Podolinsky Sergei [1881] "Le Socialisme et l'Unité des Forces physiques," *Revue Socialiste*, March, transl. "Socialism and the Unity of Physical Forces," *Organization & Environment* 17/1: 61-75, 2004.

Polanyi, Karl [1922] "Sozialistische Rechnunslegung," *Archiv für Sozialwissenschaft und Sozialpolitik,* Bd.49, pt.2, 377-420（橋本剛訳「社会主義的経済計算」『原典 社会主義経済計算論争』ロゴス社 , 2008年）.

—— [1924] "Die funktionelle Theorie der Gesellschaft und das problem der sozialistischen Rechnunskegung," *Archiv für Sozialwissenschaft und Sozialpolitik*, Bd.52, pt.1, 218-228（「機能的社会理論と社会主義の計算問題」玉野井芳郎・平野健一郎編訳『経済の文明史』ちくま学芸文庫，2003年）.

—— [1925] "Neue Erwägungen zu unserer Theorie and Prazxis," *Der Kampf* 18, S.18-24, reprinted in G. Mozetic (ed.), *Austromarxistische Positionen,* Graz and Vienna: Bohlan Verlag, 1983, 439-449（「われわれの理論と実践についての新たな検討」若森みどり・植村邦彦・若森章孝編訳『市場社会と人間の自由』大月書店，2012年）.

—— [1937] "Community and Society. The Christian Criticism of Our Social Order,"（「共同体と社会」若森みどり・植村邦彦・若森章孝編訳『市場社会と人間の自由』大月書店 , 2012年）.

—— [1944/2001] *The Great Transformation: The Political and Economic*

Origins of Our Time, Boston: Beacon Press,（野口建彦・栖原学他訳『大転換―市場社会の形成と崩壊―』〔新訳〕東洋経済新報社，2009年）.

―― [1957] "The Economy as Instituted Process," in Polanyi et al. eds., *Trade and Market in the Early Empires*, The Free Press（「制度化された過程としての経済」玉野井芳郎・平野健一郎編訳『経済の文明史』ちくま学芸文庫，2003年）.

―― [1971] "Carl Menger's Two Meanings of 'Economic'," in G. Dalton, ed., *Studies in Economic Anthropology*, Washington DC: American Anthropological Association, 16-24（玉野井芳郎訳「メンガーにおける「経済的」の二つの意味」『エコノミーとエコロジー』みすず書房，1978年）.

Polanyi-Levitt, Karl [1994] "Karl Polanyi as Socialist," in K. McRobbie, ed., *Humanity, Society and Commitment: On Karl Polanyi*, Canada: Black Rose Books, 115-134.

Polanyi, Michael [1951] *The Logic of Liberty: Reflections and Rejoinders*, Chicago University Press（長尾史郎訳『自由の論理』ハーベスト社，1988年）.

Pomeranz, Kenneth [2000] *The Great Divergence. China, Europa and the Making of the Modern World Economy*, Princeton and Oxford: Princeton University Press.

Popper, Karl Raimund [1976] *Unended Quest: An Intellectual Autobiography*（森博訳『果てしなき探究 知的自伝』上下巻 岩波書店，1995年）.

Popper-Lynkeus, Josef [1910] *Individuum und die Bertung menschlicher Ecistenzen*, transl. *The Individual and the Value of Human Life*, Roman&Littlefield Publishers, 1955.

Potochnik, Angela [2011] "A Neurathian Conception of the Unity of Science," *Erkenntuis* 74: 305-319.

Prigogine, Ilya. and Stengers, Isabelle [1984] *Order out of Chaos*, London : Heinemann（伏見康治・伏見譲・松枝秀明訳『混沌からの秩序』みすず書房，1987年）.

Putnam, Hilary [2002] *The Collapse of the Fact/Value Dichotomy*, Harvard University Press（藤田晋吾・中村正利訳『事実と価値二文法の崩壊』法政大学出版会，2006年）.

Quine, Willard V. O. [1951] "Two Dogmas of Empiricism," *Philosophical Review* 60: 20-43（飯田隆訳「経験主義のふたつのドグマ」『論理的観点から』勁草書房，1992年）.

Ratherford, Paul [1997] "Policing Nature: Ecology, Natural Science and Biopolitics," in Clare O'Frrell, ed., *Foucault: The Legacy,* Brisbane: Queensland University of Technology.

—— [1999] "'The Entry of Life into History'," in E. Darier, ed., *Discourses of the Environment*, London: Blackwell.

Renwick, Chris [2010] "Patrick Geddes and the politics of evolution," *Endeavour*, 34/4: 151-156.

Richardson, Sarah [2009] "The Left Vienna Circle, Part 1: Carnap, Neurath, and the Left Vienna Circle Thesis," *Studies in the History and Philosophy of Science Part A*, 40/1: 14-24.

Robbins, Lionel C. [1932] *An Essay on the Nature and Significance of Economic Science* , London: Macmillan（辻六兵衛訳『経済学の本質と意義』東洋経済新報社，1957 年）.

Røpke, Inge [2004] "The Early History of Modern Ecological Economics," *Ecological Economics* 50: 293-314.

Ruskin, John [1862] *Unto This Last: Four Essays on the First Principles of Political Economy*, London: G.Allen（飯塚一郎・木村正身訳『ラスキン』中公クラシックス，2008 年）.

—— [1872/1905] *Munera Pulveris* , in Vol.17 of *The Works of John Ruskin*, London: G.Allen（宇井丑之助訳『ラスキン政治経済論集』史泉房，1981 年）.

Sachs, Wolfgang [1992] *The Development Dictionary: Guide to Knowledge as Power,* Zed Books.

Sagoff, Mark [1988] *The Economy of the Earth,* Cambridge University Press.

Sandner, Günther [2007] "Economy, Ideology and Culture: Otto Neurath's Approach to a Precarious Relationship," in E. Nemeth et al. eds., *Otto Neurath's Economics in Context*, Springer, 141-155.

Sato, Fumiaki [1998] "A Comparative Study of Regional Sustainability: Patrick Geddes and Bioregionalism,"『日本建築学会計画系論文集』510: 191-196.

Schabas, Margaret [2005] *The Natural Origins of Economics,* Chicago: Chicago University Press.

Sclove, Richard E. [1989] "From Alchemy to Atomic War: Frederick Soddy's 'Technology Assessment' of Atomic Energy, 1900-1915," *Science, Technology, & Human Values* 14/2: 163-194.

Seccareccia, Mario [1988] "Systéme monétaire et loi d'entropie," *Economies et societies* 22, 57-71（森野栄一訳「貨幣システムとエントロピーの法則」『自由経済研究』9: 1-18, 1997年）.

—— [1997] "Early Twentieth-Century Hetrodox Monetary Thought," in Cohen. J. Harald Hagemann, J. Smithin, eds., *Money, Financial Institutions and Macroeconomics,* Boston: Kluwer Academic Publishers, 125-139.

Shumpeter, J. A. [1942] *Capitalism, Socialism and Democracy*, Harper and Brothers（中山伊知郎・東畑精一訳『資本主義・社会主義・民主主義』東洋経済新報社, 1951年）.

Soddy, Fredrick [1922] *Cartesian Economics: The Bearing of Physical Science upon State Stewardship,* London: Hendersons.

—— [1924] *The Inversion of Science and a Scheme of Scientific Reformation*, London: Hendersons.

—— [1926] *Wealth, Virtual Wealth and Debt: The Solution of the Economic Paradox,* London: George Allen & Unwin.

—— [1931] *Money versus Man*, London: Elkin Mathews & Moarrot.

—— [1934]*The Role of Money,* London : George Routledge and Sons.

Solokin, Piturim [1928] *Contemporary Sociological Theories,* Harper & Row.

Soper, Kate [1995] *What is Nature?* Oxford: Blackwell.

Spash, Clive L. [2012] "New Foundations for Ecological Economics," *Ecological Economics* 77: 36-47.

Stadler, Fridrich [1996] "Otto Neurath: Encyclopedia and Utopia," in E. Nemeth and F. Stadler, eds., *Encyclopedia and Utopia*, Kluwer Academic Publishers, 1-6.

——[2011] "Written Language and Picture Language after Otto Neurath: Popularising or Humanising Knowledge," in R. Heinrich et al. eds., *Image and Imaging in Philosophy, Science and the Arts*, Vol.2, 1-30.

Stöltzner, Michael [2001] "Otto Neurath 1913-1915" in J. Blackmore et al. eds., *Ernest Mach's Vienna 1895-1930*, Kluwer Academic Publishers, 105-122.

Stuchlik, Joshua [2011] "Felicitology: Neurath's Naturalization of Ethics," *The Journal of the International Society for the History of Philosophy of Science* 1/2:183-208.

Studholme, Maggie [2007] "Patrick Geddes: founder of environmental

sociology," *The Sociological Review* 55/3: 441-459.

Symons, J. Pombo, O. Torres, J.M. eds. [2011] *Otto Neurath and the Unity of Science*, Springer.

Taylor, F.M. [1929] "The Guidance of Production in a Socialist State," in Lippincott, ed., *On the Economic Theory of Socialism*, Minnesota University Press, 41-54（土屋清訳『計画経済理論』社会思想研究部出版部，1951年）.

Taylor, Peter J. [1988] "Technocratic Optimism, H. T. Odun, and the Partial Transformation of Ecological Metaphor after World War II," *Jorunal of the History of Biology*, 21/2: 213-244.

Thomasberger, Claus [2006] "The Economic Society: Markets Results and Human Purposes — Karl Polanyi and Friedrich Hayek," Paper presented at the Tenth Annual Conference of the European Society for the History of Economic Thought(ESHET), Porto, 2006.

Trenn, Thaddeus. J. [1977] *The self-splitting atom: a history of the Rutherford-Soddy collaboration*（島原健三訳『自壊する原子』三共出版，1982年）.

——[1979] "The Central Role of Energy in Soddy's Holistic and Critical Approach to Nuclear Science, Economics, and Social Responsibility," *The British Journal for the History of Science* 12/42: 261-267.

Tribe, Keith [1995] *Strategies of Economic Order: German Economic Discourse. 1750-1950*, Cambridge: Cambridge University Press（小林純・手塚真・枡田大和彦訳『経済秩序のストラテジー——ドイツ経済思想史 1750 − 1950』ミネルヴァ書房，1998年）.

Uebel, Thomas E. ed. [1991] *Rediscovering the Forgotten Vienna Circle: Austrian Studies on Otto Neurath and the Vienna Circle*, Dordrecht: Kluwer Academic Publishers.

—— [2003] "Twentieth-century Philosophy of Social Science in the Analytic Tradition," in *The Blackwell Guide to the Philosophy of the Social Sciences*, Oxford Blackwell, 64-88.

—— [2004] "Neurath's Economics in Critical Context," in Neurath [2004] 1-108.

—— [2005a] "Incommensurability, Ecology, and Planning: Neurath in the Socialist Calculation Debate, 1919-1928," *History of Political Economy* 37/2: 309-342.

——[2005b] "Social Science in the Framework of Physicalist Encyclopedism:

Some Anti-reductionist Concerns Allayed," in *Veröffentlichungen des Instituts Wiener Kreis* 13/4: 221-239.

—— [2007a] "Philosophy of Social Science in Early Logical Empiricism: The Case of Radical Physicalism," in A. Richardson & T. Uebel eds., *The Cambridge Companion to Logical Empiricism* , Cambridge: Cambridge University Press.

—— [2007b] "Otto Neurath's as an Austrian Economist: Behind the Scenes of the Early Socialist Calculation Debate," in Nemeth et al. eds., *Otto Neurath's Economics in Context,* Springer, 37-59.

—— [2008] "Calculation in kind and marketless socialism: On Otto Neurath's utopian economics," *The European Journal of the History of Economic Thought* 15/3: 475-501.

Vossoughian, Nader [2008] *Otto Neurath: The Language of the Global Polis,* NAi Publishers.

Wachtel, Henry I. [1955] *Security for all and Free Enterprise: A Summary of the Social Philosophy of Josef Popper-Lynkeus,* Philosophical Library.

Walras, Leon [1965] *Correspondence of Leon Walras and Related Papers,* Amsterdam.

Weber, Max [1909] "Energetische Kulturtheorien", *Archiv für Sozialwissenschaft und Sozialpolitik* 29, transl. "'Energetic' Theories of Culture", *Mid-American Review of Sociology* 9/2: 27-58.（朝倉恵俊訳「『エネルゲティク』文化理論 1909」,『龍谷大学社会学部紀要』23:65-78, 2003 年）.

—— [1921/1972] "Soziologische Grundkategorien des Wirtschaftens," in: *Wirtschaft und Gesellschaft,* 5te Aufl., herausgegeben v. Johannes Winckelmann, Tübingen: J.C.B.Mohr,（富永健一訳「経済行為の社会学的基礎範疇」,『世界の名著 マックス・ウェーバー』中央公論社, 1975 年）.

Welter, Volker M. [2002] *biopolis: Patrick Geddes and the City of Life*, The MIT Press.

White, Leslie.[1943] "Energy and the Evolution of Culture," *American Anthropologist* 45: 335-356.

—— [1949] *The Science of Culture,* New York: Farrar-Straus.

Wissenburg, Michael [1998] *Green Liberalism: The free and the green society*, Routledge.

Worster, Donald [1985] *Nature's Economy: A History of Ecological Idea*,

Cambridge: Cambridge University Press（中山茂他訳『ネイチャーズ・エコノミー――エコロジー思想史』リブロポート，1989年）.
Zency, Eric [2009] "Mr. Soddy's Ecological Economy," *The New York Times*, April 12.

邦語文献

麻生博之編 [2010]『エコノミー概念の倫理思想史的研究』2007年度～2009年度科研費補助金研究成果報告書・補足論集.
雨宮昭彦 [2006]『競争秩序のポリティクス――ドイツ経済政策思想の源流』東京大学出版会.
―― [2009]「社会的市場経済の思想――オルド自由主義」田村信一・原田哲史（編著）『ドイツ経済思想史』八千代出版.
―― [2010]「〈ポスト大転換システム〉の歴史的考察」安孫子誠男・水島治郎編著『労働：公共性と労働－福祉ネクサス』勁草書房.
荒川章義 [1999]『思想史のなかの近代経済学――その思想的・形式的基盤―』中公新書.
アリストテレス [2001]『政治学』牛田徳子訳，京都大学学術出版会.
安藤聡彦 [1991]「イギリス環境教育論の原型――パトリック・ゲデス再考」『一橋論集』105/2: 156-175.
―― [1998]「都市のナチュラリスト・ゲデス（上巻）（下巻）――〈人間 - 環境〉系のライフヒストリー分析試論」1998年度一橋大学博士論文（未刊行）.
石垣壽郎 [1994]「論理実証主義の歴史と思想」『岩波講座 現代思想 10 科学論』岩波書店.
泉累維 [2004]「フレデリック・ソディの貨幣論に関する考察」『自由経済研究』29, 1-38.
伊藤邦武 [2011]『経済学の哲学――19世紀経済思想とラスキン』中公新書.
伊原久裕 [1998]「オットー・ノイラートの活動におけるアイソタイプの意味」『デザイン学研究』45/1: 75-84.
イリイチ，イバン [2012]「エネルギーとは何か」鈴木一策訳『環：歴史・環境・文明』48（2012年冬号）84-112.

ウェーバー，マックス [1982]『政治論集Ⅱ』中村貞二他訳，みすず書房.
上宮智之 [2001]「W. S. ジェヴォンズ『石炭問題』における経済理論」『関西学院経済学研究』32, 189-209.
上山安敏 [2001]「ウィーン学派と世紀末」『20 世紀社会科学のパラダイム』岩波書店.
江頭進 [1999]『F. A. ハイエクの研究』日本経済評論社.
オイケン，ワルター [1967]『経済政策原理』大野忠男訳，勁草書房.
岡田与好 [1987]『経済的自由主義――資本主義と自由』東京大学出版会.
隠岐さや香 [2011]『科学アカデミーと「有用な科学」――フォントネルの夢からコンドルセのユートピアへ』名古屋大学出版会.
尾近裕幸・橋本努編著 [2003]『オーストリア学派の経済学：体系的序説』日本経済評論社.
蟹池陽一 [2007]「ウィーン学団とカルナップ」飯田隆編『哲学の歴史 11 ――論理・数学・言語』中央公論新社.
カンジャーニ，M. トマスベルガー，C. [2009]「カール・ポラニー 1920-1947 社会哲学的考察」中山智香子訳『現代思想』37/10: 116-132.
木田元 [2002]『マッハとニーチェ――世紀転換期思想史』新書館.
工藤秀明 [1997]『原・経済学批判と自然主義――経済学史と自然認識』千葉大学経済研究叢書.
―― [2002]「エントロピーとエコロジーの経済学」佐和隆光・植田和弘編著『環境の経済理論』岩波書店.
クラーフト，ヴィクトル [1990]『ウィーン学団』寺中平治訳，勁草書房.
桑田学 [2010]「持続可能性の規範理論の基礎――福祉・代替・資本」『歴史と経済』52/4: 16-31.
―― [2012]「自然の有限性と自由主義の転回」宇野重規・井上彰・山崎望編『実践する政治哲学』ナカニシヤ出版.
ゲゼル，シルビオ [2007]『自由地と自由貨幣による自然的経済秩序』相田慎一訳，ぱる出版.
後藤邦夫 [1999]「オットー・ノイラート覚え書き（1）」『国際文化論集』20: 35-59.
―― [2000a]「オットー・ノイラート覚え書き（2）」『国際文化論集』21: 323-352.
―― [2000b]「オットー・ノイラート覚え書き（3）」『国際文化論集』22: 131-148.
小林純 [1998]「ヴィーンのオットー・ノイラート――1920 年代の実践活動」住谷一彦・和田強編『歴史への視線』日本経済評論社.

―― [1999]「社会化と労働者運動――1920年代ヴィーンのノイラート」『立教経済学研究』52/3: 1-22.
―― [2001]「1920年代ヴィーンの住宅建設――ノヴィーとノイラート」『立教経済学研究』54/ 3: 99-128.
―― [2007]「幸福学者ノイラート――知識と決定」『立教経済学研究』60/4: 29-52.
―― [2010]『ウェーバー経済社会学への接近』日本経済評論社.
―― [2012]『ドイツ経済思想史Ⅰ・Ⅱ』唯学書房.
権上康男編著 [2006]『新自由主義と戦後資本主義――欧米における歴史的経験』日本経済評論社.
桜井哲夫 [1984]『「近代」の意味――制度としての学校・工場』NHKブックス.
佐々木毅 [1995]「二十世紀の自由主義思想」佐々木毅編『自由と自由主義――その政治思想的諸相』東京大学出版会.
佐藤恵子 [1999]「Der Deutsche Monistenbund und die Kirchen-austrittsbewegung ――ドイツ一元論同盟と教会離脱運動」『津田塾大学紀要』31: 291-309.
―― [2000]「ヘッケルの優生思想」『東海大学紀要・開発工学部』10: 1-12.
―― [2001]「エコロジーの誕生――背景としてのE・ヘッケルの学融合的な思想」『東海大学文明研究所紀要』21: 57-71.
塩沢由典 [1993]「合理化と計画化――危機の時代の社会科学」『20世紀社会科学のパラダイム』岩波書店.
塩野谷祐一 [2012]『ロマン主義の経済思想――芸術・倫理・歴史』東京大学出版会.
渋谷一夫・道家達将 [1981]「オストヴァルトとボルツマンの論争――「科学的唯物論の克服」をめぐって」『人文論集』7: 33-45.
シャペル，エンリコ [1995]「国際画像言語――都市計画のためのノーテーション・システム」三井邦子訳,『10＋1』3: 107-124.
シュタインメツラー，ヨハネス [1983]『ラッツェルの人類地理学』山野正彦・松本博之訳，地人書房.
シュムペーター，ヨーゼフ [1983]『理論経済学の本質と主要内容』（上巻）大野忠男・木村健康・安井琢磨訳，岩波文庫.
ジョンストン，ウィリアム M. [1986]『ウィーン精神：ハプスブルグ帝国の思想と社会 1. 2』井上修一他訳，みすず書房.
鈴木英規 [2006]「「通約不可能性」で「計算論争」を再考する――クリティ

カル・リアリズムによるノイラート再評価」『経済理論』43/1: 57-67.
太子堂正称 [2006]「抽象の第一義性と内在的批判——ハイエクにおけるルールの「発見」をめぐって」『経済論叢』32: 69-82.
竹内啓 [1999]『近代合理主義の光と影』新曜社.
田口晃 [2008]『ウィーン——都市の近代』岩波書店.
玉野井芳郎 [1975]『転換する経済学——科学の統合化を求めて』東京大学出版会.
—— [1978]『エコノミーとエコロジー——広義の経済学への道』みすず書房.
—— [1985]「熱力学にどうアプローチするか——プリコジンとジョージェスク＝レーゲン」, 小野周他編『エントロピー』朝倉書店.
田村信一 [1976]「ドイツ十一月革命における計画経済の構想——O・ノイラートの「完全社会化」論」『社会経済史学』41/5: 489-539.
塚本恭章 [2002]「D. ラヴォア「対抗」の主観的貢献——社会主義計算論争の現代的再生」『人文科学研究所紀要』80: 135-159.
鶴見俊輔 [1973]「コミュニケーション史へのおぼえがき」江藤文夫他編『コミュニケーション史』研究社.
デカルト, ルネ［1997］『方法序説』谷川多佳子訳, 岩波文庫.
寺尾琢磨 [1948]「ジェボンズの『石炭問題』——工業的進歩の限界」『人口理論の展開』東洋経済新報社.
寺西俊一 [1981]「カップの社会的費用論に関する覚書」『一橋論叢』86/5: 681-688.
—— [2002]「環境問題への社会的費用論アプローチ」『環境の経済理論』岩波書店.
藤堂史明 [2006]「フレデリック・ソディの富の概念、価値及び資本の位置づけと、環境及び経済システムのエントロピー論的理解におけるその現在的意義」『新潟大学経済論集』81: 75-105.
朝永振一郎 [1982]『物理学とは何だろうか』(朝永振一郎著作集 7) みすず書房.
中山智香子 [2001]「Karl Menger の思想に関するノート——オーストリア学派とウィーン学団のはざまで」『一橋大学社会科学古典資料センター年報』21: 12-21.
—— [2010a]『経済戦争の理論——大戦間期ウィーンとゲーム理論』勁草書房.
—— [2010b]「非市場型社会の構想——K. ポラニーの二つの「戦後」」『社会思想史研究』34: 31-57.

西部忠 [1996]『市場像の系譜学――「経済計算論争」をめぐるビジョン』東洋経済新報社.
野家啓一 [1993]『無根拠からの出発』勁草書房.
広重徹 [1977]「エーテル問題・力学的自然観・相対性理論の起原」西尾成子編『アインシュタイン研究』中央公論社.
廣田明 [1992]「フランス・レジョナリスムの成立――ル・プレェ学派における家族、労働、地域」, 遠藤輝明編『地域と国家――フランス・レジョナリスムの研究』日本経済評論社.
廣野喜幸・市野川容孝・林真理 [2002]『生命科学の近現代史』勁草書房.
フーコー, ミシェル [2007]『安全・領土・人口――コレージュ・ド・フランス 1977-1978 年度』高桑和巳訳, 筑摩書房.
―― [2008]『生政治の誕生――コレージュ・ド・フランス 1978-1979 年度』慎改康之訳, 筑摩書房.
福士正博 [2009]『完全従事社会の可能性』日本経済評論社.
ポメランツ, ケネス [2003]「比較経済史の再検討――「東アジア型発展経路」の概念的、歴史的、政策論的含意」杉原薫・西村雄史訳『社会経済史学』68/3: 647-661.
松原隆一郎 [2011]『ケインズとハイエク――貨幣と市場への問い』講談社.
マルクス, カール [1954]『ゴーダ綱領批判』選集刊行委員会訳, 大月書店.
丸山真人 [1987]「カール・ポランニーとの対話――工業文明の超克に向けて」『経済セミナー』392: 77-81.
―― [1998]「経済人類学の現代的意義」『経済セミナー』519: 70-75.
皆吉淳平 [2005]「社会学と優生学――ロンドン社会学会における「都市学」と「優生学」」『哲学』114: 259-289.
村上泰亮 [1975]『産業社会の病理』中央公論社.
村上陽一郎 [2010]「エネルゲティークと原子論(アトミスティーク)」『日本機械学会誌』113/1097: 12-14.
室田武 [1979]『エネルギーとエントロピーの経済学』東洋経済新報社.
森政稔 [1995]「産業化と自由、そして連帯――初期社会主義思想からみた自由と自由主義」佐々木毅編『自由と自由主義――その政治思想的諸相』東京大学出版会.
―― [2009]「経済的自由主義の政治的意味」『現代思想』37/10: 157-169.
森岡真史 [1995]「ミーゼス市場理論の転換と矛盾」『比較経済体制研究』

2: 45-60.
森元孝 [1995]『アルフレート・シュッツのウィーン——社会科学の自由主義的転換の構想とその時代』新評論.
八木江里 [1990]「クラウジウスとエントロピー」, 小野周他編『熱学第二法則の展開』朝倉書店.
八木紀一郎 [1988]『オーストリア経済思想史研究——中欧（ハプスブルグ）帝国と経済学者』名古屋大学出版会.
八束はじめ [2014]『ル・コルビュジエ　生政治としてのユルバニスム』青土社.
山根卓司 [2009]「ウィリアム・カップの科学統合論と実質的合理性——「社会的費用論」の人間科学的再構成」『経済学史研究』50/2: 21-37.
山本義隆 [2009a]『熱学思想の史的展開 (2)』ちくま学芸文庫.
—— [2009b]『熱学思想の史的展開 (3)』ちくま学芸文庫.
山脇直司 [1992]「市場の社会哲学」『創文』330: 6-9.
—— [1999]『新社会哲学宣言』創文社.
横山輝雄 [1986]「力・エントロピー・生命」大森荘蔵他編『物質 生命 人間』（新岩波講座哲学 6）岩波書店.
米谷園江 [1996]「ミシェル・フーコーの統治性研究」『思想』870: 77-105.
ラッツェル, フリードリヒ [2006]『人類地理学』由比濱省吾訳, 古今書院.
レプケ, ヴィルヘルム [1954]『ヒューマニズムの経済学』喜多村浩訳, 勁草書房.
若森みどり [2006]「K. ポランニー——社会の現実・二重運動・人間の自由」, 橋本努編『経済思想 8 : 20 世紀の経済学の諸潮流』日本経済評論社.
—— [2011]『カール・ポランニー——市場社会・民主主義・人間の自由』NTT 出版.